21世纪经济管理新形态教材·会计学系列

财务管理概论

蒋敏周 ◎ 主　编
汪　丹 ◎ 副主编

清华大学出版社
北京

内 容 简 介

财务管理是组织企业财务活动和处理企业财务关系的管理活动。在经济飞速发展的今天，企业的财务活动日益丰富和复杂，在整个企业经营活动中处于核心地位。对财务活动进行管理的成效直接关系企业的兴衰成败。本书在广泛吸收财务管理最新成果的基础上，系统地介绍了企业筹资、投资、资金运用和分配等方面的内容。读者通过学习本书，可掌握现代企业财务管理的基本理论和方法，具备从事财务管理和财务分析工作所必需的业务知识与能力。

本书可作为高等学校经济管理类专业的本科生教材，也可作为相关专业的从业人员参考用书和会计等职称考试的辅助用书，还可以作为理财爱好者学习基本理论和方法的工具书。

本书封面贴有清华大学出版社防伪标签，无标签者不得销售。
版权所有，侵权必究。举报：010-62782989，beiqinquan@tup.tsinghua.edu.cn。

图书在版编目（CIP）数据

财务管理概论/蒋敏周主编. —北京：清华大学出版社，2021.5（2024.8重印）
21世纪经济管理新形态教材. 会计学系列
ISBN 978-7-302-58039-3

Ⅰ. ①财⋯ Ⅱ. ①蒋⋯ Ⅲ. ①财务管理－高等学校－教材 Ⅳ. ①F275

中国版本图书馆 CIP 数据核字(2021)第 078594 号

责任编辑：陆浥晨
封面设计：汉风唐韵
责任校对：宋玉莲
责任印制：杨 艳

出版发行：清华大学出版社
网　　址：https://www.tup.com.cn，https://www.wqxuetang.com
地　　址：北京清华大学学研大厦A座　　邮　编：100084
社 总 机：010-83470000　　邮　购：010-62786544
投稿与读者服务：010-62776969，c-service@tup.tsinghua.edu.cn
质 量 反 馈：010-62772015，zhiliang@tup.tsinghua.edu.cn
课 件 下 载：https://www.tup.com.cn，010-83470332

印 装 者：三河市科茂嘉荣印务有限公司
经　　销：全国新华书店
开　　本：185mm×260mm　　印 张：15.25　　字　数：348 千字
版　　次：2021 年 5 月第 1 版　　印 次：2024 年 8 月第 5 次印刷
定　　价：49.00 元

产品编号：089240-01

本书编委会

主　编：蒋敏周
副主编：汪　丹
参　编：王　敏　叶羽琼　孙亚玲

目 录

第一章　总论	1
第一节　财务管理的概念	1
第二节　财务管理的内容	6
第三节　财务管理的原则	7
第四节　财务管理的方法	10
第五节　财务管理的目标	12
第六节　财务管理的环境	17
第七节　财务管理规范	22
习题	23
第二章　财务管理的基本价值观	25
第一节　货币的时间价值	25
第二节　风险价值	35
习题	39
第三章　利润规划与财务预算	43
第一节　财务预测	43
第二节　利润规划	49
第三节　财务预算	56
习题	73
第四章　筹资管理	77
第一节　筹资的概念和分类	77
第二节　权益资本筹资	79
第三节　长期债务资本筹资	86
第四节　短期筹资与营运资本管理	93
习题	97
第五章　资本成本与资本结构	100
第一节　资本成本	100

第二节　杠杆利益与风险 ·············· 106
　　第三节　资本结构的优化 ·············· 110
　　习题 ································· 116

第六章　项目投资管理 ················· 119
　　第一节　投资项目的现金流量 ·········· 119
　　第二节　项目评价的非贴现法 ·········· 122
　　第三节　项目评价的贴现法 ············ 124
　　习题 ································· 127

第七章　证券投资管理 ················· 130
　　第一节　证券投资概述 ················ 130
　　第二节　债券投资 ···················· 132
　　第三节　股票投资 ···················· 134
　　第四节　基金投资 ···················· 139
　　习题 ································· 141

第八章　营运资金管理 ················· 145
　　第一节　营运资本概述 ················ 145
　　第二节　现金管理 ···················· 146
　　第三节　应收账款管理 ················ 150
　　第四节　存货管理 ···················· 153
　　习题 ································· 156

第九章　收益分配管理 ················· 159
　　第一节　收益及收益分配概述 ·········· 159
　　第二节　股利理论与股利政策 ·········· 162
　　第三节　股票股利与股票分割 ·········· 173
　　习题 ································· 177

第十章　财务控制 ····················· 179
　　第一节　财务控制的概念 ·············· 179
　　第二节　责任控制 ···················· 181
　　习题 ································· 185

第十一章　财务分析 ··················· 189
　　第一节　财务分析概述 ················ 189

  第二节 偿债能力分析 ··· 196
  第三节 盈利能力分析 ··· 205
  第四节 营运能力分析 ··· 219
  习题 ·· 224

附表 ··· 226
  附表一 复利终值系数表 ·· 226
  附表二 复利现值系数表 ·· 228
  附表三 年金终值系数表 ·· 230
  附表四 年金现值系数表 ·· 232

ptc
第一章

总　　论

第一节　财务管理的概念

企业是依法设立、以盈利为目的的经济组织。西方企业的组织形式主要有独资企业、合伙企业和公司制企业三种。在不同的企业组织形式下，其注册资本的结构、企业对债务承担的责任、企业收益的分配形式等都会有所不同。企业要生存和发展，必须筹集需要的资金、进行各种投资活动、增产增收节支，以不断提高经济效益，并进行利润分配。为此，企业必须加强管理，而企业的财务管理是企业管理的重要组成部分。由于公司制企业是现代大企业的主要组织形式，也是我国建立现代企业制度过程中选择的企业组织形式之一。因此，本书所讲的财务管理主要是指公司制企业的财务管理。

一、财务管理的产生和发展

财务管理作为一项独立的业务工作形成较晚，而财务管理学作为一门独立学科出现则更晚一些。20 世纪初以前，公司财务管理一直被认为是微观经济理论的应用学科，是经济学的一个分支。直到 20 世纪，财务管理学才逐渐成为一门独立的学科。

（一）财务管理的产生

财务管理产生于西方社会，与股份公司的产生和发展有密不可分的关系。

财务管理的萌芽最早可追溯至 15 世纪。当时地中海沿岸的城市商业发展迅速，其中意大利的许多城市商业尤其发达。某些城市出现了邀请公众入股的城市商业组织，这种新兴的经济组织往往是由官方设立并监督其业务，其股份不能转让但可以由投资者收回。有些学者就把这种经济组织视为原始的股份制企业。这虽然还不是现代意义上的股份公司，但它们已经把向社会筹集的资金用于商业经营，并已出现了红利分配和股本的回收等问题。所以，很多学者认为这已经证明财务管理开始萌芽。但这时的财务管理还没有从商业经营中分离出来作为一项独立的职能存在。

18 世纪的产业革命后，随着资本的积累和金融业的兴起，很多国家开始建立和发展起了股份公司。19 世纪 50 年代以后，欧美国家制造业迅速崛起，新技术新设备不断涌现，企业规模不断扩大，股份公司得到了迅速发展。19 世纪末到 20 世纪初期，随着公司生产经营规模的不断扩大，企业需要的资金也变得越来越多，财务活动和财务关系也变得复杂起来。企业主难以亲自从事企业的管理，开始建立各类单独的管理部门，其中就包括了财务管理部门。财务管理部门的主要职能是解决如何筹集资金、如何发行股票、筹资如何安排使用、利润如何分配等问题。由此，企业财务管理逐渐从企业管理中分离出来，成为一项独立的管理工作，专业化的财务管理就此产生了。

（二）财务管理的发展

专业化的企业财务管理自产生以来，经历了以下几个阶段。

1. 筹资财务管理阶段

20世纪初期，西方各国股份公司得到了迅速发展。一方面，企业规模不断扩大，市场商品供不应求，各公司对资金的需求量大增。但另一方面，当时的资本市场还很不成熟，会计信息也不规范、不可靠，股票交易中的"内幕交易""黑箱操作"现象较严重，导致很多投资者不敢进行投资。因此，如何筹到所需要的资金成为当时财务管理的重要职能。

2. 内部控制财务管理阶段

这一阶段也叫作内部决策财务管理阶段，是财务管理的一个重要阶段。20世纪30年代，西方资本主义经济大危机爆发，各大企业产品滞销、生产萎缩，许多公司破产倒闭，市场竞争变得频繁起来。尤其在20世纪50年代以后，市场竞争日益激烈。财务经理们开始普遍意识到，要应对竞争、维持企业的生存与发展，财务管理工作只关注筹资显然是不够的，更重要的工作是要加强企业内部控制，管好、用好所筹集到的资金。

在财务管理实践中，公司的内部财务决策被认为是公司财务管理最重要的课题，这一时期，以研究财务决策为主要内容的"新财务论"已经形成，其实质是以资产管理决策为中心，注重财务管理的事前控制。财务管理的重点开始从扩张性的外部融资向防御性的内部资金控制转移。期间，各种计量模型也开始逐渐应用于库存现金、应收账款、存货、固定资产等科目，财务计划、财务控制也得到了广泛应用。

3. 投资财务管理阶段

"二战"结束后，世界科技得到了迅速发展，产品更新迭代速度加快，市场环境日趋复杂，投资风险大大增加。企业的资金运用效率和效益的提高不再仅仅取决于日常的财务管理和控制，还很大程度上依赖于投资决策的成功与否。因此，投资管理越来越被重视。这一阶段的财务管理，要求确定合理的、科学的投资决策程序，建立科学的投资决策指标体系和风险决策方法。同时，组合投资思想与方法也得到了运用。

（三）我国财务管理的发展

在我国计划经济时期，企业不是独立的市场经济主体。企业所需要的资金大多由国家拨款，企业利润也基本上缴国家，企业在财务上缺乏独立性。这个时期，我国企业未能发挥财务管理职能，因此不存在真正意义上的财务管理学。

改革开放以后，随着我国金融市场的发展和企业自主权的逐渐扩大，企业的资金来源也由原来的国家拨款，越来越多地变成了按市场规律通过资金市场来筹集，而企业的投资决策也变得越来越频繁。因此，20世纪80年代中期开始，我国企业财务管理的重心就逐渐转移到长期筹资管理和投资管理上。90年代后，随着我国社会主义市场经济体系的逐步发展和完善，财务管理得到了迅速发展，财务管理的地位变得更加重要起来，财务管理逐渐成为企业管理的中心。

（四）财务管理的发展趋势

财务管理是与社会经济的发展、企业的发展变化相适应的。财务管理始终处于不断发展变化和日趋完善的过程中。

企业生存和发展离不开客观环境。在未来，环境对财务管理工作的影响更加重要，包括通货膨胀在内的经济环境、法律环境和金融市场环境都将对企业财务管理产生重大影响。财务预测工作将越来越受到重视，而在企业中普遍开展。企业在进行财务决策时将更注重各价值指标的应用，使得决策更加数量化。同时，随着经济全球化和金融国际化，国际财务管理作为独立的学科变得越来越重要。

二、企业财务

财务泛指企业财务活动和财务关系，是财务活动和财务关系的统一。

财务活动是指企业在生产过程中发生的资金运动。财务关系则是企业在财务活动中与各方面发生的经济利益关系。概括说来，企业的财务就是企业生产经营过程中的财务活动以及在财务活动中产生的财务关系的总和。

（一）企业的财务活动

从现象形态上看，财务活动是企业的资金运动。在企业生产经营过程中，资金在不断地运动，其价值形态也不断地发生变化，由一种形态转化为另一种形态，循环往复、周而复始，从而形成了企业中的资金运动。在企业的生产和再生产过程中，企业的资金首先从筹资中的货币形态开始，依次经历购买、生产、销售的过程，在这三个过程中资金分别表现为原材料、固定资产等生产资料、在产品（或半成品、产成品）的形态，最后在进行资金分配的过程中又回到货币资金形态的过程。从货币资金形态开始，经过生产经营等若干阶段，又回到货币资金形态的运动过程，就叫作资金的循环。企业资金周而复始的循环过程，叫作资金的周转。企业的财务活动就是企业在生产经营过程中发生的资金的筹集、使用、分配等各种经济活动。

1. 资金的筹措

企业进行生产经营活动离不开资金。因此，筹资活动是企业资金运动的第一个环节。

资金是企业生产经营过程中以货币表现的，用来进行周转、创造社会物质财富的价值。企业的资金来源主要有所有者权益和负债两类。所有者权益是指企业筹集的属于投资者的资金，它代表投资者对企业净资产的权益。负债则是企业以债务形式借入的资金。

企业根据生产经营的实际需要，通过一定的渠道和方式，筹措一定数量的资金，以满足企业生产经营的需要，这是企业资金运动的起点。

2. 资金的投放和使用

企业取得资金的目的是为了把资金用于生产经营活动以获取利润。企业从不同来源取得的资金，首先，是满足企业内部生产经营的需要，即对内投资。企业将资金投放到企业再生产过程的各个阶段上，且其形态不断发生改变。企业的大部分资金处于财产物资的形态，比如厂房建筑物、机器设备、原材料、产成品等；小部分的资金处于货币形态上，形成企业的库存现金、银行存款等。其次，企业还可以用现金、实物或无形资产等采用一定的方式进行对外投资，形成企业的短期投资和长期投资。这就是企业资金的投放和使用过程。无论是对内投资还是对外投资，在资金的投放和使用过程中都会发生各种经济活动，这些活动是企业资金运动的重要组成部分。

3. 资金的收入和分配

企业经过销售过程取得收入，使得资金的循环回到了货币资金的形态。但这只是资金的形态完成一轮循环，但资金运动并未结束。在销售环节后，企业还需要以营业收入抵补生产经营过程中的产品成本（生产成本），支付各项费用（管理费用、销售费用、财务费用），加上投资收益、营业外收支，缴纳各项税费等，才能计算出企业当年的净利润。净利润再按照规定的顺序（提取盈余公积、向投资者分配利润）进行分配。未分配而留在企业的留存收益则进入下一轮资金循环中，成为下一轮资金循环的筹资来源之一。

综上所述，在企业资金运动过程中，资金由一种形态向另一种形态转化，形成了各类经济业务，这些经济业务又构成了资金运动。上述三个方面的资金运动相互联系、相互依存，构成了一个完整的企业财务活动内容，即企业筹资管理、企业投资管理、营运资金管理、利润及其分配管理。

（二）企业财务关系

在进行生产经营的过程中，资金运动时企业与各方面发生的经济关系就是财务关系。企业的财务关系可以分为外部财务关系和内部财务关系两大类。

1. 外部财务关系

1）企业与投资人之间的财务关系

企业与投资者之间的关系属于所有权关系。企业吸收投资人投入的资金进行生产经营活动，在一个经营期间结束后，企业向投资人分配投资收益。

2）企业与受资者之间的财务关系

企业与受资者之间的关系也属于所有权关系，只是与前面的关系相比，角色相反。企业还可以对其他企业单位（即受资者）进行投资，受资者也应向企业分配投资收益。要处理好企业与投资者和受资者之间的关系，就要维护好双方的合法权益。

3）企业与债权人之间的财务关系

企业在设立和经营过程中，由于对资金和往来结算等的需求，都有可能发生借款。

首先，企业与银行之间可能发生借款关系。企业由于生产经营的需要，可能会找银行取得短期或长期借款。银行为了赚取利息而把钱借给企业，企业有按期还本付息的义务。

其次，企业在筹资的时候也可以通过证券公司等金融机构发行债券，这时，买了企业债券的人与企业之间产生了债权债务关系，买企业债券的人就成了企业的债权人。

最后，在生产经营过程中，企业由于采购材料、购买机器设备，也有可能采取赊购的方式，从而产生应付账款等负债，这时候材料和设备供应商也是企业的债权人。

企业与债权人之间都是债权债务关系。处理这种财务关系，必须按有关各方的权利和义务进行，保障有关各方的权益。

4）企业与债务人之间的财务关系

企业在生产经营过程中，可能由于往来结算或投资而形成债权。比如，销售商品时，客户没有及时付款而产生的应收账款等债权，还有企业购买了其他企业的债券而获得的债权。企业与债务人之间也是债权债务关系。

5）企业与往来客户之间的财务关系

企业与往来客户之间的财务关系，主要是合同关系。双方都应该遵纪守法，按照等价交换的原则，严格遵守国家的财经政策、法规和结算纪律，以保障各方的权利。

6）企业与政府管理部门之间的财务关系

与企业关系最密切的政府部门主要是工商管理部门和税务局。工商管理部门负责管理企业，税务局负责企业缴税。这些部门与企业之间主要是监管关系和缴纳税关系。企业应遵纪守法，遵守国家的各项管理政策和企业组织法规，按时缴纳各项税款，以满足国家财政需要，承担起企业应承担的经济责任和义务。

2. 内部财务关系

企业是一个完整的系统。企业内部各个部门和人员是否协调，关系到企业能否正常运转。

1）企业内部各部门之间的财务关系

企业内部各职能部门是否协调，直接关系到企业的发展和经济效益的提高。

企业内部各部门之间是合作关系，但也有矛盾。比如，企业内部各部门在生产经营过程中，会发生资金分配和结算，资金分配是一种此消彼长的关系。因此，各部门之间会产生矛盾。处理企业内部各部门间的财务关系，要严格区分各部门间的经济责任，发挥激励机制和约束机制的作用，使各个部门协调配合，提高企业经济效益。

2）企业与职工之间的财务关系

企业需要职工来为企业工作，创造价值。企业也应按照职工的工作业绩和劳动表现，以货币形式支付职工的劳动报酬。这种企业与职工之间的货币结算关系，体现了职工个人和集体在劳动成果上的分配关系。处理这种财务关系，要正确地执行有关分配政策。

三、财务管理的概念

企业的财务活动就是企业的资金运动，企业的财务关系就是资金运动过程中的经济关系。为了合理地组织财务活动、正确处理财务关系，就必须加强财务管理。

财务管理是围绕企业资金运动的一切管理工作。具体而言，就是根据客观经济规律的要求，利用价值形式，对企业的资金运动进行有效预测、组织、控制、监督和调节，并正确处理企业与各方面的经济关系。简而言之，财务管理是企业组织财务活动、处理财务关系的一项综合性管理工作。

财务管理有两个特点。第一，财务管理是一种价值管理，利用价值法则配置经济资源，以促使企业以尽可能少的资源占用，取得尽可能好的经济效果。第二，财务管理具有综合性。企业筹资效率的高低、资本结构是否合理、资金运用效果的好坏、生产经营过程是否协调、财务成果的高低等，都与企业财务管理的水平有直接关系。

第二节　财务管理的内容

财务管理的对象是资金的循环和周转，即资金运动。财务管理的主要内容是筹资管理、投资管理和股利分配。财务管理的主要职能是决策、计划和控制。

一、筹资管理

企业不管是新建还是维持或扩大经营都离不开资金。筹资管理既是企业资金运动的起点，也是财务管理最原始和最基本的职能。

筹资管理，其核心是筹资决策。筹资决策应解决企业筹资渠道、筹资方式、筹资成本、筹资风险等问题。企业应确定最佳资本结构，选择最佳筹资渠道和方式，在筹资成本和筹资风险之间进行权衡，以达到最好的筹资效果。

筹资决策的内容主要包括以下几个方面：①预测企业的资金需要量；②规划企业筹资渠道，合理筹措资金；③比较研究选择最佳筹资方式，使筹资成本最低；④确定企业综合资本成本与最优资本结构；⑤保持企业的偿债能力和一定的举债余地，为企业持续稳定的发展创造条件。

二、投资管理

企业筹资的目的是将资金投放到生产经营中以获取收益。企业的投资按照不同的标准有不同的分类。

（一）按投资时间的长短可以分为：短期投资和长期投资

短期投资主要是指投放于货币资产、交易性金融资产、应收账款等流动资产上的投资。短期投资具有流动性强、盈利性低的特点。长期投资，又叫作资本性投资，是指投放于固定资产、长期股权投资、投资性房地产等资产上的投资，其中主要是固定资产投资。长期投资投放时间长，流动性相对较差，但盈利性比短期投资要好。

长期投资和短期投资的决策方法不尽相同。长期投资由于投放时间长、风险大，在决策时应更重视资金时间价值和投资风险的计量。

（二）按投资方式不同可以分为：直接投资和间接投资

直接投资是企业把资金直接投放于生产经营性资产，以便获取利润的投资，如兴建工厂、开办商店、购置生产线设备等。间接投资是把资金投放到金融资产上，以便获取股利或利息收入的投资，如购买公司股票、企业债券、政府债券等。

直接投资和间接投资的决策方法也是不同的。直接投资要求事先拟定多个备选方案，通过对备选方案的分析和评价，从中选择出最佳投资方案。间接投资是通过证券分析与评价，从证券市场中选出合适的证券品种和公司，形成投资组合，以降低风险，获取预期收益。

三、股利分配

股利分配是在生产经营结束后，对企业盈余如何进行分配的问题。主要是对发放股利和留用利润的分配比例的决策。

企业进行股利分配时，要考虑多方利益。在进行股利分配时，一方面，既要考虑股东的近期利益要求，要定期发放一定的股利，又要考虑企业长远发展，留下一部分利润作为留存收益，以满足企业后续的资金需要。另一方面，股利政策的影响因素很多，比如，在税法上对于股利和出售股票收益适用的税率不同、未来的投资机会、各种资金来源及成本、股东对于当期收入和未来收入的相对偏好等，这些因素都会影响企业股利政策的选择。公司应根据自己的具体情况确定最佳股利政策。

从另一个角度看，股利分配政策也是留存收益决策。股利分配的内容主要有：①股利分配与内部融资的关系；②股利政策及影响股利政策的因素；③股利支付程序；④股票股利等。

上述的筹资管理决策、投资管理决策、股利分配决策三大内容是公司组织形式的企业财务管理的基本内容，原则上也适用于其他组织形式的企业。此外，企业设立、合并、破产、清算的财务管理，企业分立、重组、兼并的财务管理，跨国公司经营的财务管理等也都是财务管理的内容。只是这些都是财务管理处理的专门问题，在财务管理概述中就不做赘述了。

第三节　财务管理的原则

财务管理的原则，是指人们对于财务活动共同的、理性的认识，是企业财务管理工作必须遵循的准则，也叫作理财原则。

人们对于理财原则的认识并不完全相同。其中，道格拉斯·R. 艾默瑞和约翰·D. 芬尼特的观点最具有代表性。他们将理财原则总结为三大类，共12条。

一、有关竞争环境的原则

第一类原则是有关竞争环境的原则，它们是对于资本市场中人的行为规律的基本认识。

（一）自利行为原则

自利行为原则是指人们在进行决策时都按照自己的财务利益行事，在其他条件相同的情况下，人们会选择对自己利益最大的行动。

这一原则的理论依据是"理性经济人"假设。这一假设认为，人们对于每一项交易都会去衡量他们的代价和利益，并会选择最有利自己的方案来行动。自利行为原则假设企业决策时对于企业目标具有合理的认识程度，并对如何达到目标有合理的理解。

自利行为原则有两个应用。第一个应用是委托—代理理论。这一理论认为，一个公司中涉及很多利益关系人，大家都按自利行为原则行事，这些利益关系人之间存在利益冲突。

而企业与各个利益关系人之间大多属于委托—代理关系，这种利益冲突需要通过契约来协调。第二个应用是机会成本的概念。机会成本是指经济资源采用一个方案而放弃另一个方案时，被放弃方案的最大净收益，就是被选择方案的机会成本，也叫作择机代价。在人们进行决策时，机会成本是一个重要的考量因素。

（二）双方交易原则

双方交易原则是指每一项交易至少存在两方，在一方根据自己的利益决策时，另一方也会按照自己的经济利益行动。因此，一方在决策时要正确预见对方的反应。

双方交易原则的依据是商业交易至少有两方，各方都是自利的，交易是"零和博弈"。因为在每一项交易中至少存在两方，在已经成功的交易中，买进的资产和卖出的资产是一样多的，一方获利必须以另一方的付出为代价。一个高价使买方受损而使卖方受益，一个低价使买方受益而使卖方受损。一方得到的与另一方失去的一样多，从总体上看双方的收益之和为零，故称为"零和博弈"。在"零和博弈"中，双方都按照自利行为原则来行事，都不想吃亏，但为什么一方受了损失交易却还是会成交呢？究其原因，这与人们的信息不对称有关系。由于信息不对称，买卖双方对未来的价格走势和收益预期产生了偏差，因此，决策时不仅要考虑自利行为原则，还要使对方也有利可图；否则交易无法成交。

双方交易原则对财务的要求有两个。第一，要求我们在理解财务交易时不能只看重自身的经济利益，在谋求自身经济利益的同时，也要注意对方的利益，对方也在遵循自利行为原则行事。也就是说，我们不要自以为是，错误地认为自己要优于对手。第二，要求我们在理解财务交易时要注意税收的影响。由于利息都是在税前扣除，使得一些交易表现为非零和博弈。政府会从各项交易中收取税金，如果能够减少税收，对交易双方都有利。但是避税是就寻求减少政府税收的合法交易形式，避税的结果是使交易双方受益但其他纳税人会承担更大的税收份额。因此，从更大范围来看，并没有改变零和博弈的性质。

（三）信号传递原则

信号传递原则是指人和公司的行为可以传递信息，并且比其声明更具说服力。

信号传递原则是自利行为原则的延伸，它从投资人和公司本身两个角度提出了理财要求。从投资者的角度来看，该原则要求我们要根据公司的行为来判断它未来的收益状况，而不仅仅是它的申明。比如一个经常用配股圈钱的公司，很可能资金紧张、现金流转困难；一个大量存款或购买国债的公司，很可能缺少好的投资机会和能力等。从公司本身的角度看，该原则要求公司在做决策时，不仅仅要考虑决策方案本身的正确性，还要考虑该决策或行动可能会传递给人们的信息。

（四）引导原则

引导原则是指当所有的办法都失败的时候，寻找一个可以信赖的榜样作为自己的引导。引导原则不同于盲目模仿，它只适用于两种情况：一是当理解存在局限性、认识能力有限，找不到最好的解决方法；二是寻找最优方案的成本过高。

行业标准是引导原则的一个重要应用。比如资本结构、产品成本水平等，各个不同的公司往往差别较大，这时可以参照本行业的标准来制定。

二、有关创造价值和经济效率的原则

第二类原则是指有关创造价值和经济效率的原则，它们是对增加企业财富的基本规律的认识。

（一）有价值的创意原则

有价值的创意原则是指新创意能获得额外报酬，主要应用于直接投资项目。一个企业的竞争优势通常表现在经营奇异和成本领先两个方面。经营奇异是指企业在生产经营的某些方面，如产品本身、销售方式、营销渠道等方面在产业内能独树一帜，这些都来源于新的创意。成本领先是指产品成本在行业能保持低于行业平均成本水平。创造和保持经营奇异的企业，如果其产品溢价超过了为产品的独特性而附加的成本，就能获得高于平均水平的利润。但新的创意也有可能因为被模仿而失效。有价值的创意原则主要应用于直接投资项目，同时也应用于经营和销售活动。

（二）比较优势原则

比较优势原则是指专长能够创造价值。不管是企业还是个人，要想在市场上赚钱就必须发挥专长。要在某一方面比别人强，并依靠自己的强项来赚钱。没有比较优势的人很难取得超过平均水平的收入；没有比较优势的企业，很难增加股东财富。因此，这一原则是要求企业把主要精力放在自己的比较优势上，而不是日常运行上。

比较优势原则的依据是社会分工理论。这一理论认为，让每一个人去做最适合他的工作，让每一个企业生产最适合它生产的产品，社会经济效率才能提高。

比较优势原则有两个应用。一个应用是"人尽其才、物尽其用"。每个人或企业都有自己的比较优势，当然也有自己的缺点。我们不必要求自己事事都做得最好，我们可以支付报酬要那些在某一方面做事情做得更好的人来帮我们做他们擅长的事，而把时间腾出来做自己擅长的事情从而获得报酬。如果每个人都做最适合他的工作，每项工作都有最称职的人来做，经济效率就会提高。每个企业也都做自己能做的最好的事情，自然就会产生高效率。这一原则的另一个应用是优势互补。每个企业或人都有自己的比较优势，优势互补，能产生"1+1>2"的效果，合资企业、合作企业、企业的合并和收购等都出于优势互补的需要。

（三）期权原则

期权是指不附带义务的权利，它是有经济价值的。期权最初产生于金融期权交易，它是指期权购买人能够要求出票人履行期权合同上载明的交易，而出票人不能要求所有者去做任何事情。在财务上，一个明确的期权合约通常是指按照预先确定的价格买卖一项资产的权利。期权原则是指在估价时要考虑期权的价值。

（四）净增效益原则

净增效益原则是指财务决策建立在净增效益的基础上，一项决策的价值取决于它和替代方案相比所增加的净收益。在财务管理决策中，净收益通常用现金流量指标来计算。一个方案的净收益是指该方案现金流入量减去现金流出量的差额，也称为净现金流量。

差额分析法是净增效益原则的一个应用。它是指分析投资方案时只分析它们有差别的部分，而省略其相同的部分。

净增效益原则在应用时还要注意沉没成本。沉没成本是指过去已经发生，再做任何决策也无法改变的成本。沉没成本在分析决策方案时则不必考虑。

三、有关财务交易的原则

第三类原则是有关财务交易的原则，这一类原则是对于财务交易基本规律的认识。

（一）风险—报酬权衡原则

风险在财务管理中是指企业经营活动的不确定性影响财务成果的不确定性。风险按其形成的原因可以分为经营风险和财务风险。

风险—报酬权衡原则是指风险和报酬之间是存在一个对应关系的，企业做投资时必须在风险和报酬之间进行权衡。人们往往喜欢高收益，但又不喜欢冒风险。但低风险往往带来较低收益，而高风险则不一定带来较高收益。因此，人们必须在风险和报酬之间进行权衡和选择。

（二）投资分散化原则

投资分散化原则是指不要把全部财富都投资于一个公司、一个项目或一种证券，而要分散投资。投资分散化原则的理论依据是投资组合理论。这一理论来源于股票投资，将若干只股票组合成投资组合，则该组合获得的收益是这些股票收益的加权平均数，但其风险要小于这些股票的加权平均风险，所以投资组合能够降低风险。

（三）资本市场有效原则

资本市场有效原则是指在资本市场上频繁交易的资产的市场价格反映了所有可获得的信息，而且面对新信息完全能迅速地做出调整。

资本市场有效原则要求企业在理财时要重视市场对企业的估价，同时要求谨慎使用金融工具。

（四）货币的时间价值原则

货币时间价值是指货币在周转中由于时间因素而形成的差额价值。货币时间价值原则是指在财务计量和决策时要考虑货币时间价值因素。

货币时间价值的理论依据是货币在投入市场中后，其数额会随着时间的延续而发生增值，这是一种客观普遍的经济现象。货币时间价值有两个应用，一个是货币现值的概念，另一个是早收晚付的原则。

第四节　财务管理的方法

财务管理的方法是用来反映财务活动的内容、执行和完成财务管理各项任务的手段。

这也是做财务管理工作应完成的职能。具体有以下几种。

一、财务预测

预测是对未来做出估计。财务预测是财务人员根据相关财务历史资料，依据现实条件，考虑发展趋势，运用科学方法对未来的财务情况和财务成果做出科学的预计和测算。财务预测的作用是为财务决策以及编制财务计划和预算提供科学依据，包括优化筹资结构，确定最佳筹资方案；测算各项生产经营方案的经济效益，为经营决策提供可靠依据；预计财务收支变化情况，确定经营目标；测定各项消耗定额和标准，为编制财务计划、分解计划指标服务。

财务预测的过程是：①确定预测的对象和目的；②收集和整理所需的信息资料；③选择具体的预测方法进行预测；④对比选优，确定预测结果最优值，提出最佳方案。

二、财务计划

财务计划是指财务人员运用科学的技术手段和方法，对企业未来资金运动进行的具体规划。包括筹资计划、资金使用计划、投资计划、成本费用计划、销售收入计划以及利润分配计划等。财务计划是企业生产经营计划的重要组成部分，是财务预测指标的系统化和具体化。企业通过编制财务计划并下达给内部各部门，使部门工作有方向、考核有依据。

企业财务计划编制的程序是：①分析并预测企业未来的财务情况；②确定企业财务管理的目标；③确定实施目标方案并做出相应决策；④抉择方案并编制财务计划；⑤执行财务计划。

三、财务决策

财务决策是企业财务管理的核心，是企业经营决策的重要组成部分。财务决策是企业为了实现某一财务目标，从若干个可行的备选财务方案中，确定或选择最优方案的分析判断过程。主要包括筹资决策、投资决策、成本费用决策、利润分配决策等。

财务决策的过程包括：①确定决策目标；②拟定可行的备选方案；③制定评价标准，分析、对比和评价各种方案；④选择最优方案。

四、财务控制

财务控制是以企业计划任务和各项定额为依据，对资金的筹集、使用、耗费、成果进行日常的计算和审核，找出差异，采取措施，以实现计划指标、提高经济效益。财务控制是企业财务管理的基本手段之一，是财务计划与预算执行过程中的必然要求。

要组织好财务控制就要先分解财务指标并实行归口分级管理。把各项财务指标分解为各个部门和个人的可量化指标，再层层落实，由各部门各人员根据自身的业务范围实施归口分级管理，便于执行和考核。把财务管理与生产技术管理结合起来，调动各方积极性，保证财务计划指标的完成。

财务控制的过程是：①制定标准，根据财务计划，制定企业财务控制标准；②执行标准；③确定差异，实施全程追踪控制，确定实际与标准的差异；④消除差异，分析差异原因，采取措施消除差异，保证完成财务计划和预算。

五、财务分析

财务分析是财务人员依据会计资料和其他信息，围绕企业成本费用、资金和利润等财务指标和财务报表，采用一定的分析方法，研究计划的执行情况，确定实际与计划的差异，并分析差异形成的原因，以便总结经验、吸取教训，改进工作。财务分析是企业经济活动分析的重要组成部分。

六、财务检查

财务检查是保证贯彻国家的财经法律法规、保证完成财务计划的重要手段。财务检查是指在财务管理过程中，以核算资料为依据，对企业经济活动和财务收支的合理性、合法性和有效性进行的检查。我国的财务检查主要由企业以外的经济管理部门组织，如财政部门、税务部门等。

财务检查按照时间顺序可以分为事前检查、日常检查和事后检查。事前检查是在编制、审核和批准财务计划的过程中进行的，目的是为了保证正确的编制财务计划，保证生产经营的合理需求，防止违反国家政策和财经纪律的现象发生。日常检查是在执行财务收支业务中进行的，其目的是监督生产、耗费，增收节支，以保证财务计划的实现。事后检查是在财务收支业务发生后进行的，主要是检查财务计划的执行和财经纪律的遵守情况。

第五节　财务管理的目标

企业的组织形式主要有个人独资企业、合伙企业和公司制企业三种。其中，公司这一组织形式是西方大企业所采取的普遍形式，也是我国未来企业组织形式发展的方向。因此，本书所讲的财务管理，主要是指公司的财务管理。

财务管理是为企业服务的，因此企业财务管理的目标也受到企业经营目标的决定和制约。要理解企业财务管理的目标，首先要清楚企业的目标。

一、企业的目标及其对财务管理的要求

企业是以盈利为目的的经济组织。建立企业的出发点就是盈利。但企业想要盈利，首先要在激烈的竞争中生存下去，不能倒闭和破产，之后才能不断寻求发展并获利。因此，企业的目标具体可以分成生存、发展和获利。

（一）生存目标及其对财务管理的要求

企业只有先生存下来，才可能获利。在市场中，企业要生存下去的基本条件是以收抵支和到期偿债。以收抵支是指企业获得的收入要能抵偿其支出。企业一方面支付货币资金

从市场上取得所需的实物资产；另一方面提供市场需要的商品或服务从市场上换回货币资金。企业从市场上获得的货币至少要等于付出的货币才能维持继续经营，这是企业长期存续的基本条件。到期偿债是指债务到期时，企业要能偿还事先约定的本息。企业因为生产经营的需要可以对外借债。国家为了维持市场经济秩序，从法律上保证债权人的利益，要求企业到期必须偿还本金和利息；否则就可能被债权人接管或被法院判定破产。

为了企业能够生存下去，就要求财务管理保持企业生存的条件。具体而言就是，力求保持以收抵支和到期偿债的能力，减少破产的风险，使企业能够长期、稳定地生存下去。这是生存目标对财务管理的要求。

（二）发展目标及其对财务管理的要求

企业是在发展中求生存的，不发展就有生存危机。企业生产经营如同"逆水行舟，不进则退"。在科技日新月异的今天，企业只有不断研发更好更新的产品，才能在市场中立足。企业只有不断提高产品和服务的质量，不断扩大自己的市场份额，才能发展，从而避免生存危机。

企业要发展就离不开资金的需要。企业的发展集中表现为扩大收入；扩大收入的根本途径是提高产品质量，扩大销售量；这些都要求不断更新技术和设备，提高员工的素质，也就是要投入更多更好的资源，改进技术和管理。以上这些都离不开资金的支持。因此，筹措企业发展所需要的资金，是发展目标下对财务管理的要求。

（三）获利目标及其对财务管理的要求

盈利是企业建立的出发点和归宿。企业只有能获利才有存在的价值。盈利是企业的初始目标，也是终极目标。这个指标也可以反映其他目标的实现程度，并有助于其他目标的实现。

盈利是使资产的使用获得超过其投入成本的回报。市场经济中，没有免费获得和免费使用的资金，每项资金来源都有成本。而每项资产都是投资，都应获得相应的报酬。财务管理人员要对企业各种来源所获得的资金加以有效利用，这是获利目标下对财务管理的要求。

二、财务管理的目标

所谓财务管理的目标，是指在特定的理财环境中，通过组织财务活动、处理财务关系所要达到的目的。也就是我们做财务管理工作要达到的目的。财务管理的目标取决于企业的目标，也取决于社会经济模式。整个社会的经济体制、经济模式和企业的组织制度，在很大程度上决定了企业财务管理目标的取向。根据现代企业财务管理理论和实践，最具有代表性的财务管理目标有以下几个。

（一）利润最大化

获利是企业的初始和终极目标。西方经济学家以往都是以利润最大化这一标准来分析和评价企业的行为和业绩的。利润最大化观点认为，利润代表了企业新创造的财富，利润越多则企业的财富增加得越多,越接近企业的目标。因此,最大程度地获利,使得利润最大化,在很长一段时间里被作为企业财务管理的目标。

以利润最大化作为财务管理的目标有其科学的一面。原因如下。①符合人类追求创造剩余产品的目标。人类进行生产活动的目的是创造更多的剩余产品,而剩余产品的多少在商品经济条件下可以用利润这个指标来衡量。②有助于资源的优化配置。在自由竞争的资本市场中,资本的使用权最终归属于获利多的企业,坚持这一目标有助于资源的优化配置。③利润这一指标实用性较强。以利润最大化这个指标作为财务管理的目标,较直观,便于分解落实,易于取得和理解。

但利润最大化这一指标有其不足。①没有考虑利润实现的时间。这里的利润指标是企业一定时期实现的利润总额,没有考虑利润的具体实现时间,从而没有考虑到资金的时间价值。②没有反映投入与产出之间的关系。没有反映创造的利润与投资资本之间的关系,不利于同一时期不同资本规模的企业或同一企业不同期间的比较。③没有考虑风险因素,而是仅仅简单地以利润的大小作为衡量指标。④片面追求利润最大化,可能会导致企业的短期行为,如不重视新产品和技术的开发、人才引进、生产安全、职工生活福利设施和履行社会责任等。

(二)股东财富最大化

企业是股东的企业。按照现代的委托—代理理论,企业经营者应最大限度地谋求股东或委托人的利益,而股东或委托人的利益则是提高资本报酬,增加股东财富。

在股份有限公司中,股东财富的多少由其所拥有的股票价格和股票数量来决定。在股票数量一定时,股价的高低决定了股东财富的多少。因此,股东财富最大化又表现为股票价格最大化。虽然理论界还存在一些"股东财富最大化能否转化为股票价格最大化"的争论,但是在作出资本市场有效假设后,可以认为股票价格是衡量股东财富的最佳指标。这是因为股价最能反映股东未来所能获得的收益,并且最具观察性。

与利润最大化目标相比,以股东财富最大化作为财务管理目标的优点如下。①考虑了风险因素。股价对于风险的敏感度很高,对于风险的变化通常能快速地做出反应。②对上市公司来说,股价容易衡量,便于考核和奖惩。③在一定程度上能避免企业的短期行为。预期未来的利润情况也会对股价产生影响。

以股东财富最大化作为财务管理目标的缺点如下。①非上市公司的股价难以衡量,因此多适用于上市公司。②只强调股东的利益,忽视了其他相关利益者的利益。③股价受到诸多因素的影响,不可控因素有内部的也有外部的。

(三)企业价值最大化

企业价值最大化观点与股东财富最大化的观点基本类似,它们都反映了投资者对于企业的未来预期。简单来说,企业价值就是一个企业本身值多少钱。企业价值不单单是账面资产的总价值,而是指企业未来现金净流量的现值之和,反映了企业潜在或预期的获利能力。在评价企业价值时,是以投资者预期投资时间为起点,将未来收入按预期投资时间的同一口径进行折现,未来收入的多少按可能实现的概率进行计算。因此,在进行企业价值计算时，已经考虑到了资金的时间价值和风险问题。通常情况下，企业在未来所获得的收益越多，获利时间越近，能得到报酬的可能性越大，则企业价值就越大。

以企业价值最大化作为财务管理的目标有以下优点。①考虑了资金的时间价值，有利于统筹安排长短期规划，合理筹措资金，进行有效投资，合理分配股利等。②考虑了风险与报酬之间的关系。③这一目标将企业长期、稳定的发展和持续获利能力放在首位，能克服企业在片面追求利润时的短期行为。

以企业价值最大化作为财务管理目标也存在一些问题。①过于理论化，不易操作。②非上市公司的价值确定更困难，需要对企业进行专门的评估。在评估企业资产时，由于受到评估标准和评估方式的影响，很难做到客观和准确。

三、影响财务管理目标实现的因素

财务管理的目标是企业价值或股东财富最大化，而股票的价格就代表了股东财富。因此，股价的高低反映了财务管理目标的实现程度。

股票的价格受到外部环境和管理决策两方面因素的影响。其中外部环境是企业的不可控因素。从公司管理当局的可控因素看，股价的高低受到企业报酬率和风险的影响，而企业的报酬率和风险又是由企业的投资项目、资本结构和股利政策决定的。因此，投资报酬率、风险、投资项目、资本结构和股利政策这五个因素影响企业的价值。财务管理正是通过这五个因素来实现其目标的。

（一）投资报酬率

公司的盈利总额不能反映股东财富。而在其他条件一致的情况下，提高投资报酬率能增加股东财富。例如，公司有100万股普通股股票，税后净利200万元，每股盈余为2元。假定某人持有公司股票1万股，则可分享到2万元利润。如果企业拟做出决策扩大规模再发行100万股股票，预计扩张后将增加盈利100万元。这项决策你会同意吗？如果新股发行方案通过，由于总股数增加到200万股，利润增加到300万元，每股盈余反而降低到了1.5元，该股东分享到的利润也会减少到1.5万元。因此，股东财富大小要看投资报酬率的大小。

（二）风险

任何决策都有风险。决策时，如果不考虑风险，仅仅考虑每股盈余，也有可能会导致错误的结果。例如，假如公司有两个投资机会，第一个方案会使每股盈余增加2元，且风险极低可忽略不计；第二个方案可使每股盈余增加3元，但有一定风险，如果方案失败则每股盈余不会增加。哪个方案更好呢？答案是要看第二个方案的风险有多大，如果它失败的概率大于50%，即大于收益的增加比例，则该方案不可取；反之则是可取的。风险与期望报酬相称的方案才是可取方案，财务决策要考虑风险因素。

（三）投资项目

投资报酬率是决定企业投资报酬率与风险的决定因素。通常被企业采取的项目应该都是能增加企业报酬的项目，否则就没有必要投资。同时，任何项目也都是有风险的。企业的投资计划会改变企业原有的报酬率和风险,从而影响到股票的价格。

(四)资本结构

资本结构是企业所有者权益与负债的比例关系。它也会影响企业的报酬率和风险。一般而言,负债的利率低于投资的预期报酬率,可以通过借债提高企业的预期每股盈余,但同时也会扩大预期风险。一旦发生情况变化,如销售下降等,实际报酬可能会低于利率,这时负债反而会使每股盈余减少,企业甚至可能因不能按期支付本息而破产。因此,资本结构不当是公司破产的一个重要原因。

(五)股利政策

股利政策是指企业赚取的盈余中,有多少作为股利发放给股东,有多少保留下来准备再投资用。股利政策也会影响企业的报酬率和风险。发放的股利越少,则保留下来的盈余就多,这样会提高未来的报酬率,但再投资的风险明显要比立即分红大;反之亦然。因此,股利政策会影响公司的报酬率和风险。

四、财务管理目标的协调

企业是由不同的自利行为人组成的组织。在这种组织中,由于各个不同的利益主体的利益是不相同的。因此,必然会产生矛盾。企业财务管理的目标是企业价值最大化,在这一目标下,不但要求我们组织好财务活动,还要处理好各方面的财务关系,以实现企业价值最大化的目标。企业中最典型的也是最主要的两种财务关系如下。

(一)股东(所有者)与经营者权益的协调

大部分公司制的企业,其经营权与所有权是相分离的。股东会聘请职业经理人来管理企业。股东的目标是股东财富最大化,并要求经营者帮助其实现这个目标。而经营者的目标则是增加报酬和闲暇时间,并且避免风险。经营管理者努力工作但可能得不到应有的报酬,他们没有必要为了提高公司股价而去冒险,因为股价上涨的好处只归于股东;但如果失败,他们的职业生涯则增加了一个败笔,他们的"身价"将下降,自己也可能遭受直接损失(如报酬降低或被解雇)。因此,经营管理者大多力图避免风险,希望自己付出的劳动能得到应有的报酬。对股东而言,付给经营管理者的报酬就是公司的成本,这对增加自己的财富的目标是相背离的。因此,两者的目标是不一致的。

由于两者的目标不一致,经营管理者可能会对股东(所有者)的目标产生背离。背离的方式有道德风险和逆向选择两种。

为了解决这一矛盾,股东(所有者)往往会采取监督和激励手段并行、奖惩并用的方式来防止经营者背离自己的目标。具体而言有以下几种方式。

(1)解聘。这是一种通过所有者约束经营者的事后惩罚的方式,即所有者对经营者实施监督,如果经营者经营不力或者决策失误,导致未能提高企业价值,甚至是企业蒙受损失,就解聘经营者。经营者为了避免被解聘则会努力实现财务管理目标。

(2)接收。这是通过市场来约束经营者的一种方式。如果经营者经营不力或者决策失误,导致未能提高企业价值,甚至使企业蒙受损失,该公司就有可能被其他公司强行收购或吞并，从而经营者也会被解聘。经营者为了避免被接收，必须采取一切措施提高股票市价。

（3）激励。激励就是将经营者的报酬与其绩效挂钩，使经营者自觉努力实现财务管理的目标。一般而言，激励有两种基本方式。①"股票选择权"。所谓股票选择权是允许经营者以固定的价格购买一定数量的公司股票，股票的市价越高于固定价格，经营者所得的报酬就越多。经营者为了得到更大的股价上涨的好处，就必须主动采取能够提高股价的行动。②绩效股。当经营者达到企业财务管理目标时，视其业绩大小给予经营者数量不等的股票作为报酬。如果未能达到企业的财务管理目标，则经营者也将部分丧失原先持有的绩效股。这种方式使经营者不仅为了多得到绩效股而不断采取措施提高公司的经营业绩，而且为了使每股市价最大化，也采取各种措施使股票市价稳定上升。

（二）股东（所有者）与债权人的矛盾与协调

股东（所有者）与债权人的目标也是不一致的。股东（所有者）借款的目的是借入资金投入到有风险的经营项目中，以从中获利。债权人借出款项的目的是到期收回本金并获得利息收益。因此，两者之间目标不一致会产生矛盾和冲突。

借款一旦到了股东（所有者）手中，股东（所有者）可能做出一些损害债权人利益的行为。①股东（所有者）不经过债权人同意，授意经营者将资金投入到比债权人预计风险高的项目中去。这样会增加企业的偿债风险。高风险项目如果成功，则额外的利润会由股东（所有者）独享；高风险项目一旦失败，债权人则要与股东（所有者）一起承担由此造成的损失。②股东（所有者）不征得现有债权人的同意，要求经营者发行新的债券或举借新债，导致旧债的价值下降。

为了避免债权人与股东（所有者）的矛盾，防止债权人利益受到损害，除了寻求立法保护（如破产时优先接管等）外，通常会采取以下措施。①限制性借款。在借款合同中加入一些限制性条款，如规定专款专用、借款的担保条款和借款的各项信息条件等。②收回借款或不再借款。即当债权人发现借款人有侵蚀其债权价值的意图或行为时，采取收回债券或不再给予企业放款，或要求比正常利率高的高额利率等方式。

第六节　财务管理的环境

财务管理环境，又称为理财环境，是指企业财务管理系统面临的对企业财务活动产生影响的企业外部条件。财务管理环境是企业财务管理赖以生存的土壤，是企业财务决策难以改变的外部约束条件。企业在做财务决策时需要适应它们的要求和变化。

财务管理环境涉及的范围较广，根据各种因素对公司经营的影响方式不同，财务管理环境可以分为微观环境、行业环境和宏观环境三个层次。微观环境是直接与公司发生关系的各种因素，如公司的客户、竞争对手以及能源、资本、原材料、劳动力、技术资源的供应者和与公司直接发生关系的行政部门等。行业环境通过微观环境影响到公司的经营，影响到公司的财务管理活动。宏观环境表现为社会所处状态的各种因素，如政治、经济、文化、科技水平等，也成为公司财务活动的一般环境。我们在这里讨论的就是宏观环境。其中最重要的、经常对财务管理系统起作用的主要是经济环境、法律环境和金融市场环境。

一、经济环境

这里的经济环境主要是指宏观经济环境，是企业进行财务活动所面临的经济环境。

（一）经济周期

市场经济条件下，宏观经济的发展呈现出周期性变化。经济周期，即经济发展与运行出现的波动性，包括复苏、繁荣、衰退和萧条四个阶段的循环。在经济周期的不同阶段要采取相应的经营财务管理策略。在萧条阶段，经济明显萎缩降至低谷，百业不兴，公司经营状况和公司财务状况都不佳，公司股票市场价格徘徊不前，投资者对公司的投资信心受挫。企业可采取建立投资标准、尽力保持市场份额，削减管理费用、削减存货、放弃次要利益、裁员、采取稳健的股利分配政策以储备现金存量等策略，尽力维持公司的生产经营能力。复苏阶段，宏观经济从经济周期的谷底逐步回升，公司业绩上升，经营状况开始好转，投资者对公司投资的信心逐渐回升，企业财务状况趋于好转。企业可采取增加存货、劳动力和厂房设备等策略。繁荣阶段下，经济迅速增长达到周期的高峰，公司经营业绩不断上升，投资者信心大大增强，公司财务状况良好，股票价格大幅上扬。企业可采取进一步扩充厂房设备、增加存货、提高产品售价，以增加公司未来现金流的策略。衰退阶段，经济的发展从周期顶峰逐步回落，企业可采取停止扩张、出售多余设备、停产微利产品、削减存货、停止增加雇员等策略。

（二）经济发展水平

一个国家或者地区的经济发展水平与企业财务管理也是密切相关的。经济发展水平越高，财务管理水平一般也就越好。这是由于在经济发达国家或地区的经济生活中，有许多新的经济内容、复杂的经济关系和完善的生产方式，使财务管理的内容不断创新，并创造出越来越多的先进财务管理方法。这些先进的财务管理方法反过来又促进一国或地区的经济发展。因此形成了良性的循环。

（三）经济政策

经济政策包括财税体制、金融体制、外汇外贸体制、价格体制、投资体制、社会保障体制、计划体制、会计准则体系等方面。在市场经济中，为保证整个宏观经济良性运行，政府主要通过货币政策和财政政策来对经济进行宏观调控。

国家对某些地区、某些行业或某些经济行为的优惠、鼓励或有力倾斜构成了政府政策的主要内容，它同时也是对另外一些地区、行业和经济行为的限制。我国政府具有较强的宏观经济调控职能，其制定的国民经济发展规划、国家产业政策、经济体制改革的措施等，都会对企业财务活动产生重大影响。企业在进行财务决策时，要认真要求政府政策，按照政策导向行事。同时，由于政府政策有时会因经济状况的变化而发生调整，企业在进行财务决策时要为这种变化留有余地，甚至预见其变化的趋势，这将对企业理财有益。

二、法律环境

财务管理的法律环境是指企业和外部发生经济关系时所应遵循的各种法律、法规和规章。财务管理作为一种社会活动,其行为要受到法律的约束,企业合法的财务活动也相应受到法律的保护。企业在从事筹资、投资、股利分配活动时,必须要遵循有关法律的规定。

(一)企业组织法规

企业必须依法成立。组建不同的企业,必须要遵循不同的相关法律规范。这些法律规范包括《中华人民共和国公司法》《中华人民共和国全民所有制工业企业法》《中华人民共和国个人独资企业法》《中华人民共和国合伙企业法》《中华人民共和国中外合资经营企业法》等。这些法律既是企业的组织法,也是企业的行为法。在企业组织法规中,规定了企业组织的主要特征、设立条件、设立程序、组织机构、组织变更和终止的条件和程序等,涉及企业的资本组织形式、企业筹资渠道、筹资方式、筹资期限、筹资条件、利润分配等诸多理财内容的规范,也涉及不同的企业组织形式的理财特征。例如,非公司制的独资企业和合伙企业,独资人和合伙人都要对企业债务承担无限责任;而在公司制企业,股东只对公司债务承担有限责任。

(二)企业经营法规

企业经营法规是对企业经营行为制定的法律规范,包括《反垄断法》《环境保护法》《产品安全法》等。这些法规不仅影响企业的各项经营政策,还会影响企业的财务决策及实施效果,对企业投资、经营成本、预期收益会产生重要的影响。

(三)税务法律规范

任何企业都有法定纳税的义务,企业理财会受到税收的直接和间接影响。因此,税收是企业理财的重要外部环境。有关税收的立法分为所得税的法规、流转税的法规和其他地方税的法规三类。企业在投资时,税收是投资项目的现金流出量,计算项目各年的现金流量必须扣减这种现金流出量,才能正确反映投资所产生的现金净流量,进而对投资项目进行估价。筹资时,债务的利息具有抵减所得税的作用,确定企业资本结构也必须考虑税收的影响。股利分配时,股利分配比例和分配方式影响股东个人缴纳的所得税的数额,进而可能对企业价值产生重要的影响。此外,税负是企业的一种费用,要增加企业的现金流出,企业无不希望减少税务负担。为企业进行合法的税收筹划也是企业财务管理的重要职责之一。

(四)财务法律规范

财务法律规范主要包括《企业财务通则》和行业财务制度。

《企业财务通则》是经国务院批准由财政部发布的各类企业进行财务活动、实施财务管理的基本规范,主要对建立资本金制度、固定资产折旧、成本的开支范围、利润分配等问题做出了规范。行业财务制度是根据《企业财务通则》的规定,为适应不同行业的特点和管理要求，由财政部制定的行业规范。

此外，与企业财务管理有关的其他经济法律规范还有很多，包括各种合同法律规范、证券法律规范、结算法律规范等。财务管理人员只有熟悉这些法律规范，才能知法懂法，在守法的前提下实现企业财务管理的目标，完成财务管理的职能。

三、金融市场环境

金融市场是资金筹集和投放的场所。广义的金融市场是指一切资本流动的场所。广义金融市场的交易对象包括货币、有价证券、票据、黄金、外汇、保险以及生产资料的产权等。狭义的金融市场一般是指有价证券市场，即股票和债券的发行和买卖市场。

（一）金融市场的作用

1. 金融市场是企业投资和筹资的场所

金融市场上的筹资方式很多，企业需要资金时，可以到金融市场上选择自己合适的筹资方式来筹资。企业一旦有了剩余的资金，也可以到金融市场上灵活选择投资方式进行投资。

2. 企业通过金融市场使长短期资金互相转化

企业持有的股票和债券是长期投资，在金融市场上随时可以转手变现，就成了短期资金。大额可转让定期存单（CDS）也可以在金融市场上卖出成为短期资金。远期票据通过贴现可以转变为现金。相反的，短期资金也可以在金融市场上通过购买股票、债券等成为长期资产。

3. 金融市场为企业理财提供有价值的信息

金融市场上有价证券的市场价格反映投资人对企业经营状况和盈利水平等的整体评价，而金融市场上的利率变动也反映了资金的供求状况。

（二）金融市场的组成

金融市场由市场主体、客体和参加人组成。

金融市场的主体是指银行和非银行金融机构，它们是金融市场的中介机构，是连接筹资人和投资人的桥梁。金融市场的客体是指金融市场上买卖的对象，如商业票据、公司股票、政府债券等各种信用工具。金融市场的参加人是指客体的供给者和需求者，如企业、城乡居民、政府部门、事业单位等。

（三）我国主要的金融机构

我国主要的金融机构包括银行和非银行金融机构。具体而言主要包括以下一些机构。

1. 中国人民银行

中国人民银行是我国的中央银行，它代表政府管理全国的金融机构和金融活动，并经理国库。其主要职能是：制定和实施货币政策，保持货币币值稳定；维护支付和清算系统的正常运行；持有、管理、经营国家外汇储备和黄金储备；代理国库和其他与政府有关的金融业务；代表政府从事有关的国际金融活动。

2. 政策性银行

政策性银行是指由政府设立，以贯彻国家产业政策和区域发展政策为目的，不以盈利为目的的金融机构。政策性银行与商业银行相比，其特点在于：不面向公众吸收存款，而以财政拨款和发行政策性金融债券为主要资金来源；其资本主要由政府拨付；不以盈利为目的，经营时主要考虑国家的整体利益和社会效益；对国民经济发展和社会稳定有重要意义。

我国目前的政策性银行有国家开发银行、中国进出口银行、中国农业发展银行。

3. 商业银行

商业银行是以经营存款、贷款、办理转账结算为主要业务，以盈利为主要经营目标的金融企业。商业银行的建立和运行受《中华人民共和国商业银行法》规范。我国的商业银行服务灵活，业务发展较快。

4. 非银行金融机构

非银行金融机构主要包括保险公司、信托投资公司、证券机构、金融租赁公司等。

保险公司主要经营保险业务，包括财产保险、责任保险、保证保险和人身保险。信托投资公司主要是以受托人的身份代人理财，其主要业务有经营资金和财产委托、代理资产保管、金融租赁、经济咨询以及投资等。证券机构是指从事证券业务的机构，包括证券公司、证券交易所和登记结算公司。金融租赁公司是指办理融资租赁业务的公司组织，其主要业务有动产和不动产的租赁、转租赁、回租租赁等。

（四）金融市场上的利率

利率在金融市场上是资金使用权的价格。一般来说，金融市场上资金的利率可以用下面的公式表示。

$$利率 = 纯粹利率 + 通货膨胀补偿率 + 风险报酬率$$

1. 纯粹利率

纯粹利率是指无通货膨胀、无风险情况下的平均利率。在没有通货膨胀的情况下，短期国债的利率可以视为纯粹利率。纯粹利率的高低受到平均利润率、资金供求关系和国家调控的影响。

第一，利息是利润的一部分，所以利率依存于利润，并受到平均利润率水平的制约。利率的最高界限不能超过平均利润率，否则企业就会无利可图。同时，利率的最低界限要大于零，否则提供资金的人不会拿出资金。第二，在平均利润率不变的情况下，金融市场上的供求关系决定市场利率水平。在经济高涨时，资金需求量上升，若供应量不变，则利率上升；在经济衰退时则正好相反。第三，政府的货币政策也会影响利率。政府为了防止经济过热，通过中央银行减少货币供应量，则资金供应减少，利率上升；政府为刺激经济发展，增加货币发行，则利率下降。

2. 通货膨胀补偿率

通货膨胀会使货币贬值，投资者的真实报酬下降。投资者把资金交给借款人时，会在纯粹利率的水平上再加上通货膨胀补偿率，以弥补由于通货膨胀的存在而造成的购买力损失。因而，每次发行国债时，利率会随着预期通货膨胀率变化而变化，它等于纯粹利率加预期的通货膨胀率。

3. 风险报酬率

投资风险越大，投资者要求的报酬率会越高。风险报酬率就是由于投资者冒风险进行投资而要求获得的补偿。包括违约风险报酬率、流动性风险报酬率和期限风险报酬率。

违约风险报酬率是指为了弥补因债务人无法按时还本付息而带来的风险，债权人要求提高的利率。流动性风险报酬率是指为了弥补因债务人资产流动不好而带来的风险，由债权人要求提高的利率。期限风险报酬率是指为了弥补因偿债期长而带来的风险，由债权人要求提高的利率。

第七节 财务管理规范

企业在进行财务管理工作时，还应遵守财务规范的要求和约束。我国现行的财务规范体系由财务法律规范、《企业财务通则》、行业财务制度构成。为了使企业财务活动有序进行，各企业还应制定相应的内部财务管理制度。

一、财务法律规范

我国财务法律规范主要有《中华人民共和国公司法》《中华人民共和国证券法》《中华人民共和国企业所得税法》以及其他税收法规等。

《中华人民共和国公司法》主要是有关公司制企业的组织法律，主要包括公司注册资本、股东投入资本的形式、无形资产投资比例限制、股票发行事宜、公司债券发行的条件、程序以及利润分配程序等。《中华人民共和国企业所得税法》主要涉及公司利润分配方面的内容，包括公司所得税的课税对象、纳税地点、纳税期限、缴纳办法、税率等。

二、《企业财务通则》

《企业财务通则》是各类企业进行财务活动、实施财务管理必须遵循的基本规范，对其他的财务法规制度起统帅作用。《企业财务通则》对各类企业的财务活动做出了统一的要求，为各类企业提供了公平竞争和发展的财务环境。

三、行业财务制度

我国财政部还根据《企业财务通则》的规定，制定了分行业的企业财务制度。行业财务制度是《企业财务通则》规定的进一步具体化。目前，分行业的财务制度有工业、运输、商品流通、邮电、金融、旅游和饮食服务、农业、对外经济合作、施工和房地产开发、电影和新闻出版等行业。

四、企业内部财务管理制度

企业在遵守《企业财务通则》和行业财务制度的基础上，还可根据企业内部管理的需要，结合本企业的实际情况，制定企业自己的内部财务管理制度。包括企业内部资金管理办法、折旧管理办法、各项财产分工管理办法等。内部财务管理制度的建立，可以加强企业财务管理，使财务活动有章可循，提高企业经济效益。

习　　题

【单项选择题】

1. 财务包括财务活动和（　　）。
   A. 资金运动　　　　　　　　B. 经济关系
   C. 财务关系　　　　　　　　D. 货币活动
2. 财务管理的对象是（　　）。
   A. 资金运动　　　　　　　　B. 企业的业务
   C. 企业的人员关系　　　　　D. 货币活动
3. 风险—报酬衡量原则是指风险与报酬之间存在一个对应关系，它支持的观点是（　　）。
   A. 高风险低收益　　　　　　B. 高风险无收益
   C. 低风险高收益　　　　　　D. 低风险低收益
4. 以下能成为金融市场主体的是（　　）。
   A. 普通企业　　　　　　　　B. 城乡居民
   C. 省委党校　　　　　　　　D. 证券机构
5. 以下机构不以盈利为目的的是（　　）。
   A. 中国进出口银行　　　　　B. 中国银行
   C. 民生银行　　　　　　　　D. 招商银行
6. 无通货膨胀、无风险情况下的平均利率是（　　）。
   A. 通货膨胀补偿率　　　　　B. 期限风险报酬率
   C. 纯粹利率　　　　　　　　D. 违约风险报酬率

【多项选择题】

1. 企业的财务活动包括（　　）。
   A. 资金的筹措　　　　　　　B. 资金的投放和使用
   C. 资金的收入和分配　　　　D. 资金的划分
2. 下列哪些关系人可能成为企业的债权人？（　　）
   A. 银行　　　　　　　　　　B. 客户
   C. 供应商　　　　　　　　　D. 企业债券的持有人

3. 财务管理的内容包括（　　）。
   A. 投资管理　　　　　　　　B. 筹资管理
   C. 股利分配　　　　　　　　D. 记账管理
4. 财务管理的方法有（　　）。
   A. 财务预测　　　　　　　　B. 财务计划
   C. 财务决策　　　　　　　　D. 财务控制
5. 企业的组织形式主要有（　　）。
   A. 独资企业　　　　　　　　B. 合伙企业
   C. 公司　　　　　　　　　　D. 合作企业
6. 企业的目标是（　　）。
   A. 生存　　　　　　　　　　B. 发展
   C. 获利　　　　　　　　　　D. 投资
7. 股东财富最大化的缺点是（　　）。
   A. 非上市公司的股价难以衡量
   B. 只强调股东的利益，忽视了其他相关利益者的利益
   C. 股价受到诸多因素的影响不稳定
   D. 没有考虑时间价值
8. 影响财务管理目标实现的因素有（　　）。
   A. 投资报酬率　　　　　　　B. 风险
   C. 投资项目　　　　　　　　D. 资本结构和股利政策
9. 财务管理的发展过程经历了哪三个阶段？（　　）
   A. 筹资财务管理阶段　　　　B. 投资财务管理阶段
   C. 内部控制财务管理阶段　　D. 股利财务管理阶段

【判断题】
1. 双方交易原则认为如果能够减少税收对交易双方都有利。（　　）
2. 一个经常配股的公司一般现金流很充足。（　　）
3. 引导原则就是找一个公司跟着它的行为来行动。（　　）
4. 比较优势原则告诉我们，应当把主要精力放在弥补短板上。（　　）
5. 股票选择权是股东激励经营者的一种方式。（　　）

【简答题】
1. 什么是财务？什么是财务管理？
2. 财务管理的发展经历了哪些阶段？财务管理未来的发展趋势什么？
3. 财务关系包括哪些？如何协调这些财务关系？
4. 财务管理的内容有哪些？财务管理的方法有哪些？
5. 财务管理的目标是什么？影响财务管理实现的因素有哪些？
6. 财务管理的环境包括哪些？

第二章

财务管理的基本价值观

财务管理的目标是实现企业价值的最大化，而这一目标的实现很大程度上依赖于企业未来现金流量，以及风险与收益的度量、权衡问题。因而学习货币时间价值和风险价值的相关概念与计算方法，是理解和掌握财务管理理论知识的基础。

第一节 货币的时间价值

一、货币的时间价值的含义

货币的时间价值是指货币经过一定时间的投资和再投资后所增加的价值，也称为资金的时间价值。

在商品经济中有一种现象：一定量的货币在不同的时点上有不同的价值。现在的100元钱和1年后的100元钱其经济价值就是不一样的。例如在不考虑风险和通货膨胀的情况下，将现在的100元钱存入银行，假设存款利率是10%，1年后可以得到110元。这100元钱经过1年时间的投资增加了10元，那么增加的10元就是货币的时间价值。

货币的时间价值有两种表现形式：相对数和绝对数。相对数即时间价值率，是指扣除风险报酬和通货膨胀之后的平均资金利润率或平均报酬率；绝对数即时间价值额，是资金在生产经营过程中带来的绝对增值额。在实际的财务活动中，通常使用相对数，如上述的10%。在此要说明的是，通常所说的贷款利率、债券利率等除了货币的时间价值因素外，还包括风险价值和通货膨胀的因素，而计算货币时间价值时，是不包括后面两者的，所以货币时间价值是指扣除风险报酬和通货膨胀之后的平均资金利用率。

二、货币时间价值的实质

关于货币时间价值的实质，国内外研究者虽有各自不同的认识，但中心思想很相近。西方经济学者的观念大概论述为：投资者进行投资就推迟了消费，对投资者推迟消费的耐心，应该给予一定的报酬，且报酬应该与推迟的时间成正比，因此，单位时间这种推迟消费的报酬对投资的百分率称之为货币的时间价值。

我国学者在西方经济学者的理论的基础上做了补充，货币的时间价值是在企业的生产经营和流动过程中产生的。西方经济学者把货币的时间价值解释为："对投资者推迟消费的耐心给予一定的报酬"的观点是不科学的，如果说"耐心"就可以产生价值，那么将货币闲置不用或埋在地下也可能产生价值，但事实上并非如此。只有把货币投入生产和流通，使劳动者借助于生产资料生产出新的产品，才能实现其价值的增值。由此可见，货币的时间价值只能在社会生产经营和流通过程中产生。

货币的时间价值的确定是以社会平均资金利润率或平均投资报酬率为基础的。货币的时间价值一般以单位时间的报酬和投资的百分率表示，即利息率表示。但表示货币时间价值的利息率不是一般的利息率。一般的利息率如存款利率、贷款利率、债券利率等都是投资报酬率的表现形式，这些投资报酬率除了货币的时间价值因素外，还包括风险价值和通货膨胀因素。作为货币的时间价值的表现形态的利息率，应以社会平均资金利润率或平均投资报酬率为基础，在利润不断资本化的条件下，货币时间价值应按复利的方法计算，这是因为资本是按几何级数不断增长的。

三、货币的时间价值的作用

货币的时间价值是代表为风险的社会平均投资利润率，是企业资金利润率的最低限度，因而是衡量企业经济效益、考核经营成果的重要依据。货币的时间价值作为一种观念应贯彻在具体的财务活动中，在有关的资金筹集、资金投放以及使用、分配的财务决策中，都要考虑货币的时间价值。这对于提高企业的经济效益起着重要的作用。

（一）货币时间价值在筹资活动中具有重要作用

无论是筹资时间的选择，还是举债期限的考虑，以及企业在进行资本结构决策时，都必须考虑货币的时间价值。因为企业筹集的资金并不是无偿使用，都具有资本成本，资本成本一个重要的性质在于它是时间价值和风险价值的统一，筹资的时间、期限、结构对资本成本都会有影响，因而企业在筹资活动中要充分考虑货币的时间价值。

（二）货币时间价值在投资活动中具有重要的作用

利用货币的时间价值原理，从动态上比较衡量同一投资的不同方案，以及不同投资项目的最佳方案，能为投资决策提供依据。树立货币的时间价值观念能够使企业有意识地加强投资经营管理，尽量缩短投资项目的建设期。

（三）货币时间价值是企业进行生产经营决策的重要依据

货币的时间价值对于企业的生产经营决策也有重要作用。例如，生产经营、销售方式、定价决策、流动资金周转速度的决策等，都离不开货币时间价值观念。

四、货币时间价值的计算

财务管理中，要正确进行筹资、投资和收益分配决策，就必须弄清楚在不同时点上收到和付出的货币价值之间的数量关系，掌握货币时间价值的计算方法。有关货币时间价值的指标很多，这里介绍单利终值和现值、复利终值和现值、年金终值和现值的计算方法。

终值（F）又称将来值或者本利和，是现在一定量的资金在未来某一时点上的价值。现值（P）又称本金，是指未来某一时点上一定量资金折合到现在的价值。

（一）单利终值和现值的计算

单利是最简单的计息方法，此种情况下，只有本金计息，所生利息不计入本金计算利息。

1. 单利终值的计算

【例 2-1】 现在的 10 元钱，年利率为 10%，从第 1 年到第 5 年，各年年末的终值计算如下。

$$10 \text{ 元 } 1 \text{ 年后的终值} = 10 + 10 \times 10\% \times 1 = 10 \times (1 + 10\% \times 1) = 11 \text{（元）}$$
$$10 \text{ 元 } 2 \text{ 年后的终值} = 10 + 10 \times 10\% \times 2 = 10 \times (1 + 10\% \times 2) = 12 \text{（元）}$$
$$10 \text{ 元 } 3 \text{ 年后的终值} = 10 + 10 \times 10\% \times 3 = 10 \times (1 + 10\% \times 3) = 13 \text{（元）}$$
$$10 \text{ 元 } 4 \text{ 年后的终值} = 10 + 10 \times 10\% \times 4 = 10 \times (1 + 10\% \times 4) = 14 \text{（元）}$$
$$10 \text{ 元 } 5 \text{ 年后的终值} = 10 + 10 \times 10\% \times 5 = 10 \times (1 + 10\% \times 5) = 15 \text{（元）}$$

由例 2-1 发现单利终值的一般计算公式为

$$F = P + P \cdot i \cdot n = P(1 + i \cdot n)$$

其中，F 表示终值，即第 n 年年末的价值；P 表示现值，即第 1 年年初的价值；i 表示利率；n 表示计算利息的期数。

2. 单利现值的计算

单利终值和单利现值的计算式是互逆的，可用倒求本金的方法计算。由终值求现值，叫贴现。

单利现值的计算公式为

$$P = \frac{F}{1 + i \cdot n}$$

【例 2-2】 年利率为 10%，从第 1 年到第 5 年，各年年末的 10 元钱现值计算如下。

$$1 \text{ 年后 } 10 \text{ 元的现值} = \frac{10}{1 + 10\% \times 1} = 9.090\,9 \text{（元）}$$

$$2 \text{ 年后 } 10 \text{ 元的现值} = \frac{10}{1 + 10\% \times 2} = 8.333\,3 \text{（元）}$$

$$3 \text{ 年后 } 10 \text{ 元的现值} = \frac{10}{1 + 10\% \times 3} = 7.692\,3 \text{（元）}$$

$$4 \text{ 年后 } 10 \text{ 元的现值} = \frac{10}{1 + 10\% \times 4} = 7.142\,8 \text{（元）}$$

$$5 \text{ 年后 } 10 \text{ 元的现值} = \frac{10}{1 + 10\% \times 5} \div = 6.666\,7 \text{（元）}$$

【例 2-3】 某人现有 10 000 元的现金，年利率为 10%，单利计算条件下，5 年后的本利和为

$$F = P + P \cdot i \cdot n = P(1 + i \cdot n) = 10\,000 \times (1 + 10\% \times 5) = 15\,000 \text{（元）}$$

【例 2-4】 某人希望在 10 年后取得 110 000 元，年利率为 10%，单利计算条件下，则需要现在存入银行的资金为

$$P = F \div (1 + i \cdot n) = \frac{110\,000}{1 + 10\% \times 10} = 55\,000 \text{（元）}$$

（二）复利终值和现值的计算

复利也就是利息在下期转为本金，与原有本金一起计息的计算方式，即"利滚利"。

资金的时间价值一般是按照复利计算的。

1. 复利终值的计算

复利终值，是指一定量的本金按复利计算若干期后的本利和。

【例 2-5】 现在的 10 元钱，年利率为 10%，从第 1 年到第 5 年，各年年末的复利终值计算如下。

第 1 年的终值 = 10 + 10 × 10% = 10 × (1 + 10%) = 11（元）
第 2 年的终值 = 11 × (1 + 10%) = 10 × (1 + 10%)^2 = 12.1（元）
第 3 年的终值 = 12.1 × (1 + 10%) = 10 × (1 + 10%)^3 = 13.31（元）
第 4 年的终值 = 13.31 × (1 + 10%) = 10 × (1 + 10%)^4 = 14.641（元）
第 5 年的终值 = 14.641 × (1 + 10%) = 10 × (1 + 10%)^5 = 16.105 1（元）

因此，复利终值的一般计算公式为

$$F = P(1+i)^n$$

$(1+i)^n$ 通常称为"复利终值系数"，也可表示为 $(F/P, i, n)$，可以查阅"1 元复利终值系数表"。

【例 2-6】 某人获得公司年终奖 100 000 元，存入银行，年利率为 10%，按复利计算，5 年后可获得本利和多少现金？

$$\begin{aligned} F = P(1+i)^n &= 100\ 000 \times (1+10\%)^5 \\ &= 100\ 000 \times (F/P, 10\%, 5) \\ &= 100\ 000 \times 1.610\ 5 = 161\ 050（元）\end{aligned}$$

2. 复利现值的计算

复利现值，是指以后年份收到或付出资金的现在价值。它是复利终值的逆运算，可用倒求本金的方法计算。

$$P = \frac{F}{(1+i)^n}$$

【例 2-7】 年利率为 10%，从第 1 年到第 5 年，各年年末的 10 元钱的复利现值计算如下。

第 1 年末 1 元钱的现值 = $\dfrac{10}{1+10\%}$ = 10 ÷ 1.1 = 9.090 9（元）

第 2 年末 1 元钱的现值 = $\dfrac{10}{(1+10\%)^2}$ = 10 ÷ 1.21 = 8.264 5（元）

第 3 年末 1 元钱的现值 = $\dfrac{10}{(1+10\%)^3}$ = 10 ÷ 1.331 = 7.513 1（元）

第 4 年末 1 元钱的现值 = $\dfrac{10}{(1+10\%)^4}$ = 10 ÷ 1.464 = 6.830 6（元）

第 5 年末 1 元钱的现值 = $\dfrac{10}{(1+10\%)^5}$ = 10 ÷ 1.652 = 6.053 3（元）

$\dfrac{1}{(1+i)^n}$ 通常称作"复利现值系数",也可表示为 $(P/F,i,n)$,可以查阅"1 元复利现值系数表"。

【例 2-8】 某企业计划投资 5 年后取得本利和 1 000 000 元,假设投资报酬率为 10%,该企业现在应该投入多少资金?

$$P = \dfrac{F}{(1+i)^n} = \dfrac{1\,000\,000}{(1+10\%)^5}$$
$$= 1\,000\,000 \times (P/F, 10\%, 5)$$
$$= 1\,000\,000 \times 0.620\,9 = 620\,900\,(元)$$

(三)年金终值和现值的计算

上面介绍的单利终值和现值的计算、复利终值和现值的计算都属于一次性收付款项。在现实经济活动中,还存在一定时期内多次收付款项的行为,称为系列收付款项。如果每次收付的金额相等,那么我们就称这样的系列收付款项为年金,如分期偿还贷款、发放养老金等。

年金即为定期等额收付款项,通常用 A(annuity)表示。年金按照每次收付发生的时间的不同,可以分为普通年金、先付年金、递延年金、永续年金四类。

1. 普通年金终值和现值的计算

普通年金是指一定时期内每期期末等额收付的款项,又称后付年金。其收付形式如图 2-1 所示。横坐标代表事件的延续,用数字标出各期的顺序号;竖线位置表示收付的时刻,竖线下端的数字表示收付的金额。

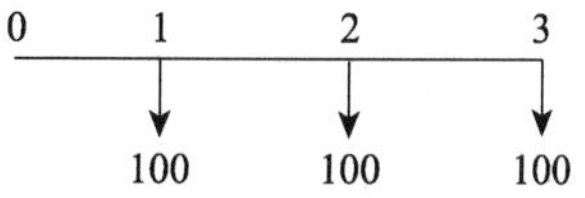

1)普通年金终值的计算

普通年金的终值犹如零存整取的本利和,它是一定时期内每期期末收付款项的复利终值之和。其计算原理如图 2-2 所示。

图 2-1 普通年金

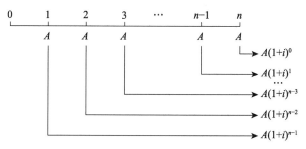

图 2-2 普通年金终值计算原理

所以普通年金终值 F 为

$$F = A + A(1+i)^1 + A(1+i)^2 + A(1+i)^3 + \cdots + A(1+i)^{n-2} + A(1+i)^{n-1}$$
$$= A\sum_{t=1}^{n}(1+i)^{n-1} = A\dfrac{(1+i)^n - 1}{i}$$

其中，A 表示年金；t 表示每笔收付款项的计息期数；n 表示全部年金的计息期数。

$\frac{(1+i)^n-1}{i}$ 通常称作"年金终值系数"，也可表示为 $(F/A,i,n)$，可以查阅"1 元年金终值系数表"。

【例 2-9】 某企业在 10 年内每年年末在银行借款 10 万元，借款年复利率为 5%，则该公司在 10 年末应付银行本息多少元？

$$F = A(F/A,i,n) = 10 \times (F/A,5\%,10) = 10 \times 12.578 = 125.78（万元）$$

2）偿债基金的计算

偿债基金是指为了使年金终值达到既定数额，每年年末应支付的年金数额。如企业约定在未来某一个时点清偿某笔债务而定期等额存入银行的款项。偿债基金事实上是已知年金终值 F，求年金 A，是年金终值的逆运算，其计算公式为

$$A = F \frac{i}{(1+i)^n-1}$$

其中 $\frac{i}{(1+i)^n-1}$ 称为"偿债基金系数"，也可表示为 $(A/F,i,n)$。

【例 2-10】 某企业有一笔 10 年后到期的借款，偿还金额为 1 000 万元，为此设立偿债基金。如果年利率为 5%，从现在起每年年末需存入银行多少万元，才能到期用本利之和偿清借款？

$$A = F \frac{i}{(1+i)^n-1} = 1\,000 \times \frac{5\%}{(1+5\%)^{10}-1} = 1\,000 \times 0.079\,5 = 79.5（万元）$$

即每年年末需存入银行 79.5 万元，才能到期偿还借款。

3）普通年金现值的计算

普通年金的现值是指一定时期内每期等额系列收付款项的现值之和。其计算原理如图 2-3 所示。

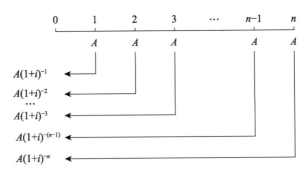

图 2-3 普通年金现值计算原理

由图 2-3 可得

$$P = A(1+i)^{-1} + A(1+i)^{-2} + A(1+i)^{-3} + \cdots + A(1+i)^{-(n-1)} + A(1+i)^{-n}$$

$$= A\sum_{t=1}^{n}\frac{1}{(1+i)^t} = A\frac{1-(1+i)^{-n}}{i}$$

其中，$\dfrac{1-(1+i)^{-n}}{i}$ 通常称为"年金现值系数"，表示为 $(P/A,i,n)$，可以通过"年金现值系数表"查阅。

【例 2-11】 某公司扩大生产，需租赁一套设备，租期 5 年，每年租金 10 000 元，设银行存款利率为 10%，该公司现在需要存入银行多少钱才能保证租金按时支付？

$$P = A(P/A,i,n) = 10\ 000(P/A,10\%,5) = 10\ 000 \times 3.790\ 8 = 37\ 908（元）$$

因此，该公司应现在存入银行 37 908 元，才能保证租金按时支付。

4）年资本回收额

年资本回收额是指为使年金现值达到既定金额，每年年末应收付的年金数额，它是年金现值的逆运算，即已知现值，求年金。其计算公式为

$$A = P \cdot \dfrac{i}{1-(1+i)^{-n}}$$

其中 $\dfrac{i}{1-(1+i)^{-n}}$ 被称为资本回收系数，记为 $(A/P,i,n)$。

【例 2-12】 某企业欲投资 300 万元购置一台设备，预计使用 15 年，假设社会平均利润率为 10%，该设备每年至少给企业带来多少收益才是可行的？

$$A = P\dfrac{i}{1-(1+i)^{-n}} = P(A/P,i,n) = 300 \times (A/P,10\%,15)$$

$$= 300 \times \dfrac{1}{(P/A,10\%,15)} = 300 \times \dfrac{1}{7.606\ 1} = 39.44（万元）$$

2. 先付年金终值和现值的计算

先付年金又称即付年金，是指在一定时期内，每期期初等额的系列收付款项。它与普通年金的区别在于付款的时间不同。由于"1 元年金终值系数表"和"1 元年金现值系数表"是按照普通年金编制的，因而在计算先付年金终值和现值时，利用系数查表，还要在普通年金的基础上适当调整。

1）先付年金终值的计算

n 期先付年金和 n 期普通年金的终值之间的关系如图 2-4 所示。

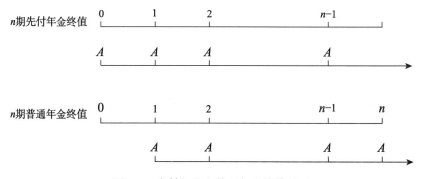

图 2-4　先付年金和普通年金终值关系

由图 2-4 可以看出，n 期先付年金终值比 n 期普通年金终值多计算一期的利息。所以可以先计算出 n 期普通年金的终值，然后再乘以 $(1+i)$ 便可求出 n 期先付年金的终值。其计算公式为

$$F = A(F/A,i,n)(1+i) = A[(F/A,i,n+1)-1]$$

$[(F/A,i,n+1)-1]$ 被称为"1 元先付年金终值系数"，它是在普通年金终值系数的基础上，期数加 1、系数减 1 的结果。

【例 2-13】 某企业连续 10 年每年年初存入银行 100 万元作为以后投资项目的准备金，银行存款利率为 10%，则该公司在第 10 年末能一次取出本利和多少元进行投资？

$$F = A(F/A,i,n)(1+i) = A[(F/A,i,n+1)-1]$$
$$=100\times[(F/A,10\%,11)-1] = 100\times(18.531-1) = 1\,753.1（万元）$$

2）先付年金现值的计算

n 期先付年金现值和 n 期普通年金现值之间的关系如图 2-5 所示。

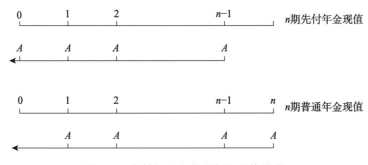

图 2-5　先付年金和普通年金现值关系

由图 2-5 可以看出，n 期先付年金的现值要比 n 期普通年金的现值每期要少贴现一期。所以，可以先计算出 n 期普通年金的现值，然后再乘以 $(1+i)$，其计算公式为

$$P = A(P/A,i,n)(1+i) = A[(P/A,i,n-1)+1]$$

$[(P/A,i,n-1)+1]$ 被称为"1 元先付年金现值系数"，它是在普通年金现值系数的基础上，期数减 1、系数加 1 的结果。

【例 2-14】 王某分期购买一台汽车，年初签订合同后，当即付款 10 000 元，以后每年年初付款 10 000 元，包括当期付款一共分 10 年支付，利息率为 6%，问这些资金的现值是多少？

$$P = 10\,000\times[(P/A,6\%,9)+1] = 10\,000\times(6.801\,7+1) = 78\,017（元）$$

3. 递延年金终值和现值的计算

递延年金是指第一次收付款发生的时间不在第一期期末，而是若干期后才开始发生的系列等额收付款。它是普通年金的特殊形式，凡不是从第一期开始的普通年金都是递延年金（如图 2-6 所示）。

显然递延年金的终值与递延期无关，它的计算方法与普通年金的计算方法相同。但递延年金的现值与递延期有关。

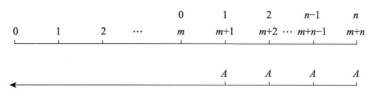

图 2-6 递延年金

在计算递延年金现值时,一般有两种方法。

1)第一种方法

先将递延期看作有收付情况,全部按普通年金计算现值,然后再减去没有发生年金的前若干期普通年金现值,即可求出递延年金现值。其计算公式如下。

$$P = A(P/A,i,m+n) - A(P/A,i,m)$$

2)第二种方法

先按照普通年金计算现值,然后再将其作为终值乘以复利现值系数贴现到第一期期初,即可求出递延年金现值。其计算公式为

$$P = A(P/A,i,n)(P/F,i,m)$$

【例 2-15】 某公司向银行借入一笔资金,规定前 5 年不用还本付息,从第 6 年到第 10 年每年年末还 1 000 元。当银行贷款利率为 10%,问该笔贷款的现值是多少?

$P = A(P/A,i,m+n) - A(P/A,i,m) = 1\,000 \times (P/A,10\%,10) - 1\,000 \times (P/A,10\%,5) = 2\,354$(元)

或者

$P = A(P/A,i,n)(P/F,i,m) = 1\,000 \times (P/A,10\%,5)(P/F,10\%,5) = 2\,354$(元)

4. 永续年金

永续年金是指无限期收付的年金,在实际经济活动中存本取息的利息、优先股股利、西方无期限债券的利息都是永续年金的例子。由于永续年金是没有终止时间的,所以没有终值,只能求其年金现值。计算公式由普通年金推导出来为

$$P = \frac{A}{i}$$

【例 2-16】 某企业要从其他公司每年取得优先股股利 30 000 元,假设利率为 10%,现在需要投资多少元购买该股票?

$$P = \frac{A}{i} = \frac{30\,000}{10\%} = 300\,000 \text{(元)}$$

(四)货币时间价值计算中的特殊问题

1. 年名义利率与年实际利率的转换

在前述的计算中用到的利率,我们都是把它假定为年利率,每年复利一次。但在实际活动中,复利的计息期不一定是 1 年,还有可能是半年或者按季、月、日来计算的。例如有的银行的对外贷款就是每月计息一次;有些行业间拆借资本每天计息一次。当计息期在 1 年内要复利两次或两次以上时,这样的年利率叫作名义利率,而每年只复利一次的年利率才是实际利率。

对于1年多次复利的情况，可采取两种方法计算时间价值。

（1）将名义利率转化为实际利率，然后再按实际利率计算时间价值。年实际利率的计算公式为

$$i = \left(1 + \frac{r}{m}\right)^m - 1$$

其中，r为年名义利率；m为每年复利次数；i为年实际利率。

【例2-17】 资金为30 000元，投资4年，年利率为8%，每季度复利一次，则年实际利率为多少？

$$i = \left(1 + \frac{r}{m}\right)^m - 1 = \left(1 + \frac{8\%}{4}\right)^4 - 1 = 8.24\%$$

（2）不计算实际利率，而是先调整有关指标，再计算时间价值。

$$利率 = r/m；期数 = m \cdot n$$

【例2-18】 仍用例2-17的有关数据，计算本利和。

$$F = P(F/P, 2\%, 16) = 30\,000 \times 1.372\,8 = 41184（万元）$$

2. 利率的计算

前述现值和终值的计算，都是假定利率是已知的，但在财务管理中，经常会遇到已知计息期数、现值、终值，求利率的问题。在这里，可以直接根据公式计算，也可以利用时间价值系数表计算。

利用时间价值系数表计算利率的方法是

第一步：求出换算系数。

第二步：根据换算系数和时间价值系数表求利率。

【例2-19】 现在将10 000元存入银行，5年后获得本利和14 690元，问银行存款利率为多少？

$$(F/P, i, n) = 14\,690 \div 10\,000 = 1.469$$

查"1元复利终值系数表"，与5年对应的利率中，8%的系数为1.469，因而利率为8%。此外也可利用$(P/F, i, n) = P/F$来计算。

【例2-20】 现在将10 000元存入银行，在利率为多少时，才能保证在今后10年中每年年末得到1 500元？

$$(P/A, i, 10) = 10\,000 \div 1\,500 = 6.666\,7$$

查"1元年金现值系数表"，当利率为8%时，系数为6.710 1；当利率为9%时，系数6.417 7。所以利率应在8%~9%之间，假设x为所求利率，利用插值法计算如下。

利率			年金现值系数		
8%	⎫		6.710 1	⎫	
	⎬ 8%−x ⎫ −1%			⎬ 0.043 4 ⎫ 0.292 4	
x	⎭		6.666 7	⎭	
9%			6.417 7		

$$\frac{8\%-x}{8\%-9\%}=\frac{6.7101-6.6667}{6.7101-6.4177}$$

$$x = 8.1484\%$$

第二节 风险价值

企业的经济活动可以分为确定型和不确定型两种。确定型活动是指经济活动的未来结果是确定的，不会偏离预期的判断。不确定性活动是指未来结果是不确定的，可能会偏离预期的判断。正是由于经济活动的这种不确定性，使得企业的财务活动存在风险，企业组织财务活动必须研究风险，计量风险，并设法降低风险，以取得最大收益，使企业价值最大化。

一、风险的特点

（一）风险具有客观性

风险是指事件本身的不确定性，具有客观性。风险的大小不能人为控制，但你可以选择是否去冒风险以及冒多大的风险。例如投资于国库券，其收益的不确定性较小；如果投资于股票，其收益的不确定性较大。

（二）风险的大小具有时间性

风险的大小随时间的延续而变化，是"一定时期内的风险"。例如，对一个投资项目，事先的预计可能不是很准确，随着项目的推进，预计的不确定性在缩小，事件完成了，其结果也就完全肯定了。因此，风险是一定时期内的风险。

（三）风险具有不确定性

风险既可能给投资者带来预期的收益，也可能带来超出预期的损失。一般来说，投资人对意外损失的关注要比意外收益的关注要强烈得多。因此，在研究风险时，经常将风险看成不利事件发生的可能性。从财务管理的角度说，风险是无法达到预期收益的可能性。

二、风险的类型

（一）从个别投资者来说，风险分为市场风险和公司特有风险

（1）市场风险。市场风险是指可以影响所有公司的因素风险，如战争、经济衰退、通货膨胀、高利率等。这类风险涉及所有的投资对象，不能通过多元化投资来分散。因此又称为不可分散风险和系统风险。

（2）公司特有风险。公司特有风险是指发生于个别公司的特有事件造成的风险，如公司内部控制问题、新产品开发失败等。这类事件是可以通过管理、多元化投资等方式进行分散的。因此又称为可分散风险或非系统风险。

（二）从公司本身来看，风险分为经营风险和财务风险

（1）经营风险。经营风险是指企业生产经营的不确定性所带来的风险。企业的生产经营活动会受到来自企业外部和内部多方面的影响，具有很大的不确定性。外部的影响因素

包括政治环境、经济结构、资源环境、金融环境、市场环境等；内部的影响因素包括运营状况、经营管理状况、内部财务管理能力等。

（2）财务风险。财务风险是指由于举债融资而给企业财务成果带来的不确定性，主要是指到期不能还本付息的风险，又称筹资风险。

总而言之，风险对于企业财务活动来说无处不在，无时不有。在进行财务决策时，选择不同程度的风险，都有与之相对应的报酬率，不能高风险低报酬，或渴望低风险取得高报酬。企业管理者要正确面对风险，仔细分析研究，争取在投资活动中把风险降到最低，获取与风险对应的报酬。

三、风险的衡量

在财务管理中，任何决策都是根据对未来事件的预测做出的，而未来的情况往往是不确定的。由于不确定性的存在，未来出现的实际结果可能与我们期望的结果不一致，这种实际结果与预期结果的偏离程度往往被用来衡量风险。

（一）确定概率分布

在经济活动中，某一事件在相同的条件下可能发生，也可能不发生，这类事件被称为随机事件。概率就是用来表示随机事件发生可能性大小的数值，用 P_i 表示。通常把必然发生事件的概率定为 1，把不可能发生事件的可能性定为 0，而一般随机事件的概率在 0 与 1 之间。概率越大，表示事件发生的可能性越大，概率必须符合以下两个要求。

$$0 \leqslant P_i \leqslant 1;$$

$$\sum_{i=1}^{n} P_i = 1$$

将随机事件各种可能结果按一定的规则进行排列，同时列出各结果出现的相应概率，这一完整的描述为概率分布。

【例 2-21】 DH 证券基金公司有两个投资机会，分别为投资股票和认股权证，这两个方面的报酬率及概率分布如表 2-1 和图 2-7 所示。

表 2-1　DH 公司未来投资机会各种状态的投资报酬率

经济情况	发生概率	股票/%	认股权证/%
繁荣	0.2	25	30
正常	0.6	15	15
衰退	0.2	5	0

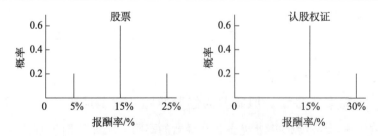

图 2-7　投资报酬率与离散型概率分布

（二）计算期望值

期望报酬率是指各种可能的报酬率按概率加权计算的平均报酬率。它表示在一定风险条件下，期望得到的平均报酬率，通常用 $\overline{E}$ 来表示。计算公式为

$$\overline{E} = \sum_{i=1}^{n} X_i P_i$$

其中，$\overline{E}$ 为期望报酬率；X_i 表示第 i 种结果对应的预期报酬率；P_i 为第 i 种结果出现的概率。

【例 2-22】某公司持有清影公司股份和宏业公司股份，两种股份的报酬率的概率分布如表 2-2 所示，计算两种股份的期望报酬率。

表 2-2 公司报酬率概率分布表

经济状况	清影公司股份		宏业公司股份	
	报酬率/%	概率	报酬率/%	概率
衰退	10	0.2	0	0.2
正常	30	0.6	30	0.6
繁荣	50	0.2	60	0.2

两个公司股份的期望报酬率为

$$\overline{E}_{清} = 10\% \times 0.2 + 30\% \times 0.6 + 50\% \times 0.2 = 30\%$$

$$\overline{E}_{宏} = 0 \times 0.2 + 30\% \times 0.6 + 60\% \times 0.2 = 30\%$$

可见，两个公司股份的期望报酬率是相等的。在报酬率相同的情况下，投资的风险程度与报酬率的概率分布有密切联系。概率分布越集中，投资的风险就越小，反之概率分布越分散，投资的风险就越大。此例中，清影公司股票报酬率的概率比较集中，而宏业公司较分散，因而清影公司的风险小。

在评价一个期望值的代表性强弱时，要依据投资报酬的具体数值对期望值的偏离程度来确定。偏离程度越大，代表性就越弱；偏离程度越小，代表性就越强。这种偏离程度就是风险程度。为了定量衡量风险大小，还要引用统计学中衡量概率分布离散程度的指标：标准离差和标准离差率。

（三）确定标准离差

标准离差是反映概率分布中各种可能结果对期望值的偏离程度，通常以符号 σ 表示。其计算公式为

$$\sigma = \sqrt{\sum_{i=1}^{n} (X_i - \overline{E})^2 \cdot P_i}$$

标准离差绝对数衡量决策风险。在期望值相同的情况下，标准离差越大，说明离散程度越大，风险越大；标准离差越小，说明离散程度越小，风险越小。以例 2-22 为例，清影公司和宏业公司的标准离差分别为

$$\sigma_{清} = \sqrt{(10\%-30\%)^2 \times 0.2 + (30\%-30\%)^2 \times 0.6 + (50\%-30\%)^2 \times 0.2} = \sqrt{0.016} = 12.65\%$$

$$\sigma_{宏} = \sqrt{(0-30\%)^2 \times 0.2 + (30\%-30\%)^2 \times 0.6 + (60\%-30\%)^2 \times 0.2} = \sqrt{0.036} = 18.97\%$$

通过上述计算,清影公司股份报酬率的标准离差小于宏业公司,说明清影公司股份的风险低于宏业公司股份的风险。

(四)确定标准离差率

标准离差作为绝对数,只适用于相同期望值决策风险程度的比较。对于期望值不相同的方案,标准离差率是反映随机变量离散程度的一个指标。标准离差率是标准离差与期望值的比值,公式为

$$V = \frac{\sigma}{E}$$

例 2-22 中清影、宏业公司股份报酬率的标准离差率分别为

$$V_{清} = \frac{\sigma}{E} = \frac{12.65\%}{30\%} \times 100\% = 42.17\%$$

$$V_{宏} = \frac{\sigma}{E} = \frac{18.97\%}{30\%} \times 100\% = 63.23\%$$

与标准离差的衡量结果一致,均是清影公司股票投资报酬率的风险小于宏业公司。

总之,衡量风险大小的原则,是标准离差越小,风险越小;标准离差率越大,风险越大。多种投资的决策比较,在期望值相同的情况下,用标准离差衡量即可;期望值不同的情况下,要用标准离差率衡量风险的大小。

四、风险与报酬的关系

风险与报酬的基本关系是风险越大,要求的报酬越高,要计算项目具体的风险报酬关系还要计算风险报酬率。要计算风险报酬率,必须借助一个系数——风险报酬系数。

风险报酬系数的确定,有以下几种方法。

(1)根据以往同类项目加以确定。

(2)由企业领导或企业相关专家确定。

(3)由国家有关组织部门确定。

风险报酬率、风险报酬系数和标准离差率的关系是

$$R_R = bV$$

其中,R_R 表示风险报酬率;b 表示风险报酬系数;V 表示标准离差率。

投资总的报酬率可表示为

投资报酬率 = 风险报酬率 + 无风险报酬率

$$R = R_R + R_F = bV + R_F$$

其中,R 为投资报酬率;R_F 为无风险报酬率。

无风险报酬率就是加上通货膨胀贴水以后的货币时间价值,一般把投资于国库券的报酬率视为无风险报酬率。

再次以例 2-22 中清影、宏业公司股份报酬率为例,如果无风险报酬率为 10%,清影

公司风险报酬系数为 10%，宏业公司的风险报酬系数为 12%，计算两公司的投资报酬率。

清影公司股份的投资报酬率为

$$R_{清} = 10\% \times 42.17\% + 10\% = 14.22\%$$

宏业公司股份的投资报酬率为

$$R_{宏} = 12\% \times 63.23\% + 10\% = 17.59\%$$

习　题

【单项选择题】

1. 下列只计算现值，不计算终值的是（　　）。
   A. 普通年金　　　　　　　　B. 先付年金
   C. 递延年金　　　　　　　　D. 永续年金

2. 递延年金现值的计算公式不包括（　　）。
   A. $A[(P/A,i,m+n)-(P/A,i,m)]$　　B. $A[(P/A,i,n) \cdot (P/A,i,m)]$
   C. $A[(P/A,i,n) \cdot (P/F,i,m)]$　　D. $A[(F/A,i,n) \cdot (P/F,i,m+n)]$

3. 有两个投资项目，甲、乙项目的报酬率的期望值分别为 15%和 23%，标准差为 30%和 33%，那么（　　）。
   A. 甲项目的风险大于乙项目的风险程度
   B. 甲项目的风险小于乙项目的风险程度
   C. 甲项目的风险等于乙项目的风险程度
   D. 不能确定

4. 下列系数是年偿债基金系数的是（　　）。
   A. $(P/A,i,n)$　　　　　　　　B. $(A/P,i,n)$
   C. $(A/F,i,n)$　　　　　　　　D. $(P/F,i,n)$

5. 下列各项中会引起企业的财务风险的是（　　）。
   A. 举债经营　　　　　　　　B. 生产组织不合理
   C. 销售决策失误　　　　　　D. 新材料出现

6. 一项投资，年利率 6%，每季度复利一次，则该项投资的实际利率为（　　）。
   A. 6.14%　　　　　　　　　　B. 5.86%
   C. 6.22%　　　　　　　　　　D. 5.78%

7. 下列指标中，计算风险大小的绝对数指标是（　　）。
   A. 标准离差率　　　　　　　B. 期望值
   C. 边际贡献　　　　　　　　D. 标准离差

8. 企业进行某项投资的报酬率为 20%，其报酬率的标准离差率为 100%，无风险报酬为 10%，则风险报酬系数为（　　）。
   A. 8%　　　　　　　　　　　B. 6.5%
   C. 4.3%　　　　　　　　　　D. 10%

9. 已知 $(F/A,8\%,5) = 5.866\,6$；$(P/A,8\%,5) = 3.992\,7$；$(F/P,8\%,5) = 1.469\,3$；$(P/F,8\%,5) = 0.680\,6$，则 $i = 8\%$，$n = 5$ 时的资本回收系数是（　　）。
   A. 1.469 3　　　　　　　　　B. 0.680 3
   C. 0.250 5　　　　　　　　　D. 0.170 5
10. 已知 $[(F/A,i,5) = 6.105$；$(P/A,i,5) = 3.791$；$(F/P,i,5) = 1.611$；$(P/F,i,5) = 0.621]$，某人将 10 000 元存入银行，银行的年利率为 10%，按复利计算。则 5 年后此人可从银行取出（　　）元。
    A. 17 716　　　　　　　　　B. 15 386
    C. 16 110　　　　　　　　　D. 14 641

【多项选择题】

1. 下列哪些年金可以计算终值？（　　）
   A. 永续年金　　　　　　　　B. 普通年金
   C. 先付年金　　　　　　　　D. 递延年金
2. 下列说法不正确的是（　　）。
   A. 风险越大，获得的风险报酬应该越低
   B. 有风险就会有损失，二者是相伴相生的
   C. 风险是无法预计和控制的，其概率也不可预测
   D. 由于筹集过多的负债资金而给企业带来的风险属于经营风险
3. 属于企业的经营风险的有（　　）。
   A. 开发新产品不成功而带来的风险
   B. 消费者偏好发生变化而带来的风险
   C. 自然气候恶化而带来的风险
   D. 原材料价格变动而带来的风险
4. 影响资金时间价值大小的因素有（　　）。
   A. 单利　　　　　　　　　　B. 复利
   C. 资金额　　　　　　　　　D. 利率和期限
5. 关于递延年金，下列说法正确的是（　　）。
   A. 递延年金是指 2 年以后才开始发生的系列等额收付款项
   B. 递延年金终值的大小与递延期无关
   C. 递延年金现值的大小与递延期有关
   D. 递延年金现值的大小与递延期无关

【判断题】

1. 永续年金有现值，无终值。　　　　　　　　　　　　　　　　　　　　　　（　　）
2. 偿债基金是年金终值计算的逆运算。　　　　　　　　　　　　　　　　　　（　　）
3. 风险本身可能带来超过预期的损失，也可能带来超过预期的收益。　　　　　（　　）
4. 递延年金的现值大小与递延期无关。　　　　　　　　　　　　　　　　　　（　　）

5. 凡一定时期内，每期有付款的现金流量都属于年金。（   ）
6. 终值就是本金和利息之和。（   ）
7. 现在的 1 万元与 5 年后的 1 万元数值相等，其内在经济价值也相等。（   ）
8. 货币的时间价值是由时间创造的，因此，所有的货币都有时间价值。（   ）
9. 复利的终值和现值成正比，与计息期数和利率成反比。（   ）
10. 普通年金是指每期期末有等额的收付款项的年金。（   ）

【计算题】

1. 甲公司向银行借入 100 万元，借款期为 5 年，假设年利率为 10%，分别计算单利和复利情况下的 5 年后公司的还本付息额。

2. 假定年利率为 6%，在 8 年内每年年初向银行借款 50 万元。则第 8 年末应付银行本息为多少？

3. 某企业有一项专有技术要进行估价，该专有技术年收益额为 48 000 元，本行业平均资产收益率为 16%，试问该专有技术的价值有多少？

4. 假定某矿业公司连续三年于每年年末向银行借款 2 000 万元，对原有矿山进行改扩建，假定借款利率为 12%，若该项改扩建工程于第 4 年年初建成投产。

要求：

（1）计算该项改扩建工程的总投资额是多少？

（2）若该公司在工程建成投产后，分 7 年等额归还银行全部借款的本息，每年年末应归还多少？

（3）若该公司在工程建成投产后，每年可获净利和折旧 1 800 万元，全部用来偿还银行的全部贷款本息，那么需要多少年可以还清？

5. 甲公司有一项付款业务，有 A、B 两种付款方式可供选择。

A 方案：现在支付 20 万元，一次性结清。

B 方案：分 5 年期付款，1~5 年各年年初付款分别为 3 万、3 万、3 万、5 万、5 万元，年利率为 10%。

要求：按现值计算，择优方案。

6. 某公司拟进行投资，现有甲、乙两公司股票可供选择，具体资料如表 2-3 所示。

表 2-3 甲、乙公司股票收益率

经济情况	概率	甲股票预期收益率/%	乙股票预期收益率/%
繁荣	0.3	60	50
复苏	0.2	40	30
一般	0.3	20	10
衰退	0.2	−10	−15

要求：比较两种投资方式风险的大小。

【简答题】

1. 什么是货币时间价值?
2. 年金的种类有哪些? 每一类的终值与现值如何计算?
3. 如何衡量风险大小?
4. 投资报酬如何计量?

第三章

利润规划与财务预算

第一节 财务预测

一、财务预测的概述

（一）财务预测的概念

财务预测是财务管理人员根据企业财务活动趋势变化的历史资料，考虑现实的要求和各种宏观和微观的条件，运用定量分析方法，在企业整体战略指导下，对企业未来的财务活动的发展趋势和财务成果做出科学的预计和测算。

财务预测的对象是企业在经营活动中以货币形态表现的现金流量和资金运营，通过对企业内部条件和外部环境的考察，对其进行静态和动态预测。根据财务预测的对象，财务预测内容有广义和狭义之分。广义的财务预测包括投资预测、销售收入预测、成本预测、利润及其分配预测和筹资预测；而狭义的财务预测是企业为完成特定经营目标，在特定时间内对于所需筹措的资金数额的预测，企业的销售规模扩大时，需要相应增加流动资产；如果销售规模增加很多，还必须增加长期资产。为取得扩大销售所需增加的资产，企业需要筹措资金。本书主要针对的是狭义的财务预测。

财务预测的可行性建立在财务管理本身的内在规律性和对其规律的普遍认可性的基础上。虽然财务管理会面临来自企业内外部环境各种因素影响，但是企业财务管理在经营活动中仍具有一定内在的规律性，这些内在规律性可以帮助财务管理人员分析过去、把握现状、预测未来，为企业发展战略和计划的制订提供合理的依据。

（二）财务预测的目的和意义

财务预测的主要目的是：通过能够取得的历史资料和信息，按照一定发展规律来测算企业投资、筹资各项方案的经济效益；为财务决策提供依据，预计财务收支(现金流量)的发展变化情况，为编制财务计划服务。

财务预测是企业财务管理的重要环节之一，其重要性体现在以下几个方面。

1. 是进行财务决策的重要依据

财务管理的核心在于决策，而正确的决策需建立在准确的财务预测上。通过正确的财务预测可以为决策考虑的各种方案提供依据，以供决策者权衡利弊，做出正确选择。不准确的预测会引起决策质量的失真，从而导致企业经营误入歧途，迷失方向。

2. 为财务预算环节提供重要参考

为了合理安排经营收支、提高资金使用效益，企业的经济活动必须实行计划管理手段，而财务预算就是将企业生产经营计划和财务计划以货币的形式体现出来。为了保证预算的科学性和指导性，企业在进行预算编制前，需要对企业经营各环节进行预测，包括预测销售收入实现的可能性、资金流量的可靠性、各项技术信息的有效性等，这些准确的预测为预算顺利进行和企业达到经营目标奠定了坚实的基础。

3. 是提高公司财务管理水平的重要手段

财务预测不仅为科学的财务决策和财务计划提供支持，也有利于培养财务管理人员的超前性、预见性思维，使其居安思危，未雨绸缪。企业经营的内外部环节是不断变化的，企业的生产经营离不开企业对于历史收入规律的总结，而且还要根据实际情况，随时关注和预测企业未来资金情况和财务收支平衡状况，这些对于企业管理和相关财务人员有极高的要求。同时，财务预测中涉及大量的科学方法以及现代化的管理手段，这无疑对提高财务管理人员的职业素养大有裨益。

需要注意的是，财务预测的作用大小会受到其准确性的影响。财务预测准确性越高，作用越大；反之，则越小。影响财务预测准确性的因素可以分为主观因素和客观因素。主观因素主要包括财务管理人员的业务素养、预测经验和使用的预测方法等。客观因素主要包括企业所处内外环境不可预测的变化。另外，财务预测掺杂财务人员的主观判断，未来的发展变化不一定完全按照预测发展。因此，财务预测最主要的作用是使财务管理人员对于可能发生的突发事件有所准备，提高企业迅速反应的能力，从而减少不利因素带来的损失，增加有利因素带来的优势和收益。

二、财务预测的步骤

（一）广义的财务预测步骤

广义的财务预算更综合、全面，包括编制全部的预计财务报表，一般有以下几个步骤。

1. 确定预测对象和目标

在进行财务预测之前，首先要根据需求清晰、具体地确定预测对象和目标，然后以此为基础确定预测时间和空间范围，有的放矢。

2. 制订预测计划

预测计划的制订包括对于组织工作开展的领导和人员组成、信息资料收集的方法和渠道、计划时间安排和需要的相关经费。制订预测计划时，应该尽可能做到计划明确详细、人员分工合理、时间进程安排合理。同时计划不是恒定不变的，应随着实际工作开展后出现的问题和偏差不断调整和修改，使其更加符合企业实际情况，切实可行。

3. 收集和整理相关材料和信息

根据企业制订好的预测计划，企业管理人员要尽可能全面，多渠道地收集与既定目标相关的数据和资料。从企业内部渠道可以获得会计核算材料、日常成本统计数据等；从企业外部渠道可以从公开发表统计报告中获得市场信息、金融行情、国家政策变动等。在获取相关数据和资料后，管理人员还需要根据数据的特点和重要性程度进行整理、加工、归纳和总结，去伪存真，化繁为简，保留其中最核心、最重要的部分。

4. 选择预测方法

企业通常会进行定性和定量两种预测。对于定量预测，应建立科学准确的数学模型辅助预测；对于定性预测，则需要提前根据预算目标按照一定的逻辑制定提纲。另外，在预测方法的选择上，一定要结合企业实际情况，选择最适合企业整体发展规划的方法，通常也可能选择把几种方法结合起来一起运用，互相补充和验证，比如定量方法和定性方法相结合，这样能多角度和多方向进行预测，使数据更具有参考价值。

5. 进行实际预测

按照选定的预测方法和目标方向开展实际预测，并从定性分析和定量分析两个方面得出初步的预测结果。

6. 评价和分析预测结论

企业经营活动发生后，需要就之前做出的初步预测结果进行检验，通过将实际结果与预测结果相比对，确定预测结果与实际结果的偏差程度，并分析和评价发生偏差的原因和影响程度。财务预测难免有一定的误差，重要的是分析其中误差程度的大小。在一定范围内，小误差是可以容忍和允许的，认可其之前的预测结果是正确的、相关的；而大误差，则需要引起重视，说明之前预测过程中有一定的问题需要改进和修正，从而尽量减少误差发生。

（二）狭义的财务预测步骤

狭义的财务预测主要针对企业所需筹措的资金数额的预测，一般有以下几个步骤。

1. 进行销售预测

销售预测是财务预测的起点。财务数据通常把销售数据预测作为财务预测的基础，销售预测完成之后，才能开始财务预测活动。销售预测的好坏对财务预测的结果影响非常大。销售预测与销售实际状况发生很大偏差，则会影响到财务预测的结果。当销售预测数值过低，企业可能出现存货储备不足，导致顾客资源流失，从而丧失市场份额；而当销售预测过高，企业需要筹集大量资金来进行生产物资储备，则可能造成资源闲置和浪费，使资金周转率下降，导致收益率下降。

2. 估计资产需求

根据销售预测中的预计销售量和资产销售函数，来预计未来期间所需资产的总量。

3. 估计收入、费用和留存收益

在销售量函数的假设下，可以根据销售数据估计预期收入和费用预测其净收益，而净收益和股利支付率进一步决定留存收益中可以保留的资金数额。

4. 估算外部融资需求

预计资产总量减去已有资金来源、负债的自发增长和内部提供的资金，就是企业需要的外部融资金额。

三、财务预测的方法

财务预测主要包括销售百分比法、回归分析法和运用信息技术预测法等。

（一）销售百分比法

销售百分比法是财务预测采用较多的方法。销售百分比法是根据销售增长与资产增长之间的关系，首先假设收入、费用、资产和负债等存在稳定的百分比关系，然后根据这个假设预计销售额和收益，进而算出外部资金需要量的方法。

销售百分比把未来销售收入变动的百分比作为主要参数，考虑随销售变动的资产负债项目及其他对于融资需求的影响，利用会计等式来预测未来需要追加的资金量。销售百分比法的预测可靠性是建立在两个前提之下。

1. 企业部分资产和负债与销售额成正比例变化。
2. 企业各资产、负债和所有者权益结构已经属于最优结构。

销售百分比下，企业需要融资的资金量计算公式如下。

$$\Delta F = K(A - L) - R$$

其中，ΔF 表示企业预测年度外部追加筹资需求量；K 表示预测年度销售收入对比基期年度增长的百分比；A 表示跟随销售收入成正比例变动的资产项目基期金额；L 表示跟随销售收入成正比例变动的负债项目基期金额；R 表示预测年度增加的可以使用的留存收益。

在运用公式计算时应注意以下内容。

（1）资产项目与销售收入的关系一般有三种：第一种是跟随着销售收入呈正比例变动，如货币资金、应收账款、存货等流动资产项目；第二种与销售收入没有必然变动关系，如长期投资、无形资产等；第三种是与销售收入关系有多种变化关系，如固定资产，在固定资产生产能力饱和时需要增加固定资产，这时与销售收入成正比，在固定资产生产能力仍有闲余时，则与销售收入不存在变动关系。需要注意的是，在公式中的 A 的计量仅针对第一种和第三种情况中存在正比例变动的固定资产情况。

（2）负债项目与销售收入的关系一般有两种：第一种跟随着销售收入呈正比例变动，如应付账款、应交税费等资产负债项目；第二种与销售收入没有必然变动关系，如长期负债等；需要注意的是，在公式中的 L 的计量对象仅针对第一种情况。

（3）留存收益属于企业内部筹资的途径，是企业在经营过程中形成的内部可使用资金，这些都属于外部融资的扣减数。

销售百分比法具体运用程序是

（1）运用或计算百分比

（2）计算预测期的资产、负债和所有者权益等项目的金额

增加的变动资产项目 = 增量收入 × 基期变动性资产的销售百分比

增加的变动负债项目 = 增量收入 × 基期变动性负债的销售百分比

总融资需求量 = 增加的变动资产项目 − 增加的变动负债项目

（3）计算留存收益的增加额

增加的留存收益 = 预计销售收入 × 预计销售净利率 × 预计留存收益率

（4）计算外部融资需求

外部融资需要量 = 总的融资需要量 – 增加的留存收益

【例 3-1】 某公司 2019 年销售收入为 20 000 万元，公司 2019 年销售净利率为 2.5%，股利支付率为 80%。经预测，预计 2020 年销售收入增长 10%，销售净利润率和利润分配政策保持不变。假设该公司仍有剩余生产能力，上年末的简要资产负债表如表 3-1 所示，请计算该公司预测年份外部融资需求。

表 3-1　A 公司资产负债表

编制时间：2019 年 12 月 31 日；单位：万元

资产	金额	负债与所有者权益	金额
流动资产		流动负债	
货币资金	200	应付账款	2 200
应收账款	1 800	预收账款	940
存货	3 200	流动负债合计	3 140
流动资产合计	5 200	非流动负债	
非流动资产		长期负债	420
固定资产	4 665	非流动负债合计	420
非流动资产	4 665	所有者权益	
		实收资本	2 305
		留存收益	4 000
		所有者权益合计	6 305
资产总计	9 865	负债与所有权合计	9 865

方法一：按照步骤进行计算

1. 运用或计算百分比

K = 2020 年度销售收入对比基期年度增长的百分比 = 10%

2. 计算预测期的资产、负债和所有者权益等项目的金额

增加的变动资产项目 =（200 + 1 800 + 3 200）× 10% = 520（万元）

增加的变动负债项目 = 3 140 × 10% = 314（万元）

2020 年总融资需求量 = 增加的变动资产项目 – 增加的变动负债项目

= 520 – 314 = 206（万元）

3. 计算留存收益的增加额

2020 年预计增加的留存收益 = 20 000 ×（1 + 10%）× 2.5% ×（1 – 80%）= 110（万元）

4. 计算外部融资需求

2020 年的外部融资需要量 = 206 – 110 = 96（万元）

方法二：按照销售百分比法总计算公式计算

$\Delta F = K(A - L) - R$

= 10% × [（200 + 1 800 + 3 200）– 3 140] – 20 000 ×（1 + 10%）× 2.5% ×（1 – 80%）

= 96（万元）

运用销售百分比法来预测企业外部融资需求额，简单、方便且易于理解，它的使用成本低，便于了解主要变量之间的关系。但是，需要特别注意的是，销售百分比法成立的前提是企业与销售额变化敏感的相关资产、负债项目的数量与销售额之间维持稳定的比例关系。但实际操作中，由于规模经济效应和资产的不可分割性，导致公式成立的前提难以保证。另外，销售百分比法有其本身存在的局限性，即公式建立在一定的假设条件之上，使其应用范围受到限制，所以销售百分比法通常作为复杂方法的补充或者检验。

（二）回归分析法

财务预测的回归分析法是利用数据统计原理，对一系列企业历史资料中各资产负债表项目和销售额的大量统计数据的函数关系进行数学处理，据此寻找计划销售额与资产、负债的金额之间的变量关系，从而预测企业融资需求。

根据因变量和自变量的函数表达式回归分析法可分为：线性回归分析和非线性回归分析。企业需要根据其分析需要，分析历史资料并选择回归分析技术，来确定具体的函数表达式。该方法以预计销售额作为自变量，以融资需求为因变量，来测算相关资产和负债金额，其之后的计算步骤与销售百分比一致。

（三）运用信息技术预测法

运用信息技术预测法是利用现代信息技术，为影响融资需求的变量建立复杂的预测模型，从而估计企业未来的融资需求。影响企业资金需求的变量多样，比如不同产品组合形式、采用的不同级别政策、市场中不同的价格政策等，这些影响变量因素在进行预测的过程中需要海量计算，仅靠财务人员手工处理颇为困难，因此运用信息技术预测法是借助科学的手段来进行的。

通常最简单的运用信息技术预测法是利用电子表格，如 Excel 等。这种方法计算过程和财务人员手工处理过程相差很少。其主要优势就是当预测期间跨度有多年或者多月时，信息技术处理要比手工迅速得多，例如当有个别参数变化时，设定好的表格软件能自动算出新的预测数据。

相对比较复杂的是使用动态交互式企业财务模型，如英策估值财务模型，它的处理比电子表格更复杂，但是其优势是通过人机对话来进行数字化财务模拟及监控，同时还能进行反向预测。它不仅可以根据既定销售额预测融资需求，还可以根据既定资金限制预测可达到的销售金额。

最复杂的预测是使用综合大数据库财务计划系统，因企业需要处理的历史资料数量大，需要为其建立历史资料数据库和模型库，它通常是一个联机联网的实时监控系统，可随时上传更新数据；它还可以为海量的资料信息使用概率分析技术并保证其预测的可靠性；它还是一个综合性预测和规划相结合的系统，不仅可以用于对于资金预测和规划，还能用于需求、价格、成本等各项资源的预测和规划。综合大数据库财务计划系统适用于分期预测各项财务数据，能快速生成预计的财务报表，从而为企业管理者提供决策信息支持。

第二节 利润规划

一、利润规划的概念和原则

（一）利润规划的概念

利润是企业追逐的目标之一，它是衡量企业经营成功与否的重要标准，企业必须有利润才能生存和发展，所以企业管理者在确定整体战略目标后，就要对利润进行规划，为下年度制定目标利润。

在企业规划之中，利润规划是基本的规划之一。企业利润规划是规定企业未来一段期间内，应达到的最优化利润目标，并选择其实现方法的科学管理活动，通过专业的预测、控制、规划、掌握其影响因素及变化规律，从而为管理者提供决策信息。

企业的利润是生产经营所得扣减生成经营费用的余额，但是利润规划中的目标利润本质与企业利润表中的事后利润不同，目标利润是一种对未来某时期利润的预期。

（二）利润规划的原则

1. 利润必须可行

目标利润必须能够反映按照企业自身能力，未来能够实现的最佳利润水准。利润目标是企业未来战略的体现，是生产经营活动目的性的反映与体现，管理者在企业外部环境和企业内部环境的基础上，参考过去经营成果的数据，来确定各项经济活动的发展方向和利润目标。目标利润既不能过高，过高的目标利润，企业不但无法保证完成，而且会导致资源投入浪费；但目标利润也不能过低，过低的目标利润不具有挑战性，难以调动经营的积极性。

2. 利润规划必须客观

规划目标利润时必须以企业客观存在的实际状况、拥有的技术条件、行业状况、外部市场环境和前景为基础，参考企业实际的历史数据和财务资料。目标利润不能脱离现实，不能仅仅通过财务管理人员凭空想象即制定利润目标，这样的利润不但不能帮助企业提高收益，反而会导致企业经营风险的发生。

3. 利润规划具有指导性

制定的目标利润一经确定不能随意更改，因为它是经过反复科学测算后确定的对未来工作的指导大纲，具有指导意义。目标利润对企业未来发展起到约束和指导作用。企业应根据规划的利润目标及时生产落实，为实现目标利润在产量、成本、价格等方面必须达到各项指标提供相应的条件，并认真实施，确保实现目标利润。

二、利润规划本量利分析

（一）本量利分析的概述

本量利分析全称是"成本—业务量—利润分析"，它是以数学化的会计模型来揭示成本、销售量与利润等变量之间内在规律性的联系,为会计预测决策和规划目标利润提供必要数据支持的一种定量分析方法。

本量利关系分析中的相互关系,主要指的是成本、销售量和利润之间的内在关系,其中主要是以成本性态为研究基础,即成本总额对业务量(产量或销售量)变化的反映。根据成本性态关系可以将成本划分为三种:固定成本、变动成本和混合成本。

固定成本是指成本总额在一定时期和业务量范围内,不受产出量变化影响,保持固定不变的成本,包括折旧费用、租金、管理人员工资等。要改变固定成本一般需要改变企业整体管理决策。

变动成本是指一定业务范围内,成本与产出量变化成正比例增减变动的成本,包括生产过程中的直接材料、直接人工等。

混合成本是指会随产出量变动而增减变化,但不成比例变化的成本。混合成本特性介于固定成本和变动成本之间。可以通过一定的方法分解为固定成本与变动成本。

(二)本量利分析的前提假设

本量利分析建立在3个基础假设之上,这些假设包括:相关范围和线性关系假设,产品品种结构稳定假设,产销平衡假设。

1. 相关范围和线性关系假设

该假设是指在相关范围内,成本与销售收入函数表现为线性特征,即在一定产出范围内,成本预期会以近似线性增长。

2. 产品品种结构稳定假设

该假设是指在对于生产和销售多种产品的企业,每种产品的销售收入占总销售收入的比重不会发生变化,明确产品组合结构,可使管理人员关注于价格、成本和业务量对营业利润影响,并进行加权平均产品计算。但实际经济活动中,企业很难一直保持固定的品种结构来生产和销售,若品种结构发生较大变动,将导致预计利润目标与实际利润产生很大差别。

3. 产销平衡假设

这是一个关键的限定性假设,所谓产销平衡就是企业生产出来的产品总是可以销售出去,能够实现生产量等于销售量。在这一假设下,本量利分析中的量是指的销售量(或销售收入)而不是生产量,但在实际情况中,生产量可能会不等于销售量,这时产量因素就会对本期利润额产生影响。

正因本量利分析建立在上述假设基础上,本量利分析法在企业利润规划中有其应用的局限性,该方法一般只适用于短期分析。在企业实际应用本量利分析法时,必须结合企业生产经营条件、销售价格、品种结构和产销平衡等因素的实际变动情况,积极应用动态分析和敏感性分析等技术来克服,调整分析结论。

(三)本量利分析法的计算公式

1. 利润方程式

利润 = 销售收入 − 总成本

= 销售收入 −（固定成本 + 变动成本）
= 销售单价 × 销售量 −（固定成本 + 单位变动成本 × 销售量）
=（销售单价 − 单位变动成本）× 销售量 − 固定成本

2. 边际贡献方程式

边际贡献是本量利分析中的一个重要概念，是指销售收入扣减变动成本后的余额，所以边际贡献又被称为"边际利润"或"贡献毛益"等。边际贡献是运用盈亏分析原理，进行产品生产决策的一个十分重要指标。边际贡献一般可分为单位产品的边际贡献和全部产品的边际贡献总额。其相关公式如下。

（1） 边际贡献 = 销售收入 − 变动成本总额
边际贡献 = 销售单价 × 销售量 − 单位变动成本 × 销售量
=（销售单价 − 单位变动成本）× 销售量

（2）单位产品的边际贡献就是单位边际贡献

单位边际贡献 = 销售单价 − 单位变动成本

（3）用单位边际贡献表示边际贡献总额

边际贡献总额 = 单位边际贡献 × 销售量

（4）单位边际贡献率占销售单价的比率就是边际贡献

$$边际贡献率 = \frac{单位边际贡献}{销售单价} \times 100\%$$

$$= \frac{(销售单价 - 单位变动成本)}{销售单价} \times 100\%$$

$$= 1 - \frac{单位变动成本}{销售单价} \times 100\%$$

$$= 1 - 单位变动成本率$$

（5）所以利润方程式，也可以用边际贡献方程式表示

利润 = 销售收入 −（固定成本 + 变动成本）
=（销售收入 − 变动成本）− 固定成本
= 边际贡献 − 固定成本
= 单位边际贡献 × 销售量 − 固定成本
= 边际贡献率 × 销售量 × 销售单价 − 固定成本
= 边际贡献率 × 销售额 − 固定成本

（6）$$加权平均边际贡献率 = \frac{各产品边际贡献总额}{各产品销售收入总额} \times 100\%$$

$$加权平均边际贡献率 = \frac{\sum(各产品边际贡献率 \times 该产品销售收入)}{\sum 各产品销售收入} \times 100\%$$

$$= \sum(各产品销售收入占总销售收入的比重 \times 该产品边际贡献率)$$

注意：企业各种产品销售收入占企业总销售收入的比重就是企业的销售结构。进行本量利分析时，不仅要考虑成本、销售量和利润之间的关系，还要考虑企业的销售结构。

边际贡献是销售收入减去变动成本后形成的对企业利润的增值部分，它首先用于弥补企业的固定成本支出，如果还有余额则形成企业的利润，如果不足以弥补固定资产支出，则企业即发生亏损。

（四）本量利分析法——本量利图

本量利图将成本、销售量和利润的关系通过图形的形式在直角坐标系中反映出来，其能够清楚地显示企业盈亏平衡时应达到的产销量，因此又被称为盈亏临界图、损益平衡图保本图。

1. 基本本量利图（如图 3-1 所示）

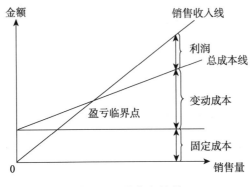

图 3-1　基本本量利

2. 边际贡献方程式本量利图（如图 3-2 所示）

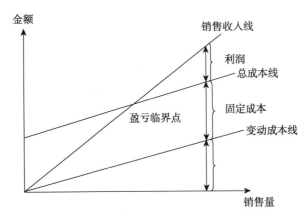

图 3-2　边际贡献方程式本量利

（五）盈亏临界点分析

1. 盈亏临界点的确定

盈亏临界点分析是本量利分析中的一部分，它是通过盈亏平衡点分析项目成本与收益的平衡关系的一种方法。盈亏平衡点又称零利润点或保本点，通常是指企业全部销售收入等于全部成本时，也是边际贡献和固定成本相等时的产量或销售额的状态。

（1）　盈亏临界点销售量 = $\dfrac{\text{固定成本}}{\text{单位边际贡献}} \times 100\%$

　　　　盈亏临界点销售量 = $\dfrac{\text{固定成本}}{\text{销售单价} - \text{单位变动成本}} \times 100\%$

（2）　盈亏临界点销售额 = 销售单价 × 盈亏临界点销售量

　　　　盈亏临界点销售额 = 销售单价 × $\dfrac{\text{固定成本}}{\text{单位边际贡献}} \times 100\%$

　　　　盈亏临界点销售额 = $\dfrac{\text{固定成本}}{\text{单位边际贡献率}} \times 100\%$

以盈亏平衡点的界限，当销售收入高于盈亏平衡点时企业盈利；反之，企业就亏损。

2. 安全边际和安全边际率

安全边际也是"危险边际"的警示，是现有销售量或预计未来可以实现的销售量同盈亏临界点销售量之间的差额，它表明在正常销售情况下，企业销售量下降多少，企业仍不会发生亏损。通常来说，差距越大，企业对市场衰退的承受力越大，发生生产经营亏损和风险的可能性越小；反之，则企业经营的安全程度越低。

安全边际是以绝对量反映企业经营风险的程度。衡量企业经营风险程度大小的相对量指标是安全边际率。

（1）　安全边际 = 正常销售量 − 盈亏临界点销售量

（2）　安全边际率 = $\dfrac{\text{安全边际}}{\text{现有销售量}} \times 100\%$

　　　　安全边际率 = $\dfrac{\text{安全边际}}{\text{盈亏临界点销售量} + \text{安全边际}} \times 100\%$

（3）　利润 = 安全边际 × 单位边际贡献

（六）因素变动分析

因素变动分析是在基期利润水平的基础上，根据计划期间影响利润变动的各项因素来预测企业计划期间产生的利润额，是一种定性分析方法。因素变动分析将目标利润引入本量利分析的基本模型，分析影响企业未来利润额的相关因素及程度大小，如销售量、销售价格、变动成本、固定成本总额和所得税税率等。因素变动分析流程如下。

1. 确定各因素对于目标利润的变动程度

在运用因素变动分析进行利润预测时，首先需要测算各因素对于利润影响的程度和数额；这些影响因素主要分为企业外部因素和内部因素，企业外部因素如市场供求的变化，内部因素如产品单位变动成本和固定成本的变化。

2. 由本量利计算公式，算出对利润的综合影响结果。其计算公式如下。

（1）目标利润 =（销售单价 − 单位变动成本）× 销售量 − 固定成本

（2）计划期利润 = 基期利润 ± 计划期因素变化而导致增加或减少的利润值

【例 3-2】假定某企业从会计资料中得知，2019 年度甲产品的销售量为 30 000 件，销售单价为 34 元，单位变动成本为 23 元，固定成本为 80 000 元，2019 年度实现的利润总额为 250 000 元。经过管理层调查研究，2020 年（预测年度）甲产品的预计销售量会增至 50 000 件，销售单价为 31 元。假定该企业在预测年度引入国外新技术，并提高生产效率，单位变动成本可降低到 18 元，但固定成本增加到 90 000 元，要求用因素变动分析计算各变化因素对于利润的影响程度，并预测 2020 年利润总额。

1. 计算各因素变动对于利润的影响

（1）销售量从 30 000 件增至 50 000 件对于利润的影响为

$$(50\,000 - 30\,000) \times 34 = 680\,000（元）$$

（2）销售单价从 34 元降为 31 元对于利润的影响为

$$(31 - 34) \times 50\,000 = -150\,000（元）$$

（3）单位变动成本从 23 元降为 18 元对于利润的影响为

$$23 \times 30\,000 - 18 \times 50\,000 = -210\,000（元）$$

（4）固定成本从 800 000 元增加至 900 000 元对于利润的影响为

$$80\,000 - 90\,000 = -10\,000（元）$$

（5）以上各因素变化对于利润的综合影响为

$$680\,000 - 150\,000 - 210\,000 - 10\,000 = 310\,000（元）$$

2. 预测 2020 年度企业利润

2020 年（预测年度）预计利润总额 = 250 000 + 310 000 = 560 000（元）

以上的分析是先分析计算预测年度各因素的变化对于利润的影响程度，然后再根据其变化汇总来预测企业预计利润。

（七）目标利润分析

目标利润分析是企业在预测年度经营活动开始之前，根据以往的数据和经营状况先确定目标利润，然后再分析和计算为了实现目标利润应该达到的销售数量、销售金额或减少的固定成本等因素标准，从而制定为此需要采取的措施。目标利润是量本利分析的核心要素和中心。对于其因素影响和措施选择，主要分为单项因素变动措施，以及综合因素变动措施。

1. 单项因素变动措施

根据本量利计算公式"目标利润 =（销售单价 – 单位变动成本）× 销售量 – 固定成本"，为了实现预定的目标利润，我们可以通过销售单价、单位变动成本、销售量和固定成本来进行变动和调整。

【例 3-3】 假定某企业 2019 年度乙产品的销售量为 3 600 件，销售单价为 50 元，单位变动成本为 25 元，固定成本为 50 000 元，现在假定企业将目标利润定为 58 000 元，问从单个因素来看，影响目标利润的四个因素分别应该做怎样的调整，采取怎样的措施？

（1）通过提高销售单价

$$\text{实现目标利润的销售单价变动} = \frac{\text{固定成本} + \text{目标利润}}{\text{销售量}} + \text{单位变动成本}$$

$$= \frac{50\,000 + 58\,000}{3\,600} + 25 = 55（元）$$

分析：在其他因素不变的情况下，只要该产品的销售单价提高到 55 元，就可以实现目标利润 58 000 元。

（2）通过增加销售量

$$\text{实现目标利润的销售量} = \frac{\text{固定成本} + \text{目标利润}}{\text{销售单价} - \text{单位变动成本}} = \frac{\text{固定成本} + \text{目标利润}}{\text{单位边际贡献}}$$

$$= \frac{50\,000 + 58\,000}{50 - 25} = 4\,320 \text{(件)}$$

分析：在其他因素不变的情况下，只要该产品的销售量增加到 4 320 件，就可以实现目标利润 58 000 元。

（3）通过降低单位变动成本

$$\text{实现目标利润的单位变动成本} = \text{销售单价} - \frac{\text{固定成本} + \text{目标利润}}{\text{销售量}}$$

$$= 50 - \frac{50\,000 + 58\,000}{3\,600} = 20 \text{（元）}$$

分析：在其他因素不变的情况下，只要该产品的单位变动成本降低到 20 元，就可以实现目标利润 58 000 元。

（4）通过降低固定成本

实现目标利润的固定成本 =（销售单价 – 单位变动成本）× 销售量 – 目标利润

$$= （50 - 25）× 3\,600 - 58\,000 = 32\,000 \text{（元）}$$

分析：在其他因素不变的情况下，只要该产品的固定成本降低到 32 000 元，就可以实现目标利润 58 000 元。

注意：以上措施中的变动和调整都是建立在单一因素变化时所采取的单项措施，而其他的因素保持不变的情况下进行的。而在实际的运用中，往往不止考虑一个因素变化，这时候我们需要对应采取综合的措施进行调整和变动。

2. 综合因素变动措施

为了实现目标利润，有时需要调整不止一个因素，这种通常被称为采取综合因素的变动措施。

【例 3-4】 假定某企业 2019 年度乙产品的销售量为 3 600 件，销售单价为 50 元，单位变动成本为 25 元，固定成本为 50 000 元。

（1）现在假定企业采用薄利多销的策略，将该产品的销售价格降低 10%，在成本因素不变的情况下，针对目标利润中的销售量应该做怎样的调整，采取怎样的措施？

当调整销售单价降低 10%，即销售单价降低到 45 元

$$\text{实现目标利润的销售量} = \frac{\text{固定成本} + \text{目标利润}}{\text{销售单价} - \text{单位变动成本}} = \frac{\text{固定成本} + \text{目标利润}}{\text{单位边际贡献}}$$

$$= \frac{50\,000 + 58\,000}{45 - 25} = 5\,400 \text{（件）}$$

分析：在乙产品销售单价因素调整降低到 45 元，即 10%时，在成本不变的情况下，销售量因素要增加到 5 400 件，才能实现目标利润。

（2）假定企业采用薄利多销的策略，将该产品的销售价格降低10%，但销售量只能增加到 4 000 件，同时固定成本需要追加到 60 000 元，为了实现目标利润，应该做怎样的调整，采取怎样的措施？

已知公式"目标利润 =（销售单价 – 单位变动成本）× 销售量 – 固定成本"，对于销售收入、销售价格以及固定资产发生调整，并且有确定的调整范围，为了实现目标利润，还可以调整的因素为单位变动成本。

$$\text{实现目标利润的单位变动成本} = \text{销售单价} - \frac{\text{固定成本} + \text{目标利润}}{\text{销售量}}$$

$$= 45 - \frac{60\,000 + 58\,000}{4\,000} = 15.5（元）$$

分析：经计算，如果乙产品销售价格降低10%，在固定成本增加到 60 000 元，销售量只能增加到 4 000 件的情况下，还需要将单位变动成本降低到 15.5 元才能实现目标利润。

第三节　财务预算

一、财务预算概述

（一）财务预算的概念

预算是企业在预测、决策的基础上，以发展战略为导向，用数量或金额形式体现对未来一定时期预计经营活动安排的具体计划，是为了实现企业经营目标而控制企业资源和活动的具体安排。预算是企业目标和决策的具体化体现，它为企业未来的经营提供了参考和导向。企业人力、财力等资源一定是有限的，如何利用有限资源产出更多产品和收益，其中的关键就是预算。企业包括经营、投资、财务等一切经济活动，以及人、财、物各方面与供、产、销各环节都须纳入预算管理，形成由业务预算、投资预算、筹资预算、财务预算等一系列预算组成的相互衔接和关联的综合预算体系，这样的预算体系我们一般称之为全面预算。企业全面预算包括业务预算、财务预算和专门决策预算。财务预算在企业全面预算体系中占有举足轻重的地位，是整个预算体系的核心，业务预算和专门决策预算为辅助预算部分。

财务预算是专门反映企业计划期内预计财务状况和经营成果，以及现金收支等价值指标的预算的总称，主要包括现金预算、预计利润表、预计资产负债表和预计现金流量表。

业务预算是指企业日常经营活动中发生的直接相关的经营业务活动预算。主要包括销售预算、生产预算、直接材料预算、直接人工预算、制造费用预算、产品成本预算、销售费用预算和管理费用预算。

专门预算是企业不经常发生的、一次性业务预算。专门决策预算是实际选中方案的进一步规划，主要包括资本预算。

企业全面预算体系中各项预算之间的关系结构如图3-3所示。

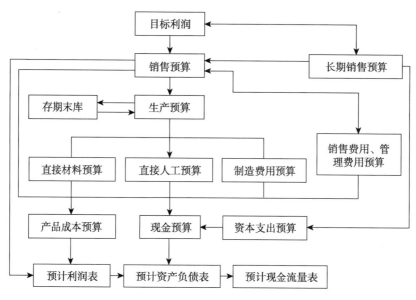

图 3-3　企业全面预算体系中各项预算之间的关系

（二）财务预算的意义和作用

1. 财务预算可以引导和控制企业未来经济活动，从而达到预期目标

企业财务预算是在预测的基础上，围绕企业的战略目标，对企业未来期间的企业经济活动做出具体的安排和规划，对内部各部门进行具体的资源分配、考核、控制和协调，以便有效地协调企业整体业务活动，从而完成既定的经营目标。

2. 财务预算帮助实现企业内部各部门日常工作的控制

企业预算一旦制定，就需要按部就班地付诸行动。在执行预算安排的过程中，相关部门需要随时关注其执行情况，经常将实际情况与预算数据进行对比，发现差异，找出原因，及时调整和修改；同时需要随时监控企业各部门在完成预算安排和达成预定目标的过程中发生的矛盾和冲突，及时解决，使企业的供、产、销能够一直维持最佳平衡状态。

3. 财务预算可以作为业绩考核的参考标准

预算可以作为企业员工考核评价的标准之一。企业如果单纯用过去业绩作为评价现在经营活动的标准是不足的，超过历史水平仅仅只能说明有进步，但有可能未达到预定目标和应有的程度。预算能够更好地将业绩考核与企业发展目标相结合。

（三）财务预算的内容

财务预算是企业全面预算体系的核心，它以业务预算和专门预算为基础，与其他预算相互连接，财务预算由以下几个部分组成。

1. 现金预算

现金预算是反映预期内企业现金流转状况的预算，包括现金收入、现金支出、现金结余以及现金的筹措和运用四个部分的预算。

2. 预计利润表

预计利润表，是以货币形式综合反映企业计划期内企业经营活动及最终财务成果计划水平的一种财务预算。预计利润表亦称为利润预算，是对于利润金额预测的具体化体现。

3. 预计资产负债表

预计资产负债表是以货币金额全面综合地反映企业预算期末的财务状况的预算。通过预计资产负债表可以判断预算反映的财务状况的稳定性和流动性。

4. 预计现金流量表

预计现金流量表是反映企业计划期内现金流入与现金流出情况的财务预算。它从现金的流入和流出两个方面揭示了企业计划期经营活动、投资活动和筹资活动所产生的现金流量。

二、财务预算的编制方法

预算编制方法是预算编制的专门技术，是预算编制途径、规则、方式、程序、步骤、技巧和手段等的集合。包括固定预算法、弹性预算法、零基预算法、滚动预算法和概率预算法。

（一）固定预算法

固定预算，又叫静态预算，只根据计划期内正常并可实现的某一固定的业务量（如生产量、销售量等）水平作为唯一基础来编制预算的方法。编制时不考虑生产经营活动可能发生的任何变化；编制完成后，除特殊情况外不会进行修正或更改，具有相对的固定性。固定预算因其简便易行，直观明了，被认为是最传统、最基本的预算编制方法，一般用于经营业务和产品产销量稳定，能准确预测产品需求及产品成本的企业。但固定预算也存在以下局限性。

（1）适应性差。因为编制预算的业务量基础是事先假定的某个业务量，这种方法之下，预算期间业务水平实际发生的变化无法体现，所以固定预算仅适用于预算业务量与实际业务量变化不大的预算项目，不适用业务量经常变动的企业。

（2）可比性差。实际业务量与设定的固定业务量存在较大差异时，财务指标实际数与预算数因业务基础不同而缺乏可比性。

【例3-8】 某企业预计2019年生产和销售甲产品50 000件，销售单价为15元，单位变动成本9元，其中直接材料3.5元，直接人工2.5元，变动制造费用2元，变动销售及管理费用1元。固定成本总额80 000元。根据上述资料，按固定预算编制产品成本预算及利润预算，如表3-4、表3-5所示。

表3-4　产品单位成本预算

成本项目	单位成本（元）	甲产品产量（件）	总成本（元）
直接材料	3.5	50 000	175 000
直接人工	2.5	50 000	125 000

（续表）

成本项目	单位成本（元）	甲产品产量（件）	总成本（元）
制造费用	2	50 000	100 000
销售及管理费用	1	50 000	50 000
合　计	9	50 000	450 000

表3-5　利润预算　　　　　　　　　　　　　单位：元

项目	预算金额（元）
销售量	50 000
销售收入	750 000
减：变动成本总额	450 000
直接材料	175 000
直接人工	125 000
制造费用	100 000
销售及管理费用	50 000
减：固定费用	80 000
经营利润	220 000

（二）弹性预算法

弹性预算法又称为变动预算法，是在成本性态分析的基础上，以企业预计未来不同业务水平为基础，分别确定多种预算指标的预算编制方法。

弹性预算是根据成本性态分析中业务量、成本和利润之间的关系，主要将成本划分为变动成本和固定成本，分别确认在各种可能的业务量下变动成本总额、固定成本总额以及销售收入总额，从而对变动成本按单位成本、固定成本按总额进行预算和控制。弹性预算适用于业务量水平可能会发生较大变动的企业。弹性预算的编制步骤如下。

（1）选择和确定各种经营活动的计量单位，如消耗量、人工小时、机器工时等。

（2）根据预测确定适用的业务量范围，弹性预算法的业务范围，一般视企业或部分的业务量变化而定，但前提条件是使实际业务量不至于超过相关的业务量范围。通常，在正常生产能力的70%~110%之间，或以历史上最高业务量和最低业务量为上下限。

（3）根据成本性态和业务量之间的依存关系，分析各项成本费用项目的成本习性，将其划分变动成本和固定成本，并逐项确认在各种预计业务量下变动成本总额、固定成本总额以及销售收入总额。

【例3-9】　某企业2019年预计生产并销售乙产品5 000~6 000件，预计销售单价为20元。预计生产的相关成本由变动成本和固定成本构成，其中预计单位变动成本10元，包括直接材料6元，直接人工2元，单位变动制造费用2元；预计固定成本1 650元。根据以上材料，按弹性预算编制不同业务量（业务量间隔250件）下的收入、成本和利润预算，如表3-6所示。

表 3-6 收入、成本和利润预算

项目					
业务量（件）	5 000	5 250	5 500	5 750	6 000
销售收入（元）	100 000	105 000	110 000	115 000	120 000
减：销售成本	51 650	54 150	56 650	59 150	61 650
变动成本	50 000	52 500	55 000	57 500	60 000
直接材料	30 000	31 500	33 000	34 500	36 000
直接人工	10 000	10 500	11 000	11 500	12 000
制造费用	10 000	10 500	11 000	11 500	12 000
固定费用	1 650	1 650	1 650	1 650	1 650
销售利润（元）	48 350	50 850	53 350	55 850	58 350

（三）零基预算法

零基预算不受过去的预算和实际收支水平的影响，以零为基点重新编制计划的预算方法。

传统的预算编制方法是在上期预算执行结果的基础上，结合预算期的情况，进行适当调整而编制形成的。这种方式易受历史执行结果的影响，导致编制者陷入惯性思维。

而零基预算一切从零开始，不受以往预算安排情况的约束，从实际需要出发，逐项审议预算年度内各项费用的内容及其开支标准，结合企业资源配置重要程度作为参考，在综合考虑的基础上编制，从而更好地总结过去，剖析现在，预测未来，充分发挥预算的作用。零基预算将过去不科学、没有效率的经济活动排除，让企业不断适应新的商业环境，及时调整战略与目标。

1. 零基预算与传统预算的差异性

1）预算基础不同

传统预算编制是以前期预算执行结果为基础，利用外推法将过去的支出趋势（或上年支出额）延伸至下一年度。而零基预算基础为零，不受已有费用项目和开支水平的限制，仅以对业务活动的重要性分析和资金量的限制来制定。

2）预算编制的分析对象不同

传统预算编制主要是对新增项目进行成本效益分析；而零基预算则需要对一切纳入预算的经营活动和业务进行分析。

3）预算的侧重点不同

传统预算编制的侧重点是预算金额的变动，如何从货币资金角度控制预算金额的增减数额。而零基预算在企业货币资金限制的条件下，虽然看重预算金额的高低，但是业务活动的重要性则是编制者关注的核心。

2. 零基预算的编制步骤

（1）企业内部各部门根据企业的生产经营总目标和部门责任目标，详细讨论部门在预算期内将会进行的每一项业务活动，并分析其特点和重要性，然后从零开始提出计划期内应该发生的费用或开支项目的目的以及数额，并对每一费用支出项目编写一套方案。

（2）由企业预算审核委员会（通常由企业高管和部门负责人组成）审核提出的预算方案，尤其是各项开支的重要性和必要性，根据分析结果将其划分不可避免费用项目和可避免费用项目，从而确定每项支出的优先顺序。

对于不可避免费用项目必须保证资金供应；对可避免费用项目，则需要逐项进行成本与效益分析，尽量控制可避免项目纳入预算当中。

（3）按照其费用支出的先后顺序，将预算期内可供支配的资金在各费用项目之间分配，确定预算。应优先安排不可延缓费用项目的支出。然后再根据需要按照费用项目的轻重缓急确定可延缓项目的开支。

综上所述，零基预算不受现有条条框框限制，对一切费用都以零为出发点，这样不仅能摒弃不合理的开支，而且能切实做到把有限的资金用在最需要的地方，优化企业资源配置，从而调动各部门之间的积极性和创造性，提高企业经济效益。

然而，由于每期预算编制均以零为起点，对所有涉及的业务活动进行分析、研究，这势必带来繁重的工作量，需要花费大量的时间和精力准备和编制，涉及大量的基础文件和说明资料，有时甚至得不偿失，难以突出重点。

【例 3-10】某企业对销售管理费用预算采用零基预算编制，其预算年度费用开支水平如表 3-7 所示。假定公司预算年度对上述费用开支可动用的资金金额只有 500 万元，经过预算审核委员会充分讨论，其中广告费用、保险费用和劳动保护费用重要性最大，必须得到全额保证；业务招待费用、办公费用和职工福利费用可适当压缩。

表 3-7 预算年度费用开支水平　　　　　　　　　　单位：元

费用项目	费用开支金额
广告费用	1 850 000
办公费用	750 000
业务招待费用	2 200 000
保险费用	470 000
职工福利费用	380 000
劳动保护费	290 000
费用合计	5 940 000

1）确定不可避免项目的预算金额

不可避免项目预算金额 = 1 850 000 + 470 000 + 290 000 = 2 610 000（元）

2）确定可避免项目的可供分配金额

可避免项目的可供分配金额 = 5 000 000 − 2 610 000 = 2 390 000（元）

3）假定去年办公费用、业务招待费用和职工福利费用的分析如表 3-8 所示，请按成本效益比重分配确定可避免项目的预算金额。

$$业务招待费用预算额 = \frac{6}{6+3+1} \times 2\,390\,000 = 1\,434\,000（元）$$

$$办公费用预算额 = \frac{3}{6+3+1} \times 2\,390\,000 = 717\,000\,(元)$$

$$职工福利费用预算额 = \frac{1}{6+3+1} \times 2\,390\,000 = 239\,000\,(元)$$

表 3-8　业务招待费用、办公费用和职工福利费用分析　　　　　单位：万元

费用项目	成本金额	收益金额
业务招待费用	1	6
办公费用	1	3
职工福利费用	1	1

（四）滚动预算法

滚动预算法又称连续预算或永续预算，是预算期连续不断，根据上一期的预算指标完成情况，调整和补充编制下一期预算，逐期向前推进，使预算期始终保持一个固定期限长度（一般为12个月）的一种预算编制方法。

将原定的预算结果不断进行修改，这种不断地更新和修改正是滚动预算要做的事情，也是它优于传统年度预算之处。但是这种预算对于每一个预算期前3个月的预算要详细、完整，后9个月的预算可以相对简单、笼统，因远期的市场变化等影响因素比较难预测。能随时间的推进，企业对预算计划不断加以调整和修订，能使预算与实际情况更相适应，内外部衔接更加稳定，有利于充分发挥预算的指导和控制作用，从动态预算中把握企业的未来。滚动预算如图3-4所示。

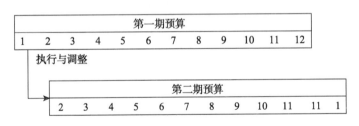

图 3-4　滚动预算

滚动预算一般固定期限定为12个月，每完成1个月后，根据预算实际执行后的经营成果与预算指标对比，从中找出差异及产生差异的原因，例如环境变化、经营方案变化等，并据此对剩余的11个月预算进行调整和修订，同时补充增加1个月预算编制，使新的预算期仍固定保持为12个月。

滚动预算法的理论依据有两点。

（1）企业生产经营活动本身是持续的，企业的预算也应该有其完整性和连续性，不应人为地将经营活动分割为间断的财务预算期，这样不利于各级部门责任人始终保持对未来持续的生产经营活动做出周详的考虑和全盘规划。

（2）企业的发展和所处的外部环境是动态变化的，企业管理层了解这种变化的规律、

程度及对生产经营的影响，随着时间的推移，了解不断加深，由简单到具体，从粗略到细致。企业的预算也应从这种动态预算变化中把握企业的未来发展趋势。

滚动预算法通常适用于规模较大、时间较长的工程类或大型设备采购项目。但是由于需要连续系统地统筹考虑，通常编制工作较烦琐，企业需要根据实际情况，确定合适的滚动期。

（五）概率预算法

概率预算是利用概率理论的基本原理，基于过去和现在，在主观上对于企业的未来做出安排和计划的一种预算编制方法。

概率预算属于不确定预算，一般适用于难以准确预测变动趋势的预算项目，如开拓新业务等。在市场经济下，存在多种不确定因素以及多种发展可能性，特别是对于那些无法预期的变化和可能，它们在预算编制中无法以精确的数字准确表示。因此，概率预算法成为人们解决此问题的重要手段。

在编制概率预算时，对于各种相关因素的影响，不是确定为一个形式上精确的"点值"，而是根据历史资料或经营确定为一个"区间值"，并对变量变动的范围及出现在各个变动范围的概率做出估计，然后通过加权平均计算有关变量在预算期内的期望值，编制预算表。

三、现金预算

现金预算是反映企业整个预期内企业现金流转状况的预算，即现金收入、现金支出以及现金存量变化情况的预算。这里所说的现金主要包括企业库存现金、银行存款等货币资金。

现金预算是企业财务预算的重要组成部分，也是财务预算的执行结果。它体现企业在未来期间内现金流转的综合表现，能全面地反映企业现金流入流出的平衡关系。现金预算的编制是企业为了更合理地处理现金收支业务，调度和安排资金，保证企业财务资金处于良好流动状态，从而维持企业生产经营的健康运转，并提高企业货币资金的适用效率。

企业现金预算是一个综合性的预算体系，主要以其他各项预算为基础，销售预算为起点，结合生产预算、直接材料预算、直接人工预算、制造费用预算、产品成本预算以及销售与管理费用预算编制而成。

（一）销售预算

销售预算是在销售预测的基础上，由企业营销部门编制的，用于规划预算期间销售活动的预算。处于商品经济之中，企业通常实行以销定产的策略。因此，销售预算就成为编制全面预算的关键，即全面预算体系的起点，其他预算都以销售预算作为编制基础。

销售预算通常分品种、月份、销售区域、销售员来编制，并同时以实物数量和货币资金形式进行反映。销售预算主要预算内容是销售量、销售单价和销售收入。其中，预计销售量依据对目标市场预测或销货合同并结合企业的产品产出能力来确定；预计销售单价通过价格决策以及各产品市场供需状况来决定；预计销售收入则基于预计销售量和销售单价，即两种相乘得出预计值，其计算公式如下：

预计销售收入 = 预计销售量 × 预计销售单价

销售预算一般还包括预计现金收入计算表，其目的是为编制现金预算提供相关的数据资料。现金收入计算表体现本期销售额（包括本期现销额和本期赊销额）和本期实收额（包括本期现销额和本期收回前期赊销额）。同时每季度现金收入包括两部分，上年应收账款在本季度收到的货款以及本季度销售收到的货款部分，其计算公式如下。

当期销售现金流量 = 本期销售收入 × 本期收现比例 + 以前某期收入 × 以前某期收入在本期收现比例

【例 3-11】 某企业的销售预算如表 3-9 所示。假设每季度销售收入中，本季度收到现金 60%，另外 40%现金下季度收回。

表 3-9 销 售 预 算

季度	一季度	二季度	三季度	四季度	全年
预计销售量（件）	200	280	300	420	1 200
预计销售的单价（元/件）	300	300	300	300	300
预计销售收入（元）	60 000	84 000	90 000	126 000	360 000
预计现金收入					单位：元
上年应收账款	6 200				6 200
1 季度（销货 60 000）	36 000	24 000			60 000
2 季度（销货 84 000）		50 400	33 600		84 000
3 季度（销货 90 000）			54 000	36 000	90 000
4 季度（销货 126 000）				75 600	75 600
现金收入合计	42 200	74 400	87 600	111 600	315 800

（二）生产预算

生产预算是在销售预算的基础上，按产品内容来分别编制规划预算期间生产规模的预算。

生产预算侧重考虑生产与销售的不平衡，在确定产品期末库存后，预算企业未来一段时间内各种产品的生产量。其主要项目内容有销售量、期初和期末存货、生产量，其中，期末产成品存货数量通常按下期销售量一定百分比确定，年初产成品存货是编制预算时预计的。其指标只涉及实物量指标，不涉及价值量指标。生产预算通常作为直接材料预算和产品成本预算的依据。

但是在实务中，生产和销售核算是比较复杂的，一般不能做到同步同量，有的季度可能销量很大，需要用赶工方法增产，需要设置一定的存货量，用来保证在发生意外时可按时供货；而有时淡季提前到来，会因之前增加存货量而多付相关费用，此时需要权衡得失，选择成本最低的安排；但产量同时也受到生产能力的限制，存货受到仓库容量的限制，只能在此范围内来安排存货数量和各期生产量。

生产预算计算公式如下。

预算期预计生产量 = 预算期预计销售量 + 预计期末存货量 – 预计期初存货量

预计期初产成品存货量=上期期末产成品存货量

预计期末产成品存货量=下期销售量×预估比例%

【例 3-12】 企业的生产预算如表 3-10 所示，假定本案例中年初有产成品 10 件，年末留存 20 件，按下期销售量的 10%安排期末产成品存货。

表 3-10 生 产 预 算　　　　　　　　　　　　　　　　　　单位：件

季度	一季度	二季度	三季度	四季度	全年
预计销售量	200	280	300	420	1 200
加：预计期末存货量	28	30	42	20	20
合　计	228	310	342	440	1 220
减：预计期初存货量	10	28	30	42	10
预计生产量	218	282	312	398	1 210

（三）直接材料预算

直接材料预算，是以生产预算为基础，同时要考虑原材料存货水平编制的关于预算期间直接材料采购的预算。直接材料预算的主要内容包括直接材料的单位产品用量、生产需用量、期初和期末存量等，计算公式如下。

预算期预计材料采购量=预计生产材料需用量+期末材料库存量-期初材料库存量

　　　　　　　　　　=预算期生产量×单位产品材料用量+期末材料库存量
　　　　　　　　　　　-期初材料库存量

预算期预计材料采购额=$\sum$各种材料采购量×各种材料单位采购成本

其中，预算期生产量来自生产预算；单位产品材料用量根据企业标准成本或材料定额消耗数据确认；期末材料库存量根据企业生产的材料需求、产品销售趋势、企业可用资金情况等确定；期初材料库存量根据上期预计期末材料库存量确定；各种材料单位采购成本根据材料市场供求状况、采购成本，如采购地远近、运输方式和条件等决定。

必须注意，材料需用量、材料采购量与库存量之间必须保持合理的比例关系，以防止材料的供应不足或超储积压。同时为了给现金预算编制提供依据，在编制直接材料预算时，还需要预计材料采购时各季度的现金支出，其包括偿还上期应付账款和本期应付的采购货款，这个比例关系一般是根据编制者经验确定，如果材料品种众多，还需单独编制材料存货预算。

本期材料采购现金支出=本期材料采购额-本期采购后期支付额+前期采购本期支付额
　　　　　　　　　　=本期材料采购支付额+前期采购本期支付额

【例 3-13】 某企业的生产预算如表 3-11、表 3-12 所示，假设材料采购的货款有 50%在当季付清，另外 50%在下季度付清。单位产品材料用量 10 千克/件，年初存货为 600 件，预计期末存货 800 件，材料单价 5 元/千克。

表 3-11 直接材料预算

季度	一季度	二季度	三季度	四季度	全年
预计生产量（件）	218	282	312	398	1210
单位产品材料用量（千克）	10	10	10	10	10
生产需用量（千克）	2 180	2 820	3 120	3 980	12 100
加：预计期末存量（千克）	680	742	598	800	800
减：预计期初存量（千克）	600	680	742	598	600
预计材料采购量（千克）	2 260	2 882	2 976	4 182	12 300
单价（元）	5	5	5	5	5
预计采购金额（元）	11 300	14 410	14 880	20 910	61 500

表 3-12 预计现金支出 单位：元

	一季度	二季度	三季度	四季度	全年
上年应付账款	2 350				2 350
第 1 季度（采购 11 300）	5 650	5 650			11 300
第 2 季度（采购 14 410）		7 205	7 205		14 410
第 3 季度（采购 14 880）			7 440	7 440	14 880
第 4 季度（采购 20 910）				10 455	10 455
现金支出合计	8 000	12 855	14 645	17 895	53 395

（四）直接人工预算

直接人工预算是以生产预算为基础，规划预算期间人工工时消耗水平以及人工成本开支的预算，其主要内容有预计产量、单位产品工时、人工总工时、每小时人工成本和人工总成本。其中预计产量依据生产预算数据；单位产品工时和每小时人工成本来自企业设定的标准成本数据和消耗定额数据，其公式如下。

$$人工总成本 = 预算期生产量 \times （单位产品工时 \times 每小时人工成本）$$

直接人工预算不同于直接材料和生产预算，不需额外预计现金支出，可直接参加现金预算汇总，因其在直接人工预算表中人工工资已经以现金支付。

【例 3-14】 某企业的直接人工预算如表 3-13 所示。

表 3-13 直接人工预算

季度	一季度	二季度	三季度	四季度	全年
预计生产量（件）	218	282	312	398	1 210
单位产品工时（小时）	10	10	10	10	10
人工总工时（小时）	2 180	2 820	3 120	3 980	12 100
每小时人工成本（元）	2	2	2	2	2
人工总成本（元）	4 360	5 640	6 240	7 960	24 200

（五）制造费用预算

制造费用是反映除直接材料、直接人工以外的其他一切生产费用的预算。制造费用按成本性态，可分为变动制造费用和固定制造费用两部分。变动制造费用预算以生产预算为基础来编制，如有完善标准成本资料，可根据预计生产量乘以预计的变动制造费用分配率（单位产品标准成本）来计算，得到相对应的变动制造费用预算指标；如果没有完善的标准成本资料，则需要逐项预计计划产量需要的各项制造费用。固定制造费用预算通常与本期产量无关，需要逐项进行预计，可根据每期预计需要的支付额进行估计，然后加总求出全年的预算数额。

【例 3-15】 某企业的制造费用预算如表 3-14 所示。

表 3-14 制造费用预算　　　　　　　　　　　　　　单位：元

季度	一季度	二季度	三季度	四季度	全年
变动制造费用					
间接人工	250	255	245	260	1 010
间接材料	250	255	245	260	1 010
修理费	330	378	325	362	1 395
水电费	216	244	230	268	958
合计	1 046	1 132	1 045	1 150	4 373
固定制造费用					
修理费	985	1 000	895	980	3 860
折旧费	800	800	800	800	3 200
管理人员工资	600	600	600	600	2 400
保险费	90	90	90	90	360
合计	2 475	2 490	2 385	2470	9 820
变动和固定制造费用合计	3 521	3 622	3 430	3 620	14 193
减：折旧	800	800	800	800	3 200
现金支出的制造费用	2 721	2 822	2 630	2 820	10 993

为了便于以后编制产品成本预算，需要计算小时费用率，即变动制造费用分配率和固定制造费用分配率。

$$变动制造费用分配率 = \frac{变动制造费用总额}{人工总工时} = \frac{4\,373}{12\,100} = 0.36（元/小时）$$

$$固定制造费用分配率 = \frac{固定制造费用总额}{人工总工时} = \frac{9\,820}{12\,100} = 0.81（元/小时）$$

（六）产品成本预算

产品成本预算，是生产预算、直接材料预算、直接人工预算和制造费用预算的汇总。产品成本预算主要反映产品的单位成本和总成本，以及产品成本的构成。在预算编制汇总，单位成本的数据来自前三个预算；生产量和期末存货量数据依据生产预算；销售量数据依据销售预算；生产成本、存货成本以及销货成本等数据，则是根据单位成本和有关数据计算得出。

【例 3-16】 某企业的产品成本预算如表 3-15 所示。

表 3-15　产品成本预算

直接材料	单价 （元/千克， 小时/千克）	投入量 （千克，小时）	成本 （元）	生产成本 1210件（元）	期末存货 20件（元）	销货成本 1200件（元）
直接材料	5	10	50	60 500	1 000	60 000
直接人工	2	10	20	24 200	400	24 000
变动制造费用	0.36	10	3.6	4 356	72	4 320
固定制造费用	0.81	10	8.1	9 801	162	9 720
合计			81.7	98 857	1 634	98 040

（七）销售与管理费用预算

销售费用预算，是为了实现销售预算所需支付的费用预算。它以销售预算为基础，遵循成本效益原则，利用本量利分析模型来分析销售收入、销售利润和销售费用的关系，达到销售费用效用最大。编制时，需要对过去销售费用分析和考察其必要性和结果。销售费用预算需要与销售预算相匹配。

管理费用是指企业行政管理部门为组织和管理生产经营活动而发生的各种费用，管理费用通常作为固定资产体现，它与企业的业务量不直接相关，而与企业规模有直接关系，管理费用会随着企业规模的扩大而增加。

管理费用预算是以过去发生的实际开支为基础，在预算期间按照可预见的变化来调整编制，编制时必须考虑各种管理费用开支的必要性，避免费用浪费，从而提高费用效率。但实际企业管理效率一般和企业规模成反比关系，规模较大的企业，管理效率却较低，这个不是财务部门可以控制的，而是与整个企业的综合管理水平有关。

【例 3-17】　某企业的销售与管理费用预算如表 3-16 所示。

表 3-16　销售与管理费用预算　　　　　　　　　　单位：元

项目	金额
销售费用：	
销售人员工资	3 000
广告费包装、运输费	6 500
商品维修费	3 500
保管费	3 200
管理费用：	
管理人员工资	5 800
业务招待费	1 000
诉讼费	4 000
差旅费	6 500
劳动保险费	500
合　计	34 000
每季度支付现金（34 000÷4）	8 500

(八)现金预算

现金预算是其他有关预算的汇总,由现金收入、现金支出、现金多余或不足、资金的筹集和运用四个部分构成。现金预算编制关系如图3-5所示。

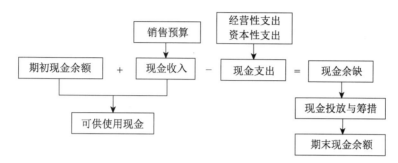

图3-5 现金预算编制关系

关于现金预算的相关公式如下。

可供使用现金 = 期初现金余额 + 现金收入

现金余缺 = 可供使用现金 − 现金支出

期末现金余额 = 现金余缺 − 现金筹集 − 现金运用

【例3-18】 某企业的现金预算如表3-17所示。如有借款,均为期初借入,期末归还。

表3-17 现 金 预 算　　　　　单位:元

季度	一季度	二季度	三季度	四季度	全年
期初现金余额	6 000	12 619	15 202	44 687	6 000
加:现金收入(销货收入)	42 200	74 400	87 600	111 600	315 800
可供使用现金	48 200	87 019	102 802	156 287	321 800
减:现金支出					
直接材料	8 000	12 855	14 645	17 895	53 395
直接人工	4 360	5 640	6 240	7 960	24 200
制造费用	2 721	2822	2630	2820	10 993
税金及附加				40 689	40 689
销售及管理费用	8 500	8 500	8 500	8 500	34 000
所得税费用	4 000	4 000	4 000	4 000	16 000
购买设备		40 000	20 000		60 000
股利	8 000			8 000	16 000
现金支出合计	35 581	73 817	56 015	89 865	255 277
现金余缺	12 619	13 202	46 787	66 423	66 523
资金的筹集和运用					
借入短期借款		2 000			2 000
归还短期借款			2 000		2 000
短期借款利息(年利10%)			100		100
长期借款利息(年利12%)				960	960
期末现金余额	12 619	15 202	44 687	65 463	65 463

该企业所确定的最低现金余额为 14 000 元,因此一季度现金余额低于最低余额,需要对外筹资。由于银行短期借款需要 1 000 元的整倍数,所以借入短期借款 2 000 元;三季度可归还银行短期借款 2 000 元,支付短期借款利息 100 元。

"现金收入"部分包括期初现金余额和预算期现金收入,现金收入的主要来源是销货收入。期初的"现金余额"是在编制预算时预计的;"销货现金收入"的数据来自销售预算;期初现金余额与本期现金收入之和是企业"可供使用现金"。

"现金支出"部分是预算期间全部的现金支出;其中,与企业生产经营活动直接相关的现金支出来自前面提到的销售预算、直接材料预算、直接人工预算等其他各项业务预算。同时,还需要考虑一些特殊预算项目编制,比如缴纳所得税、购置固定资产以及股利分配等导致的现金支出。

"现金多余或不足"部分用来反映现金收入合计和现金支出合计的差额。对多余的现金,企业需加强现金的管理,提高现金运用效率;对现金部分存在的缺口,需要按照企业发展的资本结构,以合理的成本承担适当的风险,多渠道筹措资金维持企业的正常生产经营活动。

四、财务预算报表的编制

依据企业全面预算的预算流程,企业完成现金预算后,下一步就是预计财务报表的编制。

预计财务报表是在企业编制的各种业务预算和专门预算的基础上,按照一定的格式和内容,可以从总体上反映企业在预算期间的财务状况、经营成果和现金流量的财务报表,通常称为企业的总预算。

预计财务报表是财务管理的重要工具,包括预计利润表、预计资产负债表和预计现金流量表。预计财务报表不是对企业已发生的实际情况的体现,而是对未来一定期间内达到的经营效果的一种全面、综合的估计和预测;其编制的依据不是企业实际的会计核算资料,而是各种预算表,而且预计财务报表也是企业全面预算体系的重要部分。预计财务报表不是为了向企业报表使用者提供财务数据,而是为企业管理服务,是控制企业资金、成本和利润总量的重要手段;预计财务报表非强制要求编制。

(一)预计利润表

预计利润表是企业用来综合反映企业在计划期间的预计经营成果和盈利水平。预计利润表的格式和内容与实际利润表一致。它是在汇总销售、成本、销售及管理费用、营业外收支等业务预算的基础上编制,如果预算利润与目标利润有差异,就需修改部门预算以达到与目标利润一致。

【例 3-19】 某企业的预计利润表如表 3-18 所示。

表 3-18　预计利润表　　　　　　　　　　　　　　　　　　单位:元

项目	金额
销售收入	360 000
销售成本	98 040

(续表)

项目	金额
毛利润	261 960
销售费用	16 200
管理费用	17 800
财务费用	1060
利润总额	226 900
所得税费用（25%）	56 725
净利润	170 175

（二）预计资产负债表

预计资产负债表是用来综合反映企业在计划期末的预计财务状况的报表。

预计资产负债表是在计划期期初资产负债表的基础上，结合计划期内销售、生产、资本等预算进行编制；预计资产负债表的格式和内容与实际资产负债表一致。如果预计负债表显示出某些财务指标不佳，必要时可修改相关预算。

【例 3-20】 某企业的预计资产负债表如表 3-19 所示。

表 3-19 预计资产负债表   单位：元

资产	年初余额	年末余额	负债和股东权益	年初余额	年末余额
流动资产			流动负债		
货币资金	6 000	65 463	短期借款	0	0
应收账款	6 200	50 400	应付账款	2 350	10 455
存货	3 817	5 634	流动负债合计	2 350	10 455
流动资产合计	16 017	121 497	非流动负债		
非流动资产			长期借款	8 000	8 000
固定资产	16 000	72 800	非流动负债合计	8 000	8 000
非流动资产合计	16 000	72 800	负债合计	10 350	18 455
			股东权益		
			股本	10 000	10 000
			资本公积	2 500	2 500
			盈余公积	2 500	2 500
			未分配利润	6 667	160 842
			股东权益合计	21 667	175 842
资产总计	32 017	194 297	负债和股东权益合计	32 017	194 297

（三）预计现金流量表

预计现金流量表是反映企业在计划期内现金流入流出情况的预算表。预计现金流量表的格式和编制方法与实际的现金流量表基本相同，只是其编制的数据不是来自账户，而是来自预计利润表和预计资产负债表等有关预算。

【例 3-21】 某企业的预计现金流量表如表 3-20 所示。

表 3-20 预计现金流量表　　　　　　　　　　　　　　　　　单位：元

项目	金额
一、经营活动产生的现金流量	
销售商品、提供劳务收到的现金	315 800
收到的税费返还	
收到的其他与经营活动有关的现金	
经营活动现金流入小计	315 800
购买商品、接受劳务支付的现金	53 395
支付给职工以及为职工支付的现金	36 410
支付的各项税费	56 689
支付的其他与经营活动有关的现金	32 783
经营活动现金流出小计	179 277
经营活动产生的现金流量净额	136 523
二、投资活动产生的现金流量	
收回投资收到的现金	
取得投资收益所收到的现金	
处置固定资产、无形资产和其他长期资产收回的现金净额	
收到的其他与投资活动有关的现金	
投资活动现金流入小计	
构建固定资产、无形资产和其他长期资产支付的现金	60 000
投资支付的现金	
支付其他与投资活动有关的现金	
投资活动现金流出小计	60 000
投资活动产生的现金流量净额	−60 000
三、筹资活动产生的现金流量	
吸收投资收到的现金	
取得借款收到的现金	
收到其他与筹资活动有关的现金	
筹资活动现金流入小计	
偿还债务支付的现金	
分配股利、利润或偿付利息所支付的现金	17 060
支付其他与筹资活动有关的现金	
筹资活动现金流出小计	17 060
筹资活动产生的现金流量净额	−17 060
四、汇率变动对现金及现金等价物的影响	
五、现金及现金等价物净增加额	59 463

第三章 利润规划与财务预算

习　题

【单项选择题】

1. 下列各项预算编制方法中，不受现有费用项目和现行预算束缚的是（　　）。
   A. 定期预算法　　　　　　　　B. 固定预算法
   C. 弹性预算法　　　　　　　　D. 零基预算法

2. 随着预算执行不断补充预算，但始终保持一个固定预算期长度的预算编制方法是（　　）。
   A. 滚动预算法　　　　　　　　B. 弹性预算法
   C. 零基预算法　　　　　　　　D. 定期预算法

3. 下列有关预算的编制方法的表述中，不正确的是（　　）。
   A. 零基预算不考虑以往会计期间所发生的费用项目或费用数额，一切以零为出发点
   B. 预算期内正常、可实现的某一固定的业务量水平是编制固定预算的唯一基础
   C. 成本性态分析是编制弹性预算的基础
   D. 滚动预算按照滚动的时间单位不同可以分为逐月滚动和逐季滚动两类

4. 下列各项中，具体负责企业预算的跟踪管理，监督预算的执行情况，分析预算与实际执行的差异及原因，提出改进管理的意见与建议的是（　　）。
   A. 董事会　　　　　　　　　　B. 预算委员会
   C. 财务管理部门　　　　　　　D. 生产部门

5. 企业全面预算体系中，作为总预算的是（　　）。
   A. 财务预算　　　　　　　　　B. 专门决策预算
   C. 现金预算　　　　　　　　　D. 业务预算

6. 已知某公司在预算期间，销售当季度收回货款 60%，下季度收回货款 30%，下下季度收回货款 10%，预算年度期初应收账款金额为 28 万元，其中包括上年第三季度销售形成的应收账款 4 万元，第四季度销售形成的应收账款 24 万元，则下列说法不正确的有（　　）。
   A. 上年第四季度的销售额为 60 万元
   B. 上年第三季度的销售额为 40 万元
   C. 上年第三季度销售形成的应收账款 4 万元在预计年度第一季度可以全部收回
   D. 第一季度收回的期初应收账款为 24 万元

7. 某公司在预算期间，销售当季收回货款 60%，次季度收回货款 35%，第三季度收回货款 5%。预算年度期初应收账款余额为 24 000 元，其中包括上年第三季度销售的应收账款 4 000 元，则该预算年度第一季度可以收回（　　）元期初应收账款。
   A. 24 000　　　　B. 6 500　　　　C. 21 500　　　　D. 无法计算

8. 某企业预计前两个季度的销量为 1000 件和 1200 件，期末产成品存货数量一般按下季销量的 10% 安排，则第一季度的预算产量为（　　）件。
   A. 1 020　　　　　B. 980　　　　　C. 1 100　　　　　D. 1 000

9. 企业2011年第一季度产品生产量预算为1 500件，单位产品材料用量5千克件，季初材料库存量1 000千克，第一季度还要根据第二季度生产耗用材料的10%安排季末存量，预算第二季度生产耗用7 800千克材料。材料采购价格预计12元/千克，则该企业第一季度材料采购的金额为（　　）元。

A. 78 000　　　　B. 87 360　　　　C. 92 640　　　　D. 99 360

【计算题】

1. 某企业编制销售预算的相关资料如下。

资料一：预计每季度销售收入中，有70%在本季度收到现金，30%于下一季度收到现金，不存在坏账。2019年末应收账款余额为6000万元。假设不考虑增值税及其影响。

资料二：2020年的销售预算表3-21表所示。

表3-21　某公司2020年销售预算

季度	一	二	三	四	全年
预计销售量（万件）	500	600	650	700	2 450
预计单价（元/件）	30	30	30	30	30
预计销售收入（万元）	15 000	18 000	19 500	21 000	73 500
预计现金收入（万元）					
上年应收账款（万元）	*				*
第一季度（万元）	*	*			*
第二季度（万元）		（B）	*		*
第三季度（万元）			*	（D）	*
第四季度（万元）				*	*
预计现金收入合计（万元）	（A）	17 100	（C）	20 550	*

要求：（1）确定表格中字母与"*"所代表的数值（不需要列示计算过程）。（2）计算2020年年末预计应收账款余额。

2. 某企业编制制造费用预算的相关资料如下。

资料一：2020年分季度的制造费用预算如表3-22所示。

表3-22　2020年制造费用预算

项目	第一季度	第二季度	第三季度	第四季度	合计
直接人工预算总工时（小时）	11 400	12 060	12 360	12 600	48 420
变动制造费用（元）	91 200	×	×	×	387 360
其中：间接人工费用（元）	50 160	53 064	54 384	55 440	213 048
固定制造费用（元）	56 000	56 000	56 000	56 000	224 000
其中：设备租金（元）	48 500	48 500	48 500	48 500	194 000
生产准备与车间管理费（元）	×	×	×	×	×

注：表中"×"表示省略的数据。

资料二：在2020年第二季度至2013年第一季度滚动预算期间，将发生如下变动。

（1）直接人工预算总工时为50 000小时。

（2）间接人工费用预算工时分配率将提高10%。

（3）2020年第一季度末重新签订设备租赁合同，新租赁合同中设备年租金将降低20%。

资料三：2020年第二季度至2013年第一季度，公司管理层决定将固定制造费用总额控制在185 200元以内，固定制造费用由设备租金、生产准备费用和车间管理费组成，其中设备租金属于约束性固定成本，生产准备费和车间管理费属于酌量性固定成本，根据历史资料分析，生产准备费的成本效益远高于车间管理费。为满足生产经营需要，车间管理费总预算额的控制区间为12 000～15 000元。

要求：（1）根据资料一和资料二，计算2020年第二季度至2020年第一季度滚动期间的下列指标。①间接人工费用预算工时分配率；②间接人工费用总预算额；③设备租金总预算额。

（2）根据资料二和资料三，在综合平衡基础上根据成本效益分析原则，完成2012年第二季度至2013年第一季度滚动期间的下列事项。

①确定车间管理费用总预算额；②计算生产准备费总预算额。

3. 资料一：某企业根据销售预测，对某产品2020年度的销售量做如下预计。

第一季度为5000件，第二季度为6 000件，第三季度为8 000件，第四季度为7 000件，若每个季度的产成品期末结存量为下一季度预计销售量的10%，年初产成品结存量为750件，年末结存量为600件，单位产品材料消耗定额为2千克/件，单位产品工时定额为5小时/件，单位工时的工资额为0.6元。

资料二：若某企业每季度材料的期末结存量为下一季度预计生产需用量的10%，年初结存量为900千克，年末结存量为1 000千克，计划单价为10元/千克。材料款当季付70%，余款下季度再付，期初应付账款为40 000元。

要求：（1）根据资料一，编制该公司的生产预算（填入表3-23）和直接人工预算（填入表3-24）。

表3-23　某企业2020年度生产预算　　　　　　　单位：件

项目	一季度	二季度	三季度	四季度	全年
预计销售量					
加：预计期末结存量					
合计					
减：预计期初结存量					
预计生产量					

表3-24　某企业2020年度直接人工预算

项目	一季度	二季度	三季度	四季度	全年
预计生产量（件）					
单位产品工时（小时/件）					
人工总工时（小时）					
每小时人工成本（元/小时）					
预计直接人工成本（元）					

（2）根据资料一和资料二的有关资料，编制直接材料预算（填入表3-25）。

表 3-25　A 公司 2019 年度直接材料预算

项目	一季度	二季度	三季度	四季度	全年
预计生产量（件）					
材料定额单耗（千克/件）					
预计生产需用量（千克）					
加：预计期末结存量（千克）					
减：预计期初结存量（千克）					
预计材料采购量（千克）					
材料计划单价（元/千克）					
预计购料金额（元）					
预计现金支出（元）					
应付账款年初余额（元）					
一季度购料付现（元）					
二季度购料付现（元）					
三季度购料付现（元）					
四季度购料付现（元）					
现金支出合计（元）					

第四章

筹资管理

第一节 筹资的概念和分类

一、筹资的概念

筹资是指企业为满足生产经营资金的需要,向企业外部单位或个人以及从其企业内部筹措资金的一种财务活动。资金是企业的"血液",是企业生存和发展所不可缺少的。企业没有资金,无法进行生产经营活动;有了资金如果使用不当,也会影响生产经营活动的正常进行。

二、筹资的分类

(一)按企业所取得资金的权益特性的不同,企业筹资可分为股权筹资、负债筹资

股权筹资形成股权资本,是企业依法长期拥有、能够自主调配运用的资本,股权资本在企业持续经营期间内,投资者不得抽回,因而也称为企业的自有资本、主权资本或股东权益资本。股权筹资的优点如下。第一,是企业稳定的资本基础。股权资本没有固定的到期日,无需偿还,是企业的永久性资本,除非企业清算时才有可能予以偿还。第二,是企业良好的信誉基础。股权资本作为企业最基本的资本,代表了公司的资本实力,是企业与其他单位组织开展经营业务、进行业务活动的信誉基础。第三,财务风险较小。股权资本不用在企业正常营运期内偿还,不存在还本付息的财务风险。股权投资的缺点如下。第一,资本成本负担较重。股权筹资的资本成本要高于债务筹资。第二,容易分散公司的控制权。利用股权筹资,引进了新的投资者或者出售了新的股票,会导致公司控制权结构的改变,分散了企业的控制权。第三,信息沟通与披露成本较大。特别是上市公司,其股东众多而分散,只能通过公司的公开信息披露了解公司状况,这就需要公司花更多的精力,有些还需要设置专门的部门,用于公司的信息披露和投资者关系管理。

负债筹资,是企业通过借款、发行债券、融资租赁等方式取得资金,同时形成在规定期限内需要清偿的债务。负债筹资的优点有:一是筹资速度较快;二是筹资弹性大;三是资本成本负担较轻。一般来说,负债筹资的资本成本要低于股权筹资。其原因在于:一是取得资金的手续费用等筹资费用较低;二是利息、租金等用资费用比股权资本要低;三是利息等资本成本可以在税前支付;四是可以利用财务杠杆;五是稳定公司的控制权。负债筹资的缺点有:第一,不能形成企业稳定的资本基础。第二,财务风险较大。债务资本有固定的到期日,有固定的利息负担,抵押、质押等担保方式取得的债务,资本使用上可能会有特别的限制。第三，筹资数额有限。

（二）按所筹集资金的使用期限是否超过 1 年，企业筹资可分为长期筹资和短期筹资两种类型

长期筹资是指筹集可供企业长期（一般为 1 年以上）使用的资本。长期筹资的方式主要有：吸收直接投资、发行普通股票、长期借款、发行债券、融资租赁等。

短期筹资是指期限在一年以内的筹资。短期筹资一般是负债筹资。短期资金常采用商业信用、银行流动资金借款、短期融资券、应收账款转让等方式来筹措。

三、筹资的渠道与方式

企业的筹资方式与筹资渠道有着密切的关系。一定的筹资方式可能只适用于某一特定的筹资渠道；但同一筹资渠道的资本往往可以采取多种不同的筹资方式获得，而同一筹资方式又往往可以适用于不同的筹资渠道。因此，企业在筹资时，必须实现两者的合理配合。

（一）筹资渠道

筹资渠道是指企业筹集资本来源的方向与通道，体现着资本的源泉和流量。主要有以下 7 种渠道。

（1）政府财政资本。这是国有企业的资金来源。政府财政资金具有丰富的源泉和稳固的基础，今后仍是国有企业筹措资金的重要渠道。

（2）银行信贷资本。这是各种企业的筹资来源。银行一般分为商业性银行和政策性银行，前者为各类企业提供商业性贷款，后者主要为特定企业提供政策性贷款。

（3）非银行金融机构资本。非银行金融机构资本主要有保险公司、信托投资公司、财务公司、租赁公司等。它们可以为一些企业直接提供部分资金或为企业筹资提供服务。这种筹资渠道的财力比银行小，但具有广阔的发展前景。

（4）其他法人资本。其他法人资本是指企业、事业、团体法人。企业可将在生产经营过程中形成的部分闲置资金进行投资，为其他企业的筹资提供资金来源。

（5）民间资本。企业可利用企业职工和城乡居民的节余资金筹集资金，形成民间资金渠道。

（6）企业内部资本。这是指企业的盈余公积和未分配利润。这是企业的自动化筹资渠道。

（7）境外资本。

（二）企业筹资方式

筹资方式是指企业筹集资本所采取的具体形式和工具，体现着资本的属性和期限。

企业筹资的方式包括下列几种：吸收直接资本筹资、发行股票筹资、发行债券筹资、发行商业本票筹资、银行借款筹资、商业信用筹资、租赁筹资。

四、筹资应考虑的基本因素

（一）资金市场

资金市场又称金融市场，是金融资产易手的场所。从广义讲，一切金融机构以存款、货币等金融资产进行的交易均属于资金市场范畴。资金市场有广义和狭义之分。广义的资金市场泛指一切金融性交易，包括金融机构与客户之间、金融机构与金融机构之间、客户与客户之间所有的以资本为交易对象的金融活动；狭义的资金市场则限定在以票据和有价证券为交易对象的金融活动。一般意义上的资金市场是指狭义的资金市场。

（二）金融资产

金融资产，又称金融工具，是指可以用来融通资金的工具，一般包括货币和信用工具。

所谓信用，就是以他人的返还为目的，给予他人一段时间的财物支配权。通俗地讲，就是把财物借给别人使用一段时间，到期归还。

金融资产是一种对某种未来收入的债权，金融负债则是其对称。金融资产有两种主要功能：第一，它提供一种手段，通过它，资金剩余者可以把它转移给能对这些资金作有利投资的人；第二，它提供一种手段，把风险从进行投资的人转移给那些投资提供资金的人。

资金的供给者和使用者之间可以不经过有组织的资金市场来实现这种交易。如在信用活动中，借款人得到货币使用权，把借据开给货币出借者；债权人持有借据即债权证明，在归还期到来之前，则失去了货币使用权。

第二节　权益资本筹资

一、企业资本金

（一）资本金的含义

资本金（capital）根据我国《企业财务通则》规定："设立企业必须有法定的资本金。资本金是指企业在工商行政管理部门登记的注册资金。"我国现行《公司法》实行认缴资本制，即实缴资本与注册资金不一致的原则。资本金在不同类型的企业中的表现形式有所不同。股份有限公司的资本金被称为股本，股份有限公司以外的一般企业的资本金被称为实收资本。

（二）资本金的管理

1. 资本金的最低限额

有关法规制度规定了各类企业资本金的最低限额，我国《公司法》规定，股份有限公司注册资本的最低限额为人民币 500 万元，上市的股份有限公司股本总额不少于人民币 3 000 万元；有限责任公司注册资本的最低限额为人民币 3 万元，一人有限责任公司的注册资本最低限额为人民币 10 万元。

如果需要高于这些最低限额的，可以由法律、行政法规另行规定。比如，《注册会计师法》和《资产评估机构审批管理办法》均规定，设立公司制的会计师事务所或资产评估机构，注册资本应当不少于人民币 30 万元；《保险法》规定，采取股份有限公司形式设立的保险公司，其注册资本的最低限额为人民币 2 亿元。《证券法》规定，可以采取股份有限公司形式设立证券公司，在证券公司中属于经纪类的，最低注册资本为人民币 5 000 万元；属于综合类的，公司注册资本最低限额为人民币 5 亿元。

2. 资本金的出资方式

根据我国《公司法》等法律法规的规定，投资者可以采取货币资产和非货币资产两种形式出资。全体投资者的货币出资金额不得低于公司注册资本的 30%；投资者可以用实物、知识产权、土地使用权等可以依法转让的非货币财产作价出资；法律、行政法规规定不得作为出资的财产除外。

3. 资本金缴纳的期限

资本金缴纳的期限，通常有三种办法：一是实收资本制，即在企业成立时一次筹足资本金总额，实收资本与注册资本数额一致，否则企业不能成立；二是授权资本制，即在企业成立时不一定一次筹足资本金总额，只要筹集了第一期资本，企业即可成立，其余部分由董事会在企业成立后进行筹集，企业成立时的实收资本与注册资本可能不一致；三是折中资本制，即在企业成立时不一定一次筹足资本金总额，类似于授权资本制，但规定了首期出资的数额或比例及最后一期缴清资本的期限。

我国《公司法》规定，资本金的缴纳采用折中资本制，资本金可以分期缴纳，但首次出资额不得低于法定的注册资本最低限额。股份有限公司和有限责任公司的股东首次出资额不得低于注册资本的 20%，其余部分由股东自公司成立之日起两年内缴足，投资公司可以在 5 年内缴足。而对于一人有限责任公司，股东应当一次足额缴纳公司章程规定的注册资本额。

4. 资本金的评估

吸收实物、无形资产等非货币资产筹集资本金的，应按照评估确认的金额或者按合同、协议约定的金额计价。其中，为了避免虚假出资或通过出资转移财产导致国有资产流失，国有及国有控股企业以非货币资产出资或者接受其他企业的非货币资产出资，需要委托有资格的资产评估机构进行资产评估，并以资产评估机构评估确认的资产价值作为投资作价的基础。经国务院、省政府批准实施的重大经济事项涉及的资产评估项目，分别由本级政府国有资产监管部门或者财政部门负责核准，其余资产评估项目一律实施备案制度。严格来说，其他企业的资本金评估时，并不一定要求必须聘请专业评估机构评估，相关当事人或者聘请的第三方专业中介机构评估后认可的价格也可成为作价依据。不过，聘请第三方专业中介机构来评估相关的非货币资产，能够更好地保证评估作价的真实性和准确性，有效地保护公司及其债权人的利益。

二、吸收直接投资

（一）吸收直接投资的含义

吸收直接投资是指企业按照"共同投资、共同经营、共担风险、共享利润"的原则来吸收国家、法人、个人、外商投入资金的一种筹资方式。其优点是程序简单，经营准备周期短；其缺点是资本成本高，筹资较困难。

（二）吸收投资的分类

1. 吸收国家投资

国家投资是指有权代表国家投资的政府部门或机构，以国有资产投入公司，这种情况下形成的资本叫国有资本。根据《公司国有资本与公司财务暂行办法》的规定，在公司持续经营期间，公司以盈余公积、资本公积转增实收资本的，国有公司和国有独资公司由公司董事会或经理共同决定，并报主管财政机关备案；股份有限公司和有限责任公司由董事会决定，并经股东大会审议通过。吸收国家投资一般具有以下特点：①产权归属国家；②资金的运用和处置受国家约束较大；③在国有公司中采用比较广泛。

2. 吸收其他法人投资

法人投资是指法人单位以其依法可支配的资产投入公司，这种情况下形成的资本称为法人资本。吸收法人资本一般具有以下特点：①发生在法人单位之间；②以参与公司利润分配或控制为目的；③出资方式灵活多样。

3. 吸收外商直接投资

企业可以通过合资经营或合作经营的方式吸收外商直接投资，即与其他国家的投资者共同投资，创办中外合资经营企业或者中外合作经营企业，共同经营、共担风险、共负盈亏、共享利益。

4. 吸收社会公众投资

社会公众投资是指社会个人或本公司职工以个人合法财产投入公司，这种情况下形成的资本称为个人资本。吸收社会公众投资一般具有以下特点：①参加投资的人员较多；②每人投资的数额相对较少；③以参与公司利润分配为基本目的。

三、股票筹资

（一）股票筹资

股票性筹资是指资金不通过金融中介机构，借助股票这一载体直接从资金盈余部门流向资金短缺部门，资金供给者作为所有者（股东）享有对企业控制权的筹资方式。

（二）普通股筹资

普通股是享有普通权利、承担普通义务的股份，是公司股份的最基本形式。普通股的股东对公司的管理、收益享有平等权利，根据公司经营效益分红，风险较大。在公司的经营管理和盈利及财产的分配上享有普通权利的股份，代表满足所有债权偿付要求及优先股股东的收益权与求偿权要求后对企业盈利和剩余财产的索取权。它构成公司资本的基础，是股票的一种基本形式，也是发行量最大，最为重要的股票。目前在上海和深圳的证券交易所上交易的股票，都是普通股。

1. 普通股股票的分类

股份有限公司根据有关法规的规定以及筹资和投资者的需要，可以发行不同种类的普通股。

1）按股票有无记名，可分为记名股和不记名股

记名股是在股票票面上记载股东姓名或名称的股票。这种股票除了股票上所记载的股东外，其他人不得行使其股权，且股份的转让有严格的法律程序与手续，需办理过户。中国《公司法》规定，像发起人、国家授权投资的机构、法人发行的股票，应为记名股。

不记名股是票面上不记载股东姓名或名称的股票。这类股票的持有人即股份的所有人，具有股东资格，股票的转让也比较自由、方便，无须办理过户手续。

2）按股票是否标明金额，可分为面值股票和无面值股票

面值股票是在票面上标有一定金额的股票。持有这种股票的股东，对公司享有的权利和承担的义务大小，依其所持有的股票票面金额占公司发行在外股票总面值的比例而定。

无面值股票是不在票面上标出金额，只载明所占公司股本总额的比例或股份数的股票。无面值股票的价值随公司财产的增减而变动，而股东对公司享有的权利和承担义务的大小，直接依股票标明的比例而定。2012年，中国《公司法》规定股票应记载股票的面额，不承认无面值股票，并且规定股票发行价格不得低于票面金额。

3）按投资主体的不同，可分为国家股、法人股、个人股等

国家股是有权代表国家投资的部门或机构以国有资产向公司投资而形成的股份。

法人股是企业法人依法以其可支配的财产向公司投资而形成的股份，或具有法人资格的事业单位和社会团体以国家允许用于经营的资产向公司投资而形成的股份。

个人股是社会个人或公司内部职工以个人合法财产投入公司而形成的股份。

4）按发行对象和上市地区的不同，又可将股票分为A股、B股、H股和N股等

A股是供中国内地个人或法人买卖的，以人民币标明票面金额并以人民币认购和交易的股票。

B股、H股和N股是专供外国和中国香港、澳门、台湾地区投资者买卖的，以人民币标明票面金额但以外币认购和交易的股票。其中，B股在上海、深圳上市；H股在香港上市；N股在纽约上市。

以上3）、4）种分类，是中国实务中为便于对公司股份来源的认识和股票发行而进行的分类。在其他一些国家，还有的按是否拥有完全的表决权和获利权，将普通股分为若干级别。比如：A级普通股卖给社会公众，支付股利，但一段时期内无表决权；B级普通股由公司创办人保留，有表决权，但一段时期内不支付股利；E级普通股拥有部分表决权；等等。

2. 普通股股票持有者的基本权利

普通股股票持有者享有以下一些基本权利。

1）盈利分配权

持有普通股的股东有权获得股利，但必须是在公司支付了债息和优先股的股息之后才能分得。普通股的股利是不固定的，一般视公司净利润的多少而定。当公司经营有方，利润不断递增时普通股能够比优先股多分得股利，股利率甚至可以超过50%；但赶上公司经营不善的年头，也可能连一分钱都得不到，甚至可能赔本。

2）剩余资产要求权

当公司因破产或结业而进行清算时，普通股东有权分得公司剩余资产，但普通股东必须在公司的债权人、优先股股东之后才能分得剩余资产，剩余资产多时多分，少时少分，没有则只能作罢。由此可见，普通股东与公司的命运更加息息相关。当公司获得暴利时，普通股东是主要的受益者；而当公司亏损时，他们又是主要的受损者。

3）投票表决权和发言权

普通股东一般都拥有发言权和表决权，即有权就公司重大问题进行发言和投票表决。普通股东持有一股便有一股的投票权。任何普通股东都有资格参加公司最高级会议即每年一次的股东大会，但如果不愿参加，也可以委托代理人来行使其投票权。

4）优先认股权

普通股东一般具有优先认股权，即当公司增发新普通股时，现有股东有权优先（可能还以低价）购买新发行的股票，以保持其对企业所有权的原持股比例不变，从而维持其在公司中的权益。比如某公司原有 1 万股普通股，而你拥有 100 股，占 1%，而公司决定增发 10% 的普通股，即增发 1000 股，那么你就有权以低于市价的价格购买其中 1% 即 10 股，以便保持持有股票的比例不变。

3. 普通股股票的发行

1）股票发行条件

股票在上市发行前，上市公司与股票的代理发行证券商签订代理发行合同，确定股票发行的方式，明确各方面的责任。

新设立股份有限公司申请公开发行股票，应当符合下列条件：第一，公司的生产经营符合国家产业政策；第二，公司发行的普通股只限一种，同股同权；第三，发起人认购的股本数额不少于公司拟发行的股本总额的 35%；第四，在公司拟发行的股本总额中，发起人认购的部分不少于人民币 3 000 万元，但是国家另有规定的除外；第五，向社会公众发行的部分不少于公司拟发行的股本总额的 25%，其中公司职工认购的股本数额不得超过拟向社会公众发行的股本总额的 10%；公司拟发行的股本总额超过人民币 4 亿元的，证监会按照规定可酌情降低向社会公众发行的部分的比例，但是，最低不少于公司拟发行的股本总额的 15%；第六，发行人在近三年内没有重大违法行为；第七，证券委规定的其他条件。

2）股票发行的步骤

股票发行一般经过申请、预选、申报、复审、批准、募股等步骤。第一，申请发行股票的公司向直属证券管理部门正式提出发行股票的申请。公司公开发行股票的申请报告由证券管理部门受理，考察汇总后进行预选资格审定。第二，被选定股票公开发行公司向直属证券管理部门呈报企业总体情况资料，经审核同意并转报中国证监会核定发行额度后，公司可正式制作申报材料。第三，聘请具有证券从业资格的会计师、资产评估机构、律师事务所、主承销商进行有关工作，制作正式文件。第四，准备向拟选定挂牌上市的证券交易所呈交上市所需材料，提出上市申请，经证券交易所初审通过后，出具上市承诺函。第五，直属证券管理部门收到公司申报材料后，根据有关法规，对申报材料是否完整、有效、准确等进行审查，审核通过后，转报中国证监会审核。第六，证监会收到复审申请后，由中国证监会发行部对申报材料进行预审，预审通过后提交中国证监会股票发行审核委员会复审。第七，发审委通过后，证监会出具批准发行的有关文件，并就发行方案进行审核，审核通过后出具批准发行方案的有关文件。第八，拟发行公司及其承销商在发行前2~5个工作日内将招股说明书概要刊登在至少一种中国证监会指定的上市公司信息披露报刊上。第九，股票发行。

4. 普通股股票筹资的优缺点

1）普通股股票筹资的优点

与其他筹资方式相比，普通股筹措资本具有如下优点。

（1）发行普通股筹措资本具有永久性，无到期日，不需归还这对保证公司对资本的最低需要、维持公司长期稳定发展极为有益。因此，普通股可以作为公司长期股权激励的一种形式。

（2）发行普通股筹资没有固定的股利负担，股利的支付与否和支付多少，视公司有无盈利和经营需要而定，经营波动给公司带来的财务负担相对较小。由于普通股筹资没有固定的到期还本付息的压力，所以筹资风险较小。

（3）发行普通股筹集的资本是公司最基本的资金来源，它反映了公司的实力，可作为其他方式筹资的基础，尤其可为债权人提供保障，增强公司的举债能力。第四，普通股筹资容易吸收资金。因为普通股的预期收益较高并可一定程度地抵消通货膨胀的影响（通常在通货膨胀期间，不动产升值时普通股也随之升值）。

2）普通股股票筹资的缺点

但是，运用普通股筹措资本也有一些缺点。

（1）普通股的资本成本较高。首先，从投资者的角度讲，投资于普通股风险较高，相应地要求有较高的投资报酬率。其次，对于筹资公司来讲，普通股股利从税后利润中支付，不像债券利息那样作为费用从税前支付，因而不具抵税作用。此外，普通股的发行费用一般也高于其他证券。

（2）以普通股筹资会增加新股东，这可能会分散公司的控制权。此外，新股东分享公司未发行新股前积累的盈余，会降低普通股的每股净收益，从而可能引发股价的下跌。

5. 普通股股票筹资需注意的问题

针对普通股股票筹资的优缺点，筹资采取的策略应是在充分权衡风险与收益的情况下，合理确定普通股权益占企业总资金来源的比重，是普通股权益率在可承受风险范围内最大化。具体地说，要注意以下几方面的问题。

（1）将企业资产盈利率与负债成本率相比较，如企业资产盈利率大于负债成本率，借债可取。企业资产盈利率越高于负债成本率，并且越稳定，扩大借债规模就越可取；反之，则不可取。因此，确定所有者权益筹资的规模，首先要从权衡负债规模开始，然后在负债与所有者权益之比达到最优的基础上，再确定所有者权益筹资规模。

（2）将企业净资产盈利率与优先股股息率相比较，如果企业净资产盈利率大于优先股股息率，那么发行优先股股票筹资可取。前者越大于后者，且稳定程度越高就越可取；反之，则不可取。

（3）要确定企业资本的最优结构，必须关注市场对企业资本结构的反应，该反应主要是通过筹资成本反映出来的。

（4）选择普通股股票发行的时间和方式，因为发行时间和方式不一样，发行价格就会有差异，发行同量股份所筹得的资金量也就不一样，或筹集等量资金所发行的股份数不一样，它们会直接影响普通股股票的每股账面价值、每股收益和每股市价，对原普通股股东的利益产生直接的影响。

（三）优先股筹资

优先股是相对于普通股而言的。主要是指在利润分红及剩余财产分配的权利方面，优先于普通股。

优先股有两种权利。第一，在公司分配盈利时，拥有优先股票的股东比持有普通股票的股东分配在先，而且享受固定数额的股息，即优先股的股息率都是固定的，普通股的红利却不固定，视公司盈利情况而定，利多多分，利少少分，无利不分，上不封顶，下不保底。第二，在公司解散，分配剩余财产时，优先股在普通股之前分配。

1. 优先股的主要特征

（1）优先股通常预先定明股息收益率。由于优先股股息率事先固定，所以优先股的股息一般不会根据公司经营情况而增减，而且一般也不能参与公司的分红，但优先股可以先于普通股获得股息，对公司来说，由于股息固定，它不影响公司的利润分配。

（2）优先股的权利范围小。优先股股东一般没有选举权和被选举权，对股份公司的重大经营决策无投票权，但在某些情况下可以享有投票权。

（3）优先股的索偿权优先于普通股，而次于债权人。

2. 优先股的种类

（1）累计优先股和非累计优先股股票

累计优先股指的是将以往营业年度内未支付的股息累积起来，由以后营业年度的盈利一起支付的优先股股票。

非累计优先股是按当年盈利分派股息，对累计下来的未足额的股息不予补付的优先股股票。

（2）参加分配优先股和不参加分配优先股

参加分配优先股是指那种不仅可以按规定分得当年的定额股息，而且还有权与普通股股东一起参加公司利润分配的优先股股票。

不参加分配优先股是指只按规定股息率分取股息，不参加公司利润分配的优先股股票。

（3）可转换优先股和不可转换优先股

可转换优先股是持股人可以在特定条件下把优先股股票转换成普通股股票或公司债券的优先股股票。

不可转换优先股是指不能变换成普通股股票或公司债券的优先股股票。

（4）可赎回优先股和不可赎回优先股

可赎回优先股是指股票发行公司可以按一定价格收回的优先股股票。

不可赎回优先股是指股票发行公司无权从股票持有人手中赎回的优先股股票。

（5）股息可调换优先股和股息不可调换优先股

股息可调换优先股是指股息率可以调整的优先股股票。

股息不可调换优先股就是股息率不能调整的优先股股票。

第三节　长期债务资本筹资

长期债务资本筹资是指归还期在一年以上的负债筹资，主要包括长期借款筹资、企业债券筹资、融资租赁筹资三种形式。

一、长期借款筹资

长期借款是指向银行和非银行金融机构以及其他单位借入的使用期限在一年以上的借款。主要用于购置固定资产和满足长期流动资产的需求。

（一）长期借款种类

（1）长期借款按是否提供担保分为抵押借款和信用借款两种。抵押借款是指要求企业以抵押品作为担保的贷款。长期借款的抵押品常常是房屋、建筑物、机器设备、股票、债券等。信用借款是指不需企业提供抵押品，仅凭其信用或担保人信誉而发放的贷款。

（2）长期借款按照付息方式与本金的偿还方式可分为分期付息到期还本长期借款、到期一次还本付息长期借款和分期偿还本息长期借款。

（二）长期借款协议的保护性条款

由于长期借款的期限长、风险大，按照国际惯例，银行通常对借款企业提出一些有助于保证贷款按时足额偿还的条件。这些条件写进贷款合同中，形成了合同的保护性条款。

长期借款的保护性条款分为以下三类。

1. 例行性保护条款

这类条款作为例行常规，在大多数合同中都会出现。

主要包括以下。

（1）定期向提供贷款的金融机构提交公司财务报表，以使债权人随时掌握公司的财务状况和经营成果。

（2）保持存货储备量，不准在正常情况下出售较多的非产成品存货，以保持企业正常生产经营能力。

（3）及时清偿债务，包括到期清偿应缴纳税金和其他债务，以防被罚款而造成不必要的现金流失。

（4）不准以资产做其他承诺的担保或抵押。

（5）不准贴现应收票据或出售应收账款，以避免或有负债等。

2. 一般性保护条款

一般性保护条款是对企业资产的流动性及偿债能力等方面的要求条款，这类条款应用于大多数借款合同。主要包括以下。

（1）保持企业的资产流动性。要求企业需持有一定最低额度的货币资金及其他流动资产，以保持企业资产的流动性和偿债能力，一般规定了企业必须保持的最低营运资金数额和最低流动比率数值。

（2）限制企业非经营性支出。如限制支付现金股利、购入股票和职工加薪的数额规模，以减少企业资金的过度外流。

（3）限制企业资本支出的规模。控制企业资产结构中的长期性资产的比例，以减少公司日后不得不变卖固定资产以偿还贷款的可能性。

（4）限制公司再举债规模。目的是防止其他债权人取得对公司资产的优先索偿权。

（5）限制公司的长期投资。如规定公司不准投资于短期内不能收回资金的项目，不能未经银行等债权人同意而与其他公司合并等。

3. 特殊性保护条款

这类条款是针对特殊情况而出现在部分借款合同中的条款，只有在特殊情况下才能生效。主要包括：要求公司的主要领导人购买人身保险；借款的用途不得改变；违约惩罚条款等。

（三）长期借款成本

长期借款的利息率通常高于短期借款，但信誉好或抵押品流动性强的借款企业，仍然可以争取到较低的长期借款利率。长期借款利率有固定利率和浮动利率两种。浮动利率通常有最高限、最低限，并在借款合同中明确。对于借款企业来讲，若预测市场利率将上升，应与银行签订固定利率合同；反之，则应签订浮动利率合同。

除了利息之外，银行还会向借款企业收取其他费用，如实行周转信贷协定所收取的使用承诺费、要求借款企业在本银行中保持补偿余额所形成的间接费用。这些费用会增加长期借款的成本。

（四）长期借款流程

银行等金融机构为降低贷款风险，对借款企业提出了必要条件。这些条件包括：借款企业应具有法人资格；借款企业在宏观上其经营方向和业务范围应符合国家政策，在微观上，借款用途应属于银行贷款办法规定的范围，并提供有关借款项目的可行性报告；借款企业具有一定的物资和财产保证，如果由第三方担保，则担保单位应具有相应的经济实力；借款企业每个经营周期都应有足够的净现金流入量以支付当期本息；借款企业应在有关金融部门开立账户、办理结算。

企业申请借款程序：企业提出借款申请，并附资金使用的可行性报告；银行或其他金融机构审批；签订借款合同；发放贷款、监督贷款的使用；按期归还贷款本息。

（五）长期借款优缺点

1. 长期借款优点

（1）筹资迅速。因为长期借款手续相对简单，银企间彼此相互了解以及划款及时等。

（2）借款弹性大。无论是用款进度还是还款安排，由于只和某一银行进行一对一的协商，因此有利于企业按照自身的要求和能力来变更借款数量和还款期限，对企业而具有一定的灵活性。

（3）成本低。向银行办理借款，可以避免向公众提供公开的财务信息，因而易于减少财务信息的披露面，对保守财务秘密有好处。

2. 长期借款缺点

（1）筹资风险大。尽管借款具有某种程度的弹性，但还本付息的义务仍然存在，企业偿付的压力大，筹资风险较高。另外，企业有时会因过多借款而不能偿付。

（2）使用限制多。银行为保证贷款的安全性，对借款的使用附加了很多约束性条款，这些条款在一定程度上限制了企业自主调配与运用资金的功能。

二、企业债券筹资

企业债券是企业依照法定程序发行、约定在一定期限内还本付息的有价证券。

（一）企业债券种类

1. 按是否记名可分为记名债券和无记名债券

记名债券，即在券面上登记持有人姓名，支取本息要凭印鉴领取，转让时必须背书并到债券发行企业登记的企业债券。

不记名债券，即券面上不需要载明持有人姓名，还本付息及流通转让仅以债券为凭，不需要登记。

2. 按是否可提前赎回分为可提前赎回债券和不可提前赎回债券

可提前赎回债券，即发行者在债券到期前购回其发行的全部或部分债券。

不可提前赎回债券，即只能一次到期还本付息的债券。

3. 按发行目的分类分为普通公司债券、改组公司债券、利息公司债券、延期公司债券

普通公司债券，即以固定利率、固定期限为特征的公司债券。这是公司债券的主要形式，目的在于为公司扩大生产规模提供资金来源。

改组公司债券，是公司改组或重整时为清理公司债务而发行的债券。

利息公司债券，也称为调整公司债券，是指面临债务信用危机的公司经债权人同意而发行的较低利率的新债券，用以换回原来发行的较高利率债券。

延期公司债券，是指公司在已发行债券到期无力支付，又不能发新债还旧债的情况下，在征得债权人同意后可延长偿还期限的公司债券。

4. 按有无选择权分类分为附有选择权的债券和未附选择权的债券

附有选择权的公司债券，是指在一些公司债券的发行中，发行人给予持有人一定的选择权，如可转换公司债券（附有可转换为普通股的选择权）、有认股权证的公司债券和可退还公司债券（附有持有人在债券到期前可将其回售给发行人的选择权）。

未附选择权的公司债券,即债券发行人未给予持有人上述选择权的公司债券。

(二)企业债券特点

1. 风险性较大

债券的还款来源是公司的经营利润,但是任何一家公司的未来经营都存在很大的不确定性,因此公司债券持有人承担着损失利息其至本金的风险。

2. 收益率较高

与风险成正比的原则,较高风险的公司债券需要提供给债券持有人较高的投资收益。

3. 选择权

发行者与持有者之间可以相互给予一定的选择权。

4. 经营权

反映的是债权关系,不拥有对公司的经营管理权,但是可以比股东优先享有索取利息和优先要求补偿和分配剩余资产的权利。

(三)企业债券筹资的管理

1. 债券发行资格与发行条件

只有股份有限公司、国有独资公司和两个以上的国有企业或者其他两个以上的国有投资主体投资设立的有限责任公司,才有资格发行企业债券。

《证券法》第十六条规定,公开发行公司债券,应当符合下列条件。

①股份有限公司的净资产不低于人民币 3 000 万元,有限责任公司的净资产不低于人民币 6 000 万元;②累计债券余额不超过公司净资产的 40%;③最近三年平均可分配利润足以支付公司债券一年的利息;④筹集的资金投向符合国家产业政策;⑤债券的利率不超过国务院限定的利率水平;⑥国务院规定的其他条件。

2. 债券发行方式

公司债券的发行方式有三种,即面值发行、溢价发行、折价发行。假设其他条件不变,债券的票面利率高于同期银行存款利率时,可按超过债券票面价值的价格发行,称为溢价发行。溢价是企业以后各期多付利息而事先得到补偿。如果债券的票面利率低于同期银行存款利率,可按低于债券面值的价格发行,称为折价发行。折价是企业以后各期少付利息而预先给投资者补偿。如果债券的票面利率与同期银行存款利率相同,可按票面价格发行,称为面值发行。溢价或折价是发行债券企业在债券存续期内对利息费用的一种调整。

(四)债券信用评级

债券信用评级(bond credit rating)是以企业或经济主体发行的有价债券为对象进行的信用评级。债券信用评级大多是企业债券信用评级,是对具有独立法人资格企业所发行某一特定债券,按期还本付息的可靠程度进行评估,并标示其信用程度的等级。这种信用评级,是为投资者购买债券和证券市场债券的流通转让活动提供信息服务。国家财政发行的国库券和国家银行发行的金融债券,由于有政府的保证,因此不参加债券信用评级。地方政府或非国家银行金融机构发行的某些有价证券，则有必要进行评级。

1. 等级标准

1）A级债券

A级债券是最高级别的债券，其特点是：①本金和收益的安全性最大；②受经济形势影响的程度较小；③收益水平较低，筹资成本也低。

对于A级债券来说，利率的变化比经济状况的变化更为重要。因此，一般人们把A级债券称为信誉良好的"金边债券"，对特别注重利息收入的投资者或保值者是较好的选择。

2）B级债券

B级债券对那些熟练的证券投资者来说特别有吸引力，因为这些投资者不情愿只购买收益较低的A级债券，而甘愿冒一定风险购买收益较高的B级债券。B级债券的特点是：①债券的安全性、稳定性以及利息收益会受到经济中不稳定因素的影响；②经济形势的变化对这类债券的价值影响很大；③投资者冒一定风险，但收益水平较高，筹资成本与费用也较高。

因此，对B级债券的投资，投资者必须具有选择与管理证券的良好能力。对愿意承担一定风险，又想取得较高收益的投资者，投资B级债券是较好的选择。

3）C级债券和D级债券

C级债券和D级债券是投机性或赌博性的债券。从正常投资角度来看，没有多大的经济意义，但对于敢于承担风险，试图从差价变动中取得巨大收益的投资者，C级债券和D级债券也是一种可供选择的投资对象。

2. 评级机构

目前国际上公认的最具权威性的信用评级机构，主要有美国标准·普尔公司和穆迪投资服务公司。上述两家公司负责评级的债券很广泛，包括地方政府债券、公司债券、外国债券等，由于它们占有详尽的资料，采用先进科学的分析技术，又有丰富的实践经验和大量专门人才，因此它们所做出的信用评级具有很高的权威性。标准·普尔公司信用等级标准从高到低可划分为：AAA级、AA级、A级、BBB级、BB级、B级、CCC级、CC级C级和D级。穆迪投资服务公司信用等级标准从高到低可划分为：Aaa级、Aa级、A级、Baa级、Ba级、B级、Caa级、Ca级、C级。两家机构信用等级划分大同小异。前四个级别债券信誉高，风险小，是"投资级债券"；第五级开始的债券信誉低，是"投机级债券"。

标准·普尔公司和穆迪投资服务公司都是独立的私人企业，不受政府的控制，也独立于证券交易所和证券公司。它们所做出的信用评级不具有向投资者推荐这些债券的含义，只是供投资者决策时参考，因此，它们对投资者负有道义上的义务，但并不承担任何法律上的责任。

三、融资租赁筹资

（一）融资租赁筹资特征

融资租赁是一种世界性的现代融资手段，在国外已十分普遍。融资租赁以专业性的租赁公司为出租人，租赁公司按承租企业的要求，由租赁公司向银行贷款，再从国外或国内购入承租企业选定的新设备，并租赁给承租企业使用。租赁公司一般先收设备价款的 15%~20%作为定金，其余租金则在设备投产后按月分期收取，承租企业所交的租金内容则包括设备的价款，租赁公司应取的利润及租赁公司贷款所付的利息三部分。一般设备在 3~5 年内交清，大型设备可 10 年交清。在租金交清之前，所租设备的所有权属租赁公司，而所租设备的使用权归承租公司；在租金全部付清后，租赁公司出具产权转移证书，把设备的所有权让渡给承租企业。这种将"融资"与"融物"结合起来的租赁方式，其形象化的表述就是"借鸡下蛋，以蛋还钱，最终得鸡"。融资租赁方式使承租企业不必依靠贷款筹资，依托具有直接进口能力与经验的租赁公司便能很方便地获得所需的设备，并减少风险损失。例如我国在近 15 年来，仅民航系统企业就以融资租赁方式获得了价值 120 多亿美元的大型民航客机，使我国的民航事业得到了长足的发展。中国重汽财务公司自 1993 年以来，对国内欲购中国重汽集团生产的"斯太尔"及"红岩"牌重型汽车，但无力融资的企业实施了融资租赁，不到 4 年便累计融资租赁销售 16 亿元，使生产企业、承租企业与租赁企业均各受益。融资租赁方式健康发展的关键在于承租企业必须决策正确，所租赁的设备迅见效益，并加强融资租赁业的法律、法规建设，这才能杜绝"欠租"现象，确保租赁信誉。

对企业的租赁筹资是对出租企业实现所有权与经营的分离，由承租者通过交纳租金而取得出租企业在一定的时期内的企业资产使用权与经营权的一种筹资方式。由此筹得的是出租企业的全部有形资产与无形资产。通过企业出租，出租方可以盘活经营不善的闲置企业资产，获得租金并解决员工的就业问题；承租方则可以借此而优化组合社会资源，以较低的资金即可马上实现生产能力的扩大，或实现上下游企业的一体化经营，使自有资本能更好地增值。

由此可看出，融资租赁筹资有以下特点。第一，在资金缺乏情况下，能迅速获得所需资产；财务风险小，财务优势明显；限制条件较少；能延长资金融通的期限；免遭设备陈旧过时的风险。第二，资本成本高。租金通常比银行借款或发行债券所负担的利息高得多，租金总额通常要高于设备价值的 30%。

（二）融资租赁租金的计算

融资租赁租金是承租企业支付给租赁公司让渡租赁设备的使用权或价值的代价。租金的数额大小、支付方式对承租企业的财务状况有直接影响，也是租赁决策的重要依据。

1. 租金的构成

（1）租赁资产的价款，包括设备的买价、运杂费及途中保险费等。

（2）利息，即租赁公司所垫资金的应计利息。

（3）租赁手续费，包括租赁公司承办租赁业务的营业费用及应得的利润。租赁手续费的高低由租赁公司与承租企业协商确定，一般以租赁资产价款的某一百分比收取。

2. 租金的支付方式

（1）租金按支付时期的长短不同，可分为年付、半年付、季付、月付。

（2）租金按每期支付租金的时间不同，可分为先付租金和后付租金。先付租金是指在期初支付租金,后付租金是指在期末支付租金。

3. 租金的计算方法

融资租赁租金的计算方法常用的是平均分摊法和等额年金法。

1)平均分摊法

平均分摊法是先以商定的利息率和手续费率计算租赁期间的利息和手续费,然后连同设备成本按支付次数进行平均的方法。

在平均分摊法下,每期租金的计算公式为

$$\text{PMT} = \frac{(C-S)+I+F}{N}$$

其中,PMT 表示平均每期租金额;C 表示租赁设备的购置成本;S 表示租赁期满由租入方留购,支付给出租方的转让价;I 表示利息;F 表示租赁期间的手续费;N 表示付租期数。

【例 4-1】 某公司向租赁公司租入一套设备,设备原价 200 万元,租赁期 5 年,预计租赁期满租赁企业支付的转让价为 10 万元。年利率为 10%,手续费为设备原价的 4%,租金每年年末支付一次。要求计算每期平均应付租金。

(1)按公式计算过程为

$$\text{PMT} = \frac{(200-10)+[200\times(1+10\%)^5-200]+200\times4\%}{5} = 64.02(万元)$$

(2)等额年金法

等额年金法是利用年金现值的计算公式经变换后计算每期支付租金的方法。

等额年金法下,可按下列公式计算年租金。

$$\text{PMT} = \frac{C-S\times((P/F,i,n))}{(P/A,i,n)}$$

其中,PMT 表示每期期末应付租金数额;C 表示租赁设备的购置成本;S 表示租赁期满由租入方留购,支付给出租方的转让价;i 表示租费率;n 表示付租期数。

【例 4-2】 某公司向租赁公司租入一套设备,设备原价 200 万元,租赁期 5 年,预计租赁期满租赁企业支付的转让价为 10 万元。租费率为 10%,租金每年年末支付一次。要求计算每期平均应付租金。

$$\text{PMT} = \frac{200-10(P/F,10\%,5)}{(P/A,10\%,5)} = (200-10\times0.6209)\div3.7908 = 51.12(万元)$$

关于这个公式的正确使用,应该注意如下三点。

第一,这一公式假定每期租金是期末支付的,即租金是普通年金。假如资金是每期期初支付的,即租金是即付年金,那么计算公式应该为

$$\text{PMT} = \frac{C-S\times((P/F,i,n))}{(P/A,i,n-1)+1}$$

【例 4-3】 某公司向租赁公司租入一套设备,设备原价 200 万元,租赁期 5 年,预计租赁期满租赁企业支付的转让价为 10 万元。租费率为 10%,租金每年年初支付一次。要求计算每期平均应付租金。

$$\text{PMT} = \frac{200-10(P/F,10\%,5)}{(P/A,10\%,4)+1} = (200-10\times 0.620\,9)\div(3.169\,9+1) = 46.47\,(万元)$$

第二，公式中的 i 是租费率。它是综合了资金利率和租赁手续费后由租赁双方认可的，它比纯粹的借款利息要大些。若租赁手续费是租赁开始依次支付的，也就是当各期租金不含手续费时，租费率和租金利率相同。

第三，公式中分子分母的 i 是同一的，都是租费率；否则会造成租赁期结束时账面余额与预期残值不一致。

第四节　短期筹资与营运资本管理

一、短期筹资

（一）短期筹资概念

短期筹资是指期限在一年以下的筹款，是为满足企业临时性流动资金需要而进行的筹资活动。企业的短期资金一般是通过流动负债的方式取得，短期筹资也称为流动负债筹资或短期负债筹资。

（二）短期筹资的特点

1. 筹资速度快

长期负债的债权人为了保护其债权的安全，往往要对债务人进行全面的财务调查和周密的财务分析，因而长期负债筹资所需时间一般较长。而流动负债由于在较短时间内可归还，其债权人顾虑较少，只对债务人的近期财务状况做调查，因而费时较短。所以，流动负债筹资速度较快。

2. 筹资具有灵活性

长期负债所筹资金往往不能提前偿还，而且长期负债债务人往往要受借款合同的限制性契约条款的限制。而流动负债筹资要灵活得多。

3. 资金成本较低

流动负债的资金成本比长期负债的资金成本还要低。因为短期借款的利率比长期借款或债券的利率要低，且筹资费用也比长期负债要少得多。此外，流动负债筹资的方式中甚至还有无成本筹资。

4. 筹资风险较大

由于流动负债需要在短期内偿还，如果债务人在短期内拿不出足够的资金偿还债务，就会陷入财务危机。

5. 可以弥补企业资金的暂时不足

企业的流动资产数量随供产销的变化而高低起伏不定，具有波动性，因此，企业不可避免地会出现暂时的资金不足。通过流动负债筹资，可以弥补企业资金的暂时不足。

6. 便于企业资金结构的灵活组合

流动负债筹资，可以形成企业资金结构的灵活组合。短期负债借入容易，归还也较随意，可以作为企业的一种调度资金的手段。

（三）短期筹资的方式

短期筹资在成本、风险、弹性等方面的特点在很大程度上取决于实际运用的短期筹资方式。短期筹资的方式包括以下几种。

1. 短期借款

短期借款包括信用借款、担保借款和票据贴现额等。

短期借款的信用条件包括以下。

（1）信贷额度。信贷额度亦即贷款限额，是银行对借款人规定的无担保贷款的最高限额。

（2）周转信贷协定。它是银行从法律上承诺向企业提供不超过某一最高限额的贷款协定。

（3）补偿性余额。它是银行要求借款人在银行中保持按贷款限额或名义借款额的一定百分比计算的最低存款余额。

（4）借款抵押。银行向财务风险较大、信誉不好的企业发放贷款，往往需要有抵押品担保，以减少自己蒙受损失的风险。借款的抵押品通常是借款企业的办公楼、厂房等。

（5）偿还条件。无论何种借款，银行一般都会规定还款的期限。根据我国金融制度的规定，贷款到期后仍无能力偿还的，视为逾期贷款，银行要照章加收逾期罚息。

（6）以实际交易为贷款条件。当企业发生经营性临时资金需求，向银行申请贷款以求解决时，银行则以企业将要进行的实际交易为贷款基础，单独立项，单独审批，最后做出决定并确定贷款的相应条件和信用保证。

2. 短期融资券

短期融资券是一种短期债券，它是由大型工商企业所发行的短期无担保本票。

短期融资券筹资有自己的优缺点。短期融资券筹资的优点在于：短期融资券的筹资成本较低、短期融资券筹资数额比较大、发行短期融资券可以提高企业信誉和知名度。短期融资券筹资的缺点在于：发行短期融资券的风险比较大、发行短期融资券的弹性比较小、发行短期融资券的条件比较严格。

3. 商业信用

商业信用是一种自然筹资行为，它是在企业之间正常的业务往来中相互提供信用而形成的一种资金来源。例如，应付账款、预付账款等。

二、营运资本

（一）营运资本的含义

营运资本是指流动资产和流动负债的差额，是投入日常经营活动（营业活动）的资本。

由于营运资金是流动资产减去流动负债后的净额，因此，流动资产和流动负债的任一变化，都会引起营运资金的增减变化。当流动负债不变，流动资产的增加就意味着营运资金的增加；流动资产的减少就意味着营运资金的减少。当流动资产不变，流动负债增加，则意味着营运资金的减少；流动负债减少就意味着营运资金增加。在两者同时变化的情况下，只有两者抵销后的净额才是营运资金的增减净额。在一般情况下，只有一方涉及流动资产或流动负债类科目，而另一方涉及非流动资产或非流动负债类科目（如长期负债、长期投资、资本、固定资产等）的经济业务才会使营运资金发生增减。双方都涉及流动资产或流动负债类科目的经济业务，即发生在营运资金内部项目间的业务，不会使营运资金发生增减。

其计算公式为

营运资金 = 流动资产 − 流动负债

= （总资产 − 非流动资产）− （总资产 − 所有者权益 − 长期负债）

= （所有者权益 + 长期负债）− 非流动资产 = 长期资本 − 长期资产

（二）营运资本的特点

1. 周转时间短

这一特点决定了营运资金可以通过短期筹资方式加以解决。

2. 非现金形态的营运资金如存货、应收账款、短期有价证券容易变现，这一点对企业应付临时性的资金需求有重要意义。

3. 数量具有波动性

流动资产或流动负债容易受内外条件的影响，数量的波动往往很大。

4. 来源具有多样性

营运资金的需求问题既可通过长期筹资方式解决，也可通过短期筹资方式解决。仅短期筹资就有银行短期借款、短期融资、商业信用、票据贴现等多种方式。

（三）营运资本投资策略

营运资本投资策略的标准是看流动资产/销售收入的比率。

公司营运资本投资策略有以下三种：适中型投资策略、保守型投资策略和激进型投资策略。

1. 适中型投资策略

这种投资策略要求流动资产和非流动资产比例适中，使得短缺成本和持有成本之和较低。

2. 保守型投资策略

保守型投资策略就是企业持有较多的流动资产，表现为安排较高的流动资产/销售收入的比率。这种政策需要较多的流动资产投资，承担较大的流动资产持有成本（主要是资金的机会成本，有时还包括其他的持有成本），其短缺成本较小，企业中断经营的风险较小。

3. 激进型投资策略

激进型投资策略就是企业持有较少的流动资产，表现为安排较低的流动资产/销售收入的比率。这种政策需要较少的流动资产投资，承担较小的流动资产持有成本（主要是资金的机会成本），其短缺成本较大，企业中断经营的风险较大。

（四）营运资本筹资策略

营运资本筹资策略，是指在总体上如何为流动资产筹资，采用短期资金来源还是长期资金来源，或者兼而有之。制定营运资本筹资政策，就是确定流动资产所需资金中短期资金和长期资金的比例。

营运资本的筹资政策，通常用自发性流动资产中长期筹资来源的比重来衡量。该比率称为易变现率。

易变现率＝[（股东权益＋长期债务＋自发性流动负债）－长期资产]／自发性流动资产

流动负债分为临时性流动负债和自发性流动负债。

临时性流动负债是指为了满足临时性流动资金需要所发生的负债，如商业零售企业春节前为满足节日销售需要，超量购入货物而举借的债务。可供企业短期使用。

自发性流动负债是由商业信用形成的直接产生于企业持续经营中的负债，如商业信用筹资和日常运营中产生的其他应付款，以及应付职工薪酬、应付利息、应付税费等。可供企业长期使用。

1. 适中型筹资策略

适中型筹资策略的特点是：对于波动性流动资产，用临时性负债筹集资金，也就是利用短期银行借款等短期金融负债工具取得资金；对于稳定性流动资产需求和长期资产，用权益资本、长期债务和自发性流动负债筹集。如图4-1（a）所示。

长期资产＋稳定性流动资产＝股东权益＋长期债务＋自发性流动负债

波动性流动资产＝短期金融负债

其中，稳定性流动资产是指那些即使在企业处于经营淡季也仍然需要保留的、用于满足企业长期、稳定运行的流动资产所需的资金。波动性流动资产是那些受季节性、周期性影响的流动资产需要的资金。

2. 激进型筹资策略

激进型筹资策略的特点是：短期金融负债不但融通临时性流动资产的资金需要，还解决部分长期性资产的资金需要。极端激进的筹资政策是全部稳定性流动资产都采用短期借款。如图4-1（b）所示。

3. 保守型筹资策略

保守型筹资策略的特点是：短期金融负债只融通部分波动性流动资产的资金需要，另一部分波动性流动资产和全部稳定性流动资产，则由长期资金来源支持。极端保守的筹资政策完全不使用短期借款，全部资金都来自于长期资金来源。如图4-1（c）所示。

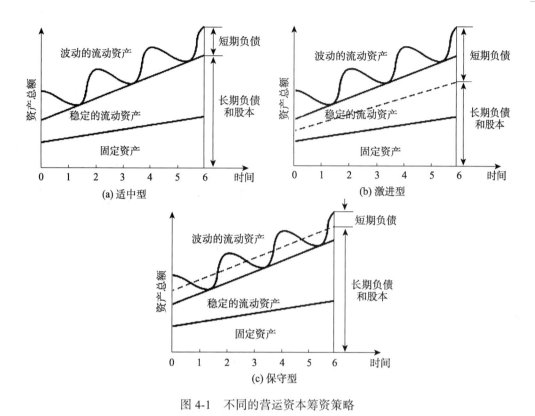

图 4-1 不同的营运资本筹资策略

习 题

【单项选择题】

1. 在不考虑筹款限制的前提下，下列筹资方式中个别资本成本最高的通常是（   ）。
   A. 发行普通股   B. 留存收益筹资
   C. 长期借款筹资   D. 发行公司债券

2. 相对于银行借款筹资而言，股票筹资的特点是（   ）。
   A. 筹资速度快   B. 筹资成本高
   C. 弹性好   D. 财务风险大

3. 从公司理财的角度看，与长期借款筹资相比较，普通股筹资的优点是（   ）。
   A. 筹资速度快   B. 筹资风险小
   C. 筹资成本小   D. 筹资弹性大

4. 以下不属于留存收益筹资的特点的是（   ）。
   A. 筹资数额有限   B. 筹资成本最低
   C. 维持公司控制权   D. 不发生筹资费用

5. 相对于股票筹资而言，不属于负债筹资特点的是（   ）。
   A. 会形成企业的固定负担   B. 筹资成本低
   C. 有使用上的时间性   D. 会分散投资者对企业控制权

6. 企业采用保守型流动资产投资策略时，流动资产的（　　）。
   A. 持有成本较高　　　　　　　　B. 短缺成本较高
   C. 管理成本较低　　　　　　　　D. 机会成本较低

7. 甲公司是一家生产和销售冷饮的企业，冬季是其生产经营淡季，应收账款、存货和应付账款处于正常状态，根据甲公司资产负债表（见表 4-1），该企业的营运资本筹资策略是（　　）。

表 4-1　甲公司资产负债表

20××年 12 月 31 日

单位：万元

资产	金额	负债及所有者权益	金额
货币资金（经营）	20	短期借款	50
应收账款	80	应付账款	100
存货	100	长期借款	150
固定资产	300	股东权益	200
资产总计	500	负债及所有者权益总计	500

　　A. 保守型筹资策略　　　　　　B. 适中型筹资策略
　　C. 激进型筹资策略　　　　　　D. 无法判断

8. 下列关于激进型营运资本筹资策略的表述中，正确的是（　　）。
   A. 激进型筹资策略的营运资本小于 0
   B. 激进型筹资策略是一种风险和收益均较低的营运资本筹资策略
   C. 在营业低谷时，激进型筹资策略的易变现率小于 1
   D. 在营业低谷时，企业不需要短期金融负债

9. 下列关于适中型营运资本筹资策略的说法中，正确的是（　　）。
   A. 波动性流动资产通过经营性流动负债筹集资金
   B. 长期资产和稳定性流动资产通过股东权益、长期债务和经营性流动负债筹集资金
   C. 部分临时性流动资产通过股东权益、长期债务和经营性流动负债筹集资金
   D. 部分波动性流动资产通过经营性流动负债筹集资金

10. 下列属于长期筹资方式的是（　　）。
    A. 商业信用　　　　　　　　　　B. 短期融资券
    C. 吸收直接投资　　　　　　　　D. 应收账款转让

【多项选择题】

1. 下列各项中，属于留存收益区别于"发行普通股"筹资方式的特点的有（　　）。
   A. 筹资数额有限　　　　　　　　B. 财务风险大
   C. 不会分散控制权　　　　　　　D. 资金成本高

2. 下列各项中，属于"吸收直接投资"与"发行普通股"筹资方式所共有缺点的有（　　）。
   A. 限制条件多　　　　　　　　　B. 财务风险大
   C. 控制权分散　　　　　　　　　D. 资金成本高

3. 保留盈余的资本成本，正确的说法是（   ）。
   A. 它不存在成本问题
   B. 它的成本计算不考虑筹资费用
   C. 它相当于股东投资于某种股票所要求的必要收益率
   D. 在企业实务中一般不予考虑
4. 股权筹资的基本形式有（   ）。
   A. 发行债券   B. 吸收直接投资
   C. 发行股票   D. 利用留存收益
5. 影响融资租赁每期租金的因素是（   ）。
   A. 设备买价   B. 利息
   C. 租赁手续费   D. 租赁支付方式
6. 与采用激进型营运资本筹资政策相比，企业采用保守型营运资本筹资政策时（   ）。
   A. 易变现率较高   B. 举债和还债的频率较高
   C. 蒙受短期利率变动损失的风险较高   D. 资金成本较高
7. 甲公司的生产经营存在季节性，公司的稳定性流动资产为 300 万元，营业低谷时的易变现率为 120%。下列各项说法中，正确的有（   ）。
   A. 公司采用的激进型筹资策略
   B. 波动性流动资产全部来源于短期金融负债
   C. 稳定性流动资产全部来源于长期资金
   D. 营业低谷时，公司有 60 万元的闲置资金
8. 企业债券的种类有哪些？（   ）
   A. 记名债券和无记名债券
   B. 可提前赎回债券和不可提前赎回债券
   C. 普通债券、改组债券、利息债券、延期债券
   D. 附有选择权的债券和未附选择权的债券
9. 长期债务资本筹资的形式有哪些？（   ）
   A. 长期借款筹资   B. 债券筹资
   C. 融资租赁筹资   D. 短期借款筹资
10. 普通股股票持有者享有以下哪些基本权利？（   ）
    A. 盈利分配权   B. 剩余资产要求权
    C. 投票表决权和发言权   D. 优先认股权

第五章

资本成本与资本结构

第一节 资本成本

对投资管理来说，资本成本是指投资成本的机会成本，是将资本用于某个项目投资而放弃其他投资机会的收益，是投资管理的重要标准。对企业来说，资本成本是指企业取得和使用资本时所付出的代价，影响着企业的财务风险，是企业筹资的主要依据。本节从企业借入长期资金角度，论述资本成本的内涵和确定方法。

一、资本成本的内涵

在市场经济中，资本是一种重要资源。企业想要获得和使用资本这项资源，需要付出相应的代价。资本成本是指企业取得和使用资金时所付出的代价，也可称为资金成本。此处的资本指的是筹措的长期资金，包括自有资金和借入长期资金，资本成本也包括自有成本和借入长期资金成本两种类型。资本成本的组成，通常包括用资费用和筹资费用。

（一）用资费用

用资费用，是指企业将筹集到的资金投入到生产经营活动过程中，需要支付给出资者的有关报酬。如股票的股利、银行贷款、债券的利息等。用资成本是资本成本的主要部分，用资成本的高低与长期资金的规模和使用时间相关。

（二）筹资费用

筹资费用，指的是企业在筹集资金过程中为获得资金而付出的各种代价，如办理银行借款时支付的手续费，发行股票、债券等证券时的承销费、宣传费、评估费、印刷费等。筹资费用与用资费用区别在于，它通常只在筹资阶段支付一次，在资金使用过程中不再发生。所以，可以将筹资费用从筹资总额中扣除。

二、资本成本的表示

资本成本可以用绝对数和相对数两种方式表示。绝对数直接采用资本成本数额来表示，相对数为用资费用与筹得的资金总额的比率表示。

资本成本相对数表示法计算公式为

$$K = \frac{D}{(P-f)}$$

或者

$$K = \frac{D}{P(1-F)}$$

其中，K 表示资本成本（百分数表示）；D 表示用资费用（按年计）；P 表示筹资金额；f 表示筹资费用；F 表示筹资费率（筹资费用占筹资金额比率）。

三、资本成本的作用

（一）资本成本是企业筹资方式比较和选择的重要依据

企业具有多种多样的筹资渠道和筹资方式，资金渠道有银行资金、民间资金和企业资金等；筹资方式有银行贷款、发行股票或直接引入投资等。如何进行筹资方式决策，资金成本高低可作为一个重要的参考依据。当然，资金成本并不是企业筹资方式决策的唯一参考项。

（二）资本成本是进行投资项目、投资方式选择评价的重要标准

一个投资项目，只有投资收益高于资本成本时，才值得为其筹措资金，否则，项目投资者取得的报酬低于资金成本，这在经济上是不合理的，应该放弃该投资机会。

（三）资本成本是衡量企业经营业绩的重要基准

可将一段时间内企业的总资产利润率与企业的综合资本成本率的比较结果，用于评价企业的经营业绩，利润率高于资本成本率时，说明企业资金运用得当，企业经营良好。反之，说明企业经营业绩有待提高。

四、资本成本形式

资本成本具有多种形式，进行筹资方式决策时，使用个别资本成本，如借款成本、股票成本和债券成本等；进行企业资本结构决策时，使用综合资本成本；进行追加筹资方案决策时，还可以使用边际资本成本。

（一）个别资本成本

个别资本成本包括负债资金成本和权益资金成本，两种成本在确定方法上区别较大。

1. 负债资金成本

负债资金成本包括银行借款成本和债券成本。

1）银行借款成本

银行借款成本在税前支付利息，具有减税效益。银行借款的筹资费用主要为借款手续费，一般数额较少，可以忽略。企业借款成本计算方式可按以下公式执行。

$$K = \frac{I(1-T)}{L(1-F)}$$

其中，K 表示借款成本；I 表示借款年利息；T 表示所得税税率；L 表示筹资总额；F 表示借款筹资费率。

上述公式也可化为以下表达。

$$K = \frac{R(1-T)}{1-F}$$

其中，R 表示借款年利率。

银行贷款中有补偿性余额要求时，筹资总额应是扣除补偿性余额后的资金数额，这将导致借款成本升高。

【例 5-1】 某企业获得银行贷款 200 万元，年利率 11%，期限 5 年，每年支付利息一次，到期后一次偿还本金。该笔贷款筹措费用率为 1.5%，所得税税率为 25%。该笔银行贷款成本按如下计算。

$$[200 \times 11\% \times (1-25\%)] \div [200 \times (1-1.5\%)] = 8.38\%$$

2）债券成本

债券成本也在税前支付利息，具有减税效益。债券筹资费用较高，不可忽略。债券筹资费用即债券发行费用，主要包括发行债券申请手续费、债券注册费、印刷费和摊销费用等。

债券的发行价格并不一定等于债券面额，也存在发行价格相对债券面值溢价或折价的情况，债券的筹资额按照债券的实际发行价格和发行数量确定，债券利息则按照票面价格和利率确定。债券成本的计算方式如下。

$$K = \frac{I(1-T)}{B(1-F)}$$

其中，K 表示债券成本；I 表示债券年利息；T 表示所得税税率；B 表示债券筹资额；F 表示债券筹资费率。

【例 5-2】 某企业发行 100 张债券，债券总面额 500 万元，总价格 550 万元，票面利率 12.5%，发行费用占总发行价格的 6%，所得税税率为 25%。该债券成本按如下计算。

$$[500 \times 12.5\% \times (1-25\%)] \div [550 \times (1-6\%)] = 9.07\%$$

上述例子中，债券发行价格相较票面价格溢价，若按照票面价格发行，则债券成本如下。

$$[12.5\% \times (1-25\%)] \div [(1-6\%)] = 9.97\%$$

若发行价格相较票面价格折价，发行价格为 450 万元，则债券成本如下。

$$[500 \times 12.5\% \times (1-25\%)] \div [450 \times (1-6\%)] = 10.85\%$$

实际情况中，债券利率一般高于同期银行贷款利率，且债券成本较高，因此，对企业而言，发行债券的成本通常比向银行贷款成本要高。

2. 权益资金成本

权益资金成本包括优先股成本、普通股成本和留存收益成本。各种权益资金成本的权责和计算方法也不相同。

1）优先股成本

优先股股利通常是固定的，并在税后派发，因此优先股无减税效益。同时，企业发行优先股筹集资金也需要支付发行费用。优先股成本计算方式如下。

$$K = \frac{D}{P(1-F)}$$

其中，K 表示优先股成本；D 表示优先股股利；P 表示优先股筹资数额，按发行价计算；F 表示优先股筹资费用率。

相较于债券利息的税前支付，优先股股利在税后派发，因此，企业破产清算时，债券持有人的求偿权先于优先股持有人，这使得优先股持有人承担的风险大于债券持有人。所以，优先股成本明显高于债券成本。

【例 5-3】 某企业以 300 万元发行了面额 250 万元的优先股，规定年股利为 14%每年，发行费用率为 5%。则优先股成本如下。

$$(250 \times 14\%) \div [300 \times (1 - 5\%)] = 12.28\%$$

2）普通股成本

普通股与优先股一样，也是税后派股利。对于股利固定的普通股成本，计算方式与优先股成本相同。对于股利逐年增长的普通股，其成本按下式计算。

$$K = \frac{D_0}{P(1-F)} + G$$

其中，K 表示普通股成本；D_0 表示普通股首年股利；P 表示普通股筹资数额，按发行价计算；F 表示普通股筹资费用率；G 表示股利年增长率。

【例 5-4】 某公司发行 800 万普通股，首年股利为 10%，以后每年增长 3%，发行费用率 4%。普通股成本为

$$(800 \times 10\%) \div 800 \times (1 - 4\%) + 3\% = 13.42\%$$

3）留存收益成本

企业的留存收益来源于企业净利润，企业对留存收益的使用有较大的自主权，但这不意味着使用留存收益不需要成本。股东没有将留存收益作为股利分配下去或投资于他处，说明留存收益消耗了股东的机会成本。因此，应按照普通股成本方法计算留存收益成本，区别仅在于留存收益没有筹资费用。留存收益成本计算公式如下。

$$K = \frac{D_0}{P} + G$$

其中，K 表示留存收益成本，其他符号与普通股成本相同。

构成企业的所有成本中，普通股和留存收益处于最高的风险等级，因而也要求最高的报酬。因而，从企业角度来看，普通股和留存收益是成本最高的筹资方式。

（二）综合资本成本

综合资金成本是企业所筹资金的平均成本，是企业筹集资金的总体水平的反映。其通过加权平均的方式，将企业筹集的各种类型资金成本，以各种资金占总筹集资金的比重作为加权系数，来计算企业的综合资金成本。综合资金成本由个别资金成本和加权系数共同决定，计算公式如下。

$$K_w = \sum_{i=1}^{n} K_i W_i$$

其中，K_w 表示综合资金成本；K_i 表示第 i 种个别资金成本；W_i 表示第 i 种个别资金成本的加权系数，即第 i 种资金在筹资总额中的比重。

在已明确各种资金数额后，可计算出企业筹资总额，接着便可确定各种资金在筹资总额中占比，即加权系数，进而可以计算综合资金成本。

【例 5-5】 某公司账户上共有长期资本 1 200 万元，其中银行贷款 200 万元、债券 200 万元、优先股 150 万元、普通股 350 万元、留存收益 300 万元，各种资金成本分别为 5.28%、7.35%、11.5%、15.12%和 14.88%。该公司的综合成本计算如下。

（1）计算各种资金占总资金的比重。

银行贷款、债券：$W_1 = 200/1\ 200 = 0.166\ 7$

优先股：$W_2 = 150/1\ 200 = 0.125$

普通股：$W_3 = 350/1\ 200 = 0.291\ 7$

留存收益：$W_4 = 300/1\ 200 = 0.25$

（2）计算加权平均资金成本，即综合资金成本。

$K_w = 5.28\% \times 0.167 + 7.35\% \times 0.167 + 11.5\% \times 0.125 + 15.12\% \times 0.291 + 14.88\% \times 0.25 = 11.67\%$

（三）边际资本成本

边际资本成本是指资金每增加一单位需增加的成本，企业无法以一种固定的成本筹集到无穷多资金。当筹集的资金数额超过一定规模时，每种资金筹措方式的资金成本都将增加。企业在进行追加筹资时，需要知道筹资额与资金成本间的关系，这就涉及边际资本成本。

1. 边际资本成本计算方式

企业在追加筹资时，有时可能选择只用一种筹资方式，更多时候，单一筹资方式不能筹措到足够数量的资金，需要多种筹资方式组合实施。此时的边际资金成本采用加权平均法计算。计算边际资本成本时，其权数采用市场价值权数，不使用账面价值权数。

【例 5-6】 某公司的目标资本结构为：债务 0.25，优先股 0.1，普通股（含存留收益）0.65。现在公司计划按照该目标资本结构追加筹资 500 万元，预计各项资金成本为：债务 7.8%，优先股 10.4%，普通股 14.2%。按照加权平均方式计算的边际资本成本如表 5-1 所示。

表 5-1 加权平均边际资本成本计算

资本类型	目标资本结构	追加筹资（万元）	个别资本成本（%）	加权平均边际资本成本（%）
债务	0.25	125	7.8	1.95
优先股	0.1	50	10.4	1.04
普通股（含留存收益）	0.65	325	14.2	9.23
合计	1	500	—	12.22

2. 边际资本成本规划

将边际资本成本用图表形式直观表示出来，在企业进行追加筹资决策时可便于比较和选择合适的筹资规模和筹资方式组合，控制企业资金成本。下面用例子说明边际资本成本规划的实施过程。

【例 5-7】 某企业当前拥有资本 500 万元，其中负债 100 万元，优先股 50 万元，普通股（含存留收益）350 万元。现在，企业计划通过筹集新资追加投资，可通过如下步骤来确定筹集新资的资本成本。

（1）确定公司目标资本结构。假设企业当前的资本结构即为目标资本结构，经企业财务管理人员分析，在后续筹集的资金中应保持当前资本结构，即负债0.2，优先股0.1，普通股0.7。

（2）确定各种筹资方式资金成本。通常情况下，随着企业筹资规模不同，各种筹资方式的成本也会相应变动。假设企业财务管理人员通过调查资本市场情况和分析企业筹资能力，测算出各种资金筹集方式的不同筹资规模对应的资金成本，测算结果如表5-2所示。

表 5-2　资金成本测算结果

资本类型	目标资本结构	筹资范围	个别资本成本（%）
债务	0.2	3万元以内	6
		3万~8万元	7
		8万元以上	8
优先股	0.1	2万元以内	10
		2万元以上	12
普通股（含留存收益）	0.7	7万元以内	14
		7万~21万元	15
		21万元以上	16

（3）计算筹资总额分界点。根据各种筹资方式成本变化分界点和目标资本结构，计算筹资总额分界点。计算公式如下。

$$BP_i = \frac{TF_i}{W_i}$$

其中，BP_i表示筹资总额分界点；TF_i表示第i种筹资方式成本变化分界点；W_i表示第i种资金权重。

根据表5-2测算结果可计算出筹资总额分界点如表5-3所示。表中标识出了按照目标资本结构筹资，不同种类资本成本出现变化的筹资总额分界点。例如，筹资总额不超过15万元时，债务资本成本为6%，因为按照目标资本结构，债务占筹资总额权数为0.2，筹资

表 5-3　筹资总额分界点

资本类型	筹资范围（元）	个别资本成本（%）	筹资总额分界点	筹资总额范围（元）
债务	≤3万	6	3/0.2=15	≤15万
	3万~8万	7	8/0.2=40	15万~40万
	>8	8		>40万
优先股	≤2万	10	2/0.1=20	≤20万
	>2万	12		>20万
普通股（含留存收益）	≤7万	14	7/0.7=10	≤10万
	7万~21万	15	21/0.7=30	10万~30万
	>21万	16		>30万

总额不超过 15 万元时，通过债务筹集的资金不超过 3 万元。当筹资总额超过 15 万元时，债务筹资将超过 3 万元，此时债务资本成本将发生变化。

（4）计算边际成本。根据算出的筹资总额分界点，可将筹资总额分为 6 档，分别为：小于 10 万元、10 万~15 万元、15 万~20 万元、20 万~30 万元、30 万~40 万元、40 万元以上。对各筹资范围分别确定个别资本成本，再结合资本结构，即可计算出各筹资范围的边际资本成本（如表 5-4 所示）。以上即为边际资本成本规划的实施过程。

表 5-4 边际成本规划表

筹资总额范围（元）	资本类型	资本结构	资本成本（%）	边际资本成本权重（%）	边际资本成本（%）
≤10 万	债务	0.2	6	1.2	12
	优先股	0.1	10	1	
	普通股	0.7	14	9.8	
10 万~15 万	债务	0.2	6	1.2	12.7
	优先股	0.1	10	1	
	普通股	0.7	15	10.5	
15 万~20 万	债务	0.2	7	1.4	12.9
	优先股	0.1	10	1	
	普通股	0.7	15	10.5	
20 万~30 万	债务	0.2	7	1.4	13.1
	优先股	0.1	12	1.2	
	普通股	0.7	15	10.5	
30 万~40 万	债务	0.2	7	1.4	13.8
	优先股	0.1	12	1.2	
	普通股	0.7	16	11.2	
>40	债务	0.2	8	1.6	14
	优先股	0.1	12	1.2	
	普通股	0.7	16	11.2	

第二节 杠杆利益与风险

一、经营杠杆利益与风险

（一）经营杠杆原理

1. 经营杠杆

经营杠杆是指企业经营生产过程中，因固定生产经营成本引起的息税前利润变动率大于产销量变动率的规律。经营杠杆也称为营业杠杆或营运杠杆。

2. 经营杠杆利益

经营杠杆利益是指企业在扩大产销量规模时，由于固定生产经营成本相对降低带来的经营利润的更快增长。在一定产销量规模内，由于固定成本不变，随着销量的增长，单位销售量分摊的固定成本降低，使得单位销量的利润增大。

3. 经营风险

经营风险又称为营业风险，与企业经营相关，尤其是指利用经营杠杆导致的企业息税前利润下降的风险。当企业产销量下降时，经营杠杆作用将导致企业利润跌幅大于企业营业额跌幅，给企业带来经营风险。

（二）经营杠杆系数测算

经营杠杆系数（degree of operating leverage，DOL）又称经营杠杆程度，是指企业息税前利润变动率与销售额销量变动率的倍数。该系数反映了企业经营杠杆的作用程度，亦可用于估计企业经营杠杆利益，评估企业营业风险。其测算公式如下。

$$\text{DOL} = \frac{\frac{\Delta \text{EBIT}}{\text{EBIT}}}{\frac{\Delta S}{S}}$$

其中，DOL 表示经营杠杆系数；EBIT 表示企业营业利润（息税前利润）；ΔEBIT 表示营业利润变动额；S 表示销售额；ΔS 表示销售额变动额。

为方便计算，可将上式作如下化简。

$$\text{DOL} = \frac{\frac{\Delta \text{EBIT}}{\text{EBIT}}}{\frac{\Delta S}{S}} = \frac{Q(P-V)}{Q(P-V)-F} = \frac{T_{\text{cm}}}{\text{EBIT}} = \frac{S-C}{S-C-F}$$

其中，Q 表示销售数量；P 表示销售单价；V 表示单位销量变动成本；T_{cm} 表示边际贡献总额；S 表示销售总额；C 表示变动成本总额；F 表示固定成本总额。

【例 5-8】 某企业连续三年的销售、利润数据如表 5-5 所示。

表 5-5　某企业连续三年销售、利润数据

项目	第一年	第二年	第三年
销售额（万元）	1 700	2 550	3 060
销售增长率（%）	—	50	20
变动成本总额（万元）	800	1 200	1 440
边际贡献（万元）	900	1 350	1 620
固定成本总额（万元）	500	500	500
息税前利润（万元）	400	850	1 120
息税前利润增长率（%）	—	112.5	31.76

从表 5-5 可看出，第一年到第二年，销售额增加 50% 时，息税前利润增加达 112.5%，从第二年到第三年，销售额增加 20% 时，息税前利润增加达 31.76%。可见，利用经营杠杆，在一定产销量范围内，企业适当地扩张销售量，可以取得更大的收益，这便是经营杠杆利益。但是也需要注意，若企业销售额萎缩，息前利润的收缩幅度将更大于销售额的萎缩幅

度，此即经营杠杆带来的风险。

接下来我们计算该企业的经营杠杆系数，根据定义可以得到

第二年的经营杠杆系数：DOL = 112.5% ÷ 50% = 2.25

第三年的经营杠杆系数：DOL = 31.76% ÷ 20% = 1.588

根据定义计算经营杠杆系数，需要知道销售额和利润的变动率是对企业经营活动的事后反映。而采用基期数据，可测算出企业下一年的经营杠杆系数，用于预测企业未来业绩。从表 5-5 数据可得

第二年的经营杠杆系数：DOL = 900 ÷ 400 = 2.25

第三年的经营杠杆系数：DOL = 1 350 ÷ 850 = 1.5882

第四年的经营杠杆系数：DOL = 1 620 ÷ 1 120 = 1.4464

（三）影响经营杠杆利益与风险的因素

影响经营杠杆利益与风险的因素有：①市场产品供求关系的变动；②产品单位售价的变动；③单位产品变动成本的变动；④产品固定成本总额的变动。

二、财务杠杆利益与风险

（一）财务杠杆的原理

1. 财务杠杆的含义

财务杠杆也可称为融资杠杆、资本杠杆或负债经营杠杆，是企业在制定资本结构决策时对债务筹资的利用。

2. 财务杠杆的利益

财务杠杆利益也称为融资杠杆利益，是指通过债务融资，调整企业资本结构，给股权资本带来额外收益。当企业的投资利润率大于负债利息率时，企业使用债务资金创造的收益高于债务利息，债务资金收益除掉债务利息外的剩余，归企业所有者所有，给企业所有者带来额外收益。

3. 财务风险

财务风险也称为融资风险、筹资风险，是指企业为获得财务杠杆，利用负债资金增加普通股每股利润大幅度变动的风险，甚至产生导致企业倒闭的风险。当企业息税前利润出现下降时，财务杠杆的作用将使每股利润下降幅度增大。

（二）杠杆系数测算

财务杠杆系数为普通股每股利润变动率与息税前利润变动率的倍数。它反映了财务杠杆的作用程度，是财务杠杆利益和财务风险的度量。财务杠杆系数越大，表明财务杠杆作用越大，财务风险也随之增大。其计算公式如下。

$$DFL = \frac{\frac{\Delta EPS}{EPS}}{\frac{\Delta EBIT}{EBIT}}$$

其中，DFL 表示财务杠杆系数；EPS 表示每股利润；ΔEPS 表示每股利率变动额；EBIT 表示息税前利润；ΔEBIT 表示息税前利润变动率。

为便于计算，上式可作如下变换。

$$EPS = (EBIT - I)(1 - T)/N$$

则

$$\Delta EPS = \Delta EBIT(1 - T)/N$$

可以得到

$$DFL = \frac{EBIT}{EBIT - I}$$

其中，I 表示债务年利息额；T 表示所得税税率；N 表示普通股数量。

【例 5-9】 某企业连续三年的销售、利润数据如表 5-6 所示。

表 5-6　某企业连续三年销售、利润数据

项目	第一年	第二年	第三年
息税前利润（万元）	400	850	1 120
息税前利润增长率（%）	—	112.5	31.76
债务利息（万元）	200	200	200
税前利润	200	650	920
所得税（25%）	50	162.5	230
税后利润	150	487.5	690
每股利润（元，100 万股）	1.5	4.875	6.9
每股利润增长率（%）	—	225	41.52

从表 5-6 可看出，第一年到第二年，息税前利润增加了 112.5%，每股利润增加达 225%。从第二年到第三年，息税前利润增加了 31.76%，每股利润增加达 41.52%。可见，利用财务杠杆，在一定范围内，企业适当扩张负债经营，可以取得更大的盈利，这就是财务杠杆利益。但是也需要注意，若企业遇到盈利下降，每股利润收缩幅度将大于息税前利润萎缩幅度，财务杠杆效应同样会带来风险。

接下来我们计算该企业的财务杠杆系数，根据定义可以得到

　　第二年的财务杠杆系数：DFL = 225% ÷ 112.5% = 2

　　第三年的财务杠杆系数：DFL = 41.52% ÷ 31.76% = 1.307 3

同样，根据定义计算杠杆系数需要掌握息税前利润变动率和每股利润变动率，是对企业经营活动的事后反映。而采用基期数据，可测算出企业下一年的财务杠杆系数，用于预测企业未来业绩。从表 5-6 数据可得

　　第二年的财务杠杆系数：DOL = 400 ÷ (400 − 200) = 2

　　第三年的财务杠杆系数：DOL = 850 ÷ (850 − 200) = 1.307 7

　　第四年的财务杠杆系数：DOL = 1 120 ÷ (1 120 − 200) = 1.217 4

（三）影响财务杠杆利益与风险的因素

影响财务杠杆利益与风险的因素有：①资本结构的变动；②资本规模的变动；③息税前利润的变动；④债务利率的变动。

三、复合杠杆利益与风险

（一）复合杠杆原理

复合杠杆也称为总杠杆，是指由于固定生产经营成本和固定利息费用存在引起的普通股每股利润率变动大于产销量变动率的杠杆效应。复合杠杆综合了经营杠杆和财务杠杆的共同影响，企业利用复合杠杆，对生产经营起的影响更大。

（二）复合杠杆系数测算

复合杠杆系数或复合杠杆度，是指普通股每股利润变动率相当于企业总营业额变动率的倍数，它是经营杠杆系数和财务杠杆系数的乘积。其计算公式如下。

$$DCL = DOL \cdot DFL = \frac{T_{cm}}{EBIT} \cdot \frac{EBIT}{EBIT - I} = \frac{T_{cm}}{EBIT - I}$$

其中，DCL 表示综合杠杆系数。

根据例 5-8 和例 5-9 中数据，复合杠杆系数可以用经营杠杆系数和财务杠杆系数相乘求得，也可以根据基期数据计算得到。

第二年：DCL = 2.25 × 2 = 4.5 或 DCL = 900 ÷ (400 − 200) = 4.5

第三年：DCL = 1.59 × 1.31 = 2.08 或 DCL = 1 350 ÷ (850 − 200) = 2.076 9

第四年：DCL = 1.45 × 1.22 = 1.76 或 DCL = 1 620 ÷ (1 120 − 200) = 1.760 9

第三节 资本结构的优化

资本结构是企业筹资决策中的关键核心，进行筹资决策时，企业应该统筹考虑各种相关影响因素，运用适当的方式方法，确定出最佳资本结构，并在后续的追加筹资持续保持。对现行资本结构不合理的企业，应通过筹资活动主动对资本结构进行调整，使其趋于合理并逐步达到最优。

一、资本结构简述

（一）资本结构的含义

资本结构是指企业各种资本的构成及其比例。资本构成可用各种资本的绝对数或相对数表示。比如，某企业拥有资本总额为 2 000 万元，包括银行长期贷款 200 万元，债券 400 万元，普通股 800 万元和存留收益 600 万元。那么，其比例分别为：银行贷款 0.1，债券 0.2，普通股 0.4，存留收益 0.3。

资本结构在实务中有广义和狭义之分，广义的资本结构包括企业的全部资本，不论长期资本或者短期资本（主要为债务资本）。狭义的资本结构只包含长期资本，此时，短期资本纳入营运资本。

（二）债务资本在资本结构中的作用

企业进行资本结构决策时，充分认识债务资本的作用，合理安排债务资本的比例，可对企业运营产生积极影响。

1. 利用债务资本降低企业资本成本

通常情况下，银行贷款债券的利率要低于同期股票股利率，此外，债务利息为税前支付，可减少企业所得税，所以债务的资本成本要明显低于权益资金的资金成本。所以，在合理的区间范围内提高债务资本的比率，可以降低企业综合资本成本。若企业资本结构中债务资本占比降低，则企业综合资本成本将升高。

2. 利用债务资本获取财务杠杆利益

由于债务利率相对稳定，企业息税前利润率大于债务利率时，债务资本产生利润，还息后仍有结余，使得可分配给企业投资者的税后利润也会相应增加。因此，利用债务资本，可发挥财务杠杆作用，为企业获取财务杠杆收益。需要注意的是，债务资本可为企业带来财务杠杆收益，同时也带来一定的财务风险，包括定期付息风险、到期还本风险以及投资者收益下降的潜在风险。

二、资本结构的决策方法

（一）最佳资本结构的含义

最佳资本结构，指在企业所处的一定条件下，使综合资本成本最低、企业价值最大的资本结构。企业的资本结构应以最佳资本结构为目标。

现代资本理论认为，最佳资本结构是存在的。在最佳资本结构点中，企业综合资本达到最低，同时企业价值达到最大。股份制企业价值最大化表现在股东财富最大化，也即股票价格达到最高。正常情况下，股票价格高低取决于每股利润的高低。因此，资本决策中，确定最佳资本结构有两种方法可供选择，分别为资本成本比较法和每股利润分析法。

（二）资本成本比较法

通过计算不同资本结构或筹资方案的综合资本成本，以此为选择标准，通过比较资本成本，确定最佳资本结构。

企业进行筹资决策时会预见初始筹资和追加筹资两种情形，两种资本结构决策分别称为初始资本结构决策和追加资本结构决策。

1. 初始资本结构决策

针对企业所需筹资额度，实际中可通过多种方式筹集资金，每种筹资方式中还可以安排不同类型资本数量，由此可形成多种资本结构方案供选择。

【例 5-10】 某初创企业有三个资本结构方案可选择，资料如表 5-7 所示。

表 5-7　企业筹资方案

筹资方式	筹资方案一		筹资方案二		筹资方案三	
	筹资额（万元）	资本成本（%）	筹资额（万元）	资本成本（%）	筹资额（万元）	资本成本（%）
长期借款	40	6	60	6.5	80	7
债券	80	7	100	8	90	7.5
优先股	40	12	80	12	50	12
普通股	200	15	160	15	180	15
合计	400	—	400	—	400	—

下面用资本成本比较法确定三种筹资方案中的最优筹资方案。计算每种筹资方案的综合资本成本并互相比较，成本最小者即为最优的筹资方案，也即最优资本方案。

方案一

（1）计算各种资金占筹资额度的比重，即加权系数

　　　　长期借款的加权系数：40÷400＝0.1

　　　　债券的加权系数：80÷400＝0.2

　　　　优先股的加权系数：40÷400＝0.1

　　　　普通股的加权系数：200÷400＝0.5

（2）计算加权平均资本成本，即综合资本成本

　　　　$K_w = 6\% \times 0.1 + 7\% \times 0.2 + 12\% \times 0.1 + 15\% \times 0.5 = 10.7\%$

方案二

（1）计算各种资金占筹资额度的比重，即加权系数

　　　　长期借款的加权系数：60÷400＝0.15

　　　　债券的加权系数：100÷400＝0.25

　　　　优先股的加权系数：80÷400＝0.2

　　　　普通股的加权系数：160÷400＝0.4

（2）计算加权平均资本成本，即综合资本成本

　　　　$K_w = 6.5\% \times 0.15 + 8\% \times 0.25 + 12\% \times 0.2 + 15\% \times 0.4 = 11.38\%$

方案三

（1）计算各种资金占筹资额度的比重，即加权系数

　　　　长期借款的加权系数：80÷400＝0.2

　　　　债券的加权系数：90÷400＝0.225

　　　　优先股的加权系数：50÷400＝0.125

　　　　普通股的加权系数：180÷400＝0.45

（2）计算加权平均资本成本，即综合资本成本

　　　　$K_w = 7\% \times 0.2 + 7.5\% \times 0.225 + 12\% \times 0.125 + 15\% \times 0.45 = 11.34\%$

比较上述三个方案的综合资本成本大小，可以看到方案一的综合资本成本最低，在不考虑其他筹资因素或其他因素近似相同时，方案一为最优筹资方案，其形成的资本结构可确定为企业的最优资本结构。企业可根据此筹资方案筹集资金，实现企业最优资本结构。

2. 追加资本结构决策

企业经过一段时间的持续发展后，出于扩大业务规模或者对外投资的需要，有时会选择再次筹集资金，即追加筹资。由于追加筹资时企业所处环境的变化和追加筹资的影响，企业的资本结构将发生变化。因而，企业原来的最佳资本结构可能不再是新条件下的最佳资本结构，企业应在新条件下重新寻求最佳结构，持续保持资本结构最优。

按照最佳资本结构的判断标准，确定追加资本结构有两种方法：第一种方法是直接测算各种备选追加筹资方案的边际资本成本，通过对比选择最优追加筹资方案；第二种方法是将备选追加筹资方案融入原资金结构，形成新的资本结构方案，通过测算各新形成的资本结构方案的资本成本，对比确认最优追加筹资方案。

【例 5-11】 现有两个追加筹资方案可供某企业选择，方案资料如表 5-8 所示。

表 5-8 追加筹资方案

筹资方式	追加筹资方案一		追加筹资方案二	
	追加筹资额（万元）	资本成本（%）	追加筹资额（万元）	资本成本（%）
长期借款	40	6.5	50	7
债券	30	8	30	8
普通股	30	16	20	16
合计	100	—	100	—

按照加权平均分方法计算追加筹资方案的边际资本成本，根据表 5-8 中所列参数，计算各追加筹资方案边际资本成本如下。

追加筹资方案一
（1）计算各种资金占追加筹资额度的比重，即加权系数

长期借款的加权系数：$40 \div 100 = 0.4$

债券的加权系数：$30 \div 100 = 0.3$

普通股的加权系数：$30 \div 100 = 0.3$

（2）计算边际资本成本

边际资本成本 $= 6.5\% \times 0.4 + 8\% \times 0.3 + 16\% \times 0.3 = 9.8\%$

追加筹资方案二
（1）计算各种资金占追加筹资额度的比重，即加权系数

长期借款的加权系数：$50 \div 100 = 0.5$

债券的加权系数：$30 \div 100 = 0.3$

普通股的加权系数：$20 \div 100 = 0.2$

（2）计算边际资本成本

边际资本成本 $= 7\% \times 0.5 + 8\% \times 0.3 + 16\% \times 0.2 = 9.1\%$

可以看出，方案二的边际资本成本小于方案一，所以，追加筹资方案二优于方案一。

假设该企业原资本总额共有 400 万元，资本结构为：长期借款 80 万元、债券 100 万元、优先股 60 万元、普通股 160 万元。现将两种追加筹资方案与企业原资本结构融合，

形成数据资料如表 5-9 所示。

表 5-9 追加筹资方案与原资本结构融合

资本类型	原资本结构		追加筹资方案一		追加筹资方案二		追加筹资后资本额（万元）	
	资本额（万元）	资本成本（%）	追加资本额（万元）	资本成本（%）	追加资本额（万元）	资本成本（%）	方案一	方案二
长期借款	80	7.5	40	6.5	50	7	120	130
债券	100	8	30	8	30	8	130	130
优先股	60	12	—	—	—	—	60	60
普通股	160	15	30	16	20	16	190	180
合计	400	11.3	100	9.8	100	10.7	500	500

按照加权平均分方法计算融合后的新资本结构的资本成本。

方案一与原资本结构融合形成的结构的资本成本为

$$\frac{80}{500}\times 7.5\% + \frac{40}{500}\times 6.5\% + \frac{130}{500}\times 8\% + \frac{60}{500}\times 12\% + \frac{(160+30)}{500}\times 16\% = 11.32\%$$

方案二与原资本结构融合形成的结构的资本成本为

$$\frac{80}{500}\times 7.5\% + \frac{50}{500}\times 7\% + \frac{130}{500}\times 8\% + \frac{60}{500}\times 12\% + \frac{(160+20)}{500}\times 16\% = 11.18\%$$

在上面的计算过程中，原普通股的资本成本按照新普通股的资本成本标准计算，此处将股票成本视为股票报酬，为同股同利原则的体现。

比较两组融合后的新资本结构下的综合资本成本，可以看到，方案二追加筹资后的综合成本比方案一追加筹资后的综合成本低。此种比较方式也说明，追加筹资方案二优于追加筹资方案一。

由此可见，虽然追加的筹资改变了企业原有的资本结构，但经过科学测算，企业仍可通过正确决策追加筹资方案，保持其资本结构最优。

（三）每股利润分析法

每股利润分析法是利用每股利润无差别点来作出资本结构决策。每股利润无差别点（EPS indifferent point）是企业息税前利润点，在该利润点处，两种筹资方式下企业普通股每股利润相同，因此也叫作息税前利润平衡点，或筹资无差别点。利用每股利润无差别点，可指导分析运用债务筹资来安排和调整资本结构的时机。

息税前利润平衡点计算公式如下：

$$\frac{(EBIT-I_1)(1-T)-D_{P1}}{N_1} = \frac{(EBIT-I_2)(1-T)-D_{P2}}{N_2}$$

其中，EBIT 表示息税前利润平衡点，即每股利润无差别点；I_1、I_2 分别表示两种筹资方式下年利息额；T 表示所得税税率；D_{P1}、D_{P2} 分别表示两种筹资方式下的年优先股股利；N_1、N_2 分别表示两种筹资方式下的普通股股数。

【例 5-12】 某企业当前资本总数为 1000 万元，其组成结构为：债务 200 万元、普通股权益资本800万元。现在企业计划追加资本250万元，有三种增资方案可供选择：增加债务、发行优先股和增发普通股。相关资料如表5-10所示。

表5-10 当前资本结构和筹资后资本结构表

项目	当前资本结构		筹资后的资本结构					
			增加债务		发行优先股		增发普通股	
	金额（万元）	比例	金额（万元）	比例	金额（万元）	比例	金额（万元）	比例
债务	200	0.2%	450	0.36%	200	0.16%	200	0.16%
优先股	0	0	0	0	250	0.2%	0	0
普通股	800	0.8%	800	0.64%	800	0.64%	1 050	0.84%
资本总额	1 000	1%	1 250	1%	1 250	1%	1 250	1%
年利息额	13	—	30.5	—	13	—	13	—
年优先股股利额	0	—	0	—	25	—	0	—
普通股数量（万股）	20	—	20	—	20	—	32	—

当息税前利润为200万元时，计算按三种筹资方式筹资后的普通股每股利润，结果如表5-11所示。

表5-11 预计三种筹资方式下每股利润表

项目	增加债务	发行优先股	增发普通股
息税前利润（万元）	200	200	200
利息（万元）	30.5	13	13
税前利润（万元）	169.5	187	187
所得税（万元）（25%）	42.375	46.75	46.75
税后利润（万元）	127.125	140.25	140.25
优先股股利（万元）	—	25	—
普通股利润（万元）	127.125	115.25	140.25
普通股数量（万股）	20	20	32
每股利润（元/股）	6.356	5.763	4.383

从表5-11每股利润预测值中可看出，不同筹资方式下每股利润也不相同，这反映了不同资本结构对每股利润的影响。当息税前利润为200万元时，采用增加债务的方式可获得最高的每股利润。

表5-11为预设税前利润为200万元时每股利润的测算结果，想要知道各种税前利润条件下，如何选择更有利的筹资方式，则需要通过确定息税前利润平衡点判断。

将表5-10中数据代入息税前利润平衡点公式，可以得到

（1）增加普通股与增加债务两种筹资方式的筹资无差别点为

$$\frac{(EBIT-13)(1-25\%)}{32} = \frac{(EBIT-30.5)(1-25\%)}{20}$$

$$EBIT = 59.67 （万元）$$

（2）增加普通股与增加优先股两种筹资方式的筹资无差别点为

$$\frac{(EBIT-13)(1-25\%)}{32} = \frac{(EBIT-13)(1-25\%)-25}{20}$$

$$EBIT = 101.8889 （万元）$$

从计算结果可看到，当息税前利润为 59.67 万元时，增加普通股与增加债务对每股利润的影响相同；当息税前利润为 101.888 9 万元时，增加普通股与增加优先股对每股利润的影响相同。

选取小于 59.67 万元的数字分别代入（1）的等式的左右两边，选择大于 101.888 9 万元的数字分别代入（2）的等式的左右两边，所得的两个不等式可知：增加普通股与增加债务的筹资无差别点在 59.67 万元，其意义在于，当息税前利润大于 59.67 万元时，对企业来说，增加债务是比增加普通股更为有利的筹资方式，息税前利润小于 59.67 万元时，不应选择增加债务。同样，当息税前利润大于 101.888 9 万元时，选择增加优先股比选择增加普通股进行筹资更有利，息税前利润小于 101.888 9 万元时，不应选择增加优先股。

需要注意，资本结构决策是一项复杂的工作，资本成本比较法和每股利润分析法以加权平均资本成本和每股利润作为判断基准，虽然已将资本成本和财务杠杆集中纳入考虑，但仍不够全面。在具体实务中，还需要综合考虑财务风险等多方面因素，总结实际工作经验，认真分析测算，并结合企业的具体情况，进行综合权衡判断，才能做出适合企业的正确决策。

习　题

【单项选择题】

1. 一般来说，企业的各种资金来源中，资本成本最高的是（　　）。
   A. 优先股　　　　　　　　　B. 普通股
   C. 债券　　　　　　　　　　D. 银行贷款
2. 适合于企业筹措新资金的加权平均资本成本时按（　　）计算的。
   A. 账面价值　　　　　　　　B. 市场价值
   C. 目标价值　　　　　　　　D. 清算价值
3. 债券成本一般低于普通股成本，这主要是因为（　　）。
   A. 债券的发行量小
   B. 债券的利息固定
   C. 债券风险较低，且债券利息具有减税效应
   D. 债券的筹资费用少
4. 每股利润无差别点是指不同资本结构的每股收益相等时的（　　）。
   A. 销售收入　　　　　　　　B. 变动成本
   C. 固定成本　　　　　　　　D. 息税前利润

5. 经营杠杆产生的原因是企业存在（　　）。
   A. 固定营业成本　　　　　　　B. 销售费用
   C. 财务费用　　　　　　　　　D. 管理费用
6. 用来衡量销售量变动对每股收益变动的影响程度的指标是（　　）。
   A. 经营杠杆系数　　　　　　　B. 财务杠杆系数
   C. 综合杠杆系数　　　　　　　D. 筹资杠杆系数
7. 在个别资本成本计算中，不必考虑筹资费用影响因素的是（　　）。
   A. 长期借款成本　　　　　　　B. 债券成本
   C. 留存收益成本　　　　　　　D. 普通股成本
8. 已知企业目标资本结构中长期债务的比重为20%，债务资金的增加额在0～50 000元范围内，其年利率维持10%不变，则该企业与此相关的筹资总额分界点为（　　）元。
   A. 100 000　　　　　　　　　　B. 150 000
   C. 200 000　　　　　　　　　　D. 250 000
9. 某企业某年的财务杠杆系数为2.5，息税前利润（EBIT）的计划增长率为10%，假定其他因素不变，则该年普通股每股收益（EPS）的增长率为（　　）。
   A. 4%　　　　　　　　　　　　B. 5%
   C. 20%　　　　　　　　　　　 D. 25%
10. 在筹资总额和筹资方式一定的条件下，为使资本成本适应投资收益率的要求，决策者应进行（　　）。
    A. 追加筹资决策　　　　　　　B. 筹资方式比较决策
    C. 资本结构决策　　　　　　　D. 投资可行性决策

【判断题】

1. 由于利息支付免税而股利支付不免税，因此债务筹资成本一定低于股票筹资成本。（　　）
2. 留存收益的资本成本实质上是一种机会成本，它完全可以按照普通股成本的计算要求来计算。（　　）
3. 其他条件不变动的情况下，企业财务风险大，投资者要求的预期报酬率就高，企业筹资的资本成本相应就大。（　　）
4. 无论是经营杠杆系数变大，还是财务杠杆系数变大，都可能导致企业的复合杠杆系数变大。（　　）
5. 在不考虑筹资费的情况下，银行借款的资金成本可以简化为：银行借款利率×（1－所得税税率）。（　　）

【计算题】

1. 某企业取得5年期长期借款1000万元，借款年利率5%。银行要求每年付息一次，到期还本。另外已知筹资费率0.5%，企业所得税税率为25%，计算长期借款的资本成本。
2. 某公司发行普通股，售价为20元/股。已知该公司的股利逐年增长，固定增长率为

6%，筹资费率为2%。另外已知该公司当年发放的现金股利为1.5元/股，计算该公司普通股的资本成本。

3. 某企业拥有长期资本600万元，其中长期债务占25%，普通股占75%，由于扩大生产需要，拟筹集新资金。在追加筹资时，仍保持现有资本结构，该企业测算了各种新筹资金的资本成本如表5-12所示。

表 5-12　资本成本测算表

资金种类	目标资本结构	筹资额	资本成本（%）
长期债券	25%	10万元以内	6
		10万～12.5万元	9
		12.5万元以上	12
普通股	75%	22.5万元以内	15
		22.5万～45万元	16
		45万元以上	18

计算不同追加筹资总额的范围及所对应的综合边际资本成本。

4. 某企业初创时有三个筹资方案可供选择，有关资料如表5-13所示。选择最优筹资方案，确定最优资本结构。

表 5-13　筹 资 方 式

筹资方式	筹资方案 A		筹资方案 B		筹资方案 C	
	筹资额（万元）	资本成本	筹资额（万元）	资本成本	筹资额（万元）	资本成本
长期借款	140	6%	150	7%	180	9%
债券	100	8%	150	9%	120	8.5%
优先股	60	12%	100	14%	50	10%
普通股	300	15%	200	11%	250	12%
合计	600		600		600	

5. 某企业原有资本1 500万元，其中5年期长期债券300万元，票面利率6%，权益资本1 200万元，为公司发行的16万股普通股，每股面值75元。另外已知公司所得税税率为25%，由于扩大生产业务，需追加筹资450万元，现有如下两个方案。

（1）全部发行普通股，增发6万股，每股面值仍为75元。

（2）全部发行3年期长期债券，票面利率仍为6%。

选择最优筹资方案，确定最优资本结构。

第六章

项目投资管理

第一节 投资项目的现金流量

投资是指投资主体为了在将来更多地消费，而节制现在的消费，将目前的收入转化为资产的经济行为。广义的投资是指为了将来获得更多的现金流入而现在付出现金的行为。按照投资行为的介入程度，投资可以分为直接投资和间接投资。所谓直接投资，也称为项目投资，是指由投资人直接介入的投资行为，即将货币资金直接投入投资项目，形成实物资产或者购买现有企业资产的一种投资。直接投资行为可以直接将投资者和投资对象联系在一起。间接投资，是指投资者以其资本购买公司股票和公债、公司债券、金融债券等，以预期获取一定收益的投资，也叫作证券投资。本章仅讨论项目投资。

从项目投资的对象上来看，项目投资可分为固定资产投资、流动资产投资和无形资产投资；从投资与企业战略目标的关系来看，项目投资可分为战略性投资和战术性投资；从投资与企业竞争力的关系来看，项目投资可分为扩大收入投资和降低成本投资；从项目投资与企业生产规模的关系来看，项目投资可分为维持性投资和扩大生产能力投资。

一、项目投资的特点

（一）投资金额大

项目投资，大多是企业直接的、生产性的对内实物投资，特别是如果涉及战略性的扩大生产能力投资，一般都需要较多的资金，其投资额往往是企业或投资人多年的资金积累，在企业总资产中占有较大比重。因此，项目投资对企业未来的现金流量和财务状况都会产生深远的影响。

（二）时间长

项目投资由于投资期较长，会对企业未来较长时间的生产经营活动产生重大影响。

（三）变现能力差

项目投资一旦完成，想要改变是很困难的，可能会付出较大代价。因此，项目投资一般不会在一年或一个营业周期内变现，而且即使在短期内变现，其变现能力也较差。

（四）投资风险大

项目投资由于投资金额大、影响时间长、变现能力差，且影响项目投资未来收益的因素特别多，对企业未来的财务状况和生产经营都会有决定性的影响。因此，项目投资的投资风险比其他投资大。

二、项目投资的程序

（一）提出项目

提出项目是项目投资的第一步，是根据企业的长远发展战略、中长期投资计划和投资环境的变化，在把握良好投资机会的情况下提出的。它可以由企业管理当局或企业高层管理人员提出，也可以由企业的各级管理部门和相关部门的领导提出。

（二）评价项目

对项目进行评价时主要涉及以下几项工作：①对提出的项目进行适当分类，为分析评价做好准备；②计算有关项目的建设周期，测算项目投产后的收入、费用和经济效益，预测有关项目的现金流入和现金流出；③运用各种投资评价指标，把各项投资按可行程度进行排序；④写出详细的评价报告。

（三）项目决策

投资项目进行评价后，应按照分权管理的决策权限由企业高层管理人员或相关部门经理做最后决策。投资额小的战术性项目投资或维持性项目投资，一般由部门经理做出，特别重大的项目投资还需要报董事会或股东大会批准。不管由谁最后决策，其结论一般都可以分成以下三种：接受这个项目、拒绝这个项目、打回项目提出部门重新论证再处理。

（四）执行项目

决定对某项目进行投资后，要积极筹措资金，实施项目投资。在投资项目的执行过程中，要对工程进度、工程质量、施工成本和工程概算进行监督、控制和审核，防止工程建设中的舞弊行为，确保工程质量，保证按时完成。

（五）项目再评价

在项目执行过程中，对项目进行跟踪审计，判断原来的投资决策是否合理、是否正确。一旦出现新情况，要随时根据情况的变化做出新的评价。如果情况发生重大改变，原来的投资决策变得不合理，就要进行是否终止投资或怎样终止投资的决策，以避免更大的损失。

三、投资项目现金流量

在财务会计中，通常以利润作为评价收益的指标。财务会计中的利润指标，是按权责发生制原则，通过对收入和为取得收入而发生的耗费进行配比所确定的。它是一个静态指标，没有考虑利润取得的时间和资金的时间价值，也没有考虑取得利润承担的风险。同时，由于公认会计原则内在的局限性，利润的确定过程中需要一系列主观判断和估计，这就为人为操纵利润留下了可行空间。因而对投资项目进行评价时，利润并不是一个最佳的评价指标。

企业要获利必须以生存和发展为前提。要想生存，就要求企业能够以收抵支和偿还到期债务；要想发展，则要求企业有足够的资金进行投资活动。这些都是要求企业具有现实的支付能力，而决定企业支付能力的，不是企业的利润，而是企业的现金流量。所以，现金流量是对投资项目进行评价的主要指标。

（一）现金流量的含义

现金流量是指，在未来一定时期内项目投资方案所导致的现金（资金）流入和流出的数量。在一定时期内，现金流入量和现金流出量的差额，就是现金净流量。现金净流量的状态导致企业现金存量的改变，从而使企业的支付能力、财务状况都发生变化，最终影响到企业的价值。

（二）项目现金流量的构成

一个完整的投资项目产生的现金流量由项目初始现金流量、项目营业现金流量和项目终结现金流量三部分构成。

1. 项目初始现金流量

项目初始现金流量是项目建设期发生的现金流量，其净现值一般为负值。

项目初始现金流量也有初始现金流入量、初始现金流出量和初始现金净流量组成。

初始现金流出量是项目建设期的主要现金流出，一般包括固定资产的投资支出、流动资产的投资支出、无形资产的投资支出以及其他投资支出。固定资产的投资支出主要包括所支付的固定资产的购置和建造成本、固定资产的安装和调试费用等。流动资产的投资支出是指项目建设完成投入使用后所需要配套的流动资产所占用的资金，一般包括原材料、在产品、产成品、应收账款和现金等。无形资产的投资支出是指在土地使用权、商标权以及专有技术方面的投资支出。其他投资支出是指与项目有关的职工培训费、谈判费以及注册费方面的支出。项目初始现金流出量的不同部分的回收方式和回收时间是不同的。

项目初始现金流入量主要是指在项目建设期收到的现金，一般包括原有固定资产的变现收入以及建设期间的其他收入。

项目初始现金净流量是指项目建设期现金流入量与现金流出量之间的差额，一般为负值。

2. 项目营业现金流量

项目营业现金流量，是指项目建成投产后发生的现金流量，是项目现金流量的主体，也叫作项目经营现金流量。

项目营业现金流入量是项目投产后每年所实现的销售收入或营业收入。项目营业现金流出量是在项目建成投产后，为取得销售收入或营业收入而付出的经营成本（也叫作付现成本）和根据经营成果所缴纳的所得税支出。

这里的付现成本强调以现金形式支付的成本，与会计中的成本不同。会计中的成本包括固定资产的折旧和无形资产的摊销，而折旧与摊销并没有发生相应的现金支出，所以在计算付现成本时应扣除总成本中包括的折旧和摊销。

付现成本 = 总成本 − 折旧 − 摊销
营业现金净流量 = 营业现金流入量 − 营业现金流出量
 = 营业收入 − 付现成本 − 所得税
 = 营业收入 −（总成本 − 折旧 − 摊销）− 所得税
 = 营业收入 − 总成本 − 所得税 + 折旧 + 摊销
 = 净利润 + 折旧 + 摊销

3. 项目终结现金流量

项目终结现金流量是指项目的经营期满，报废或处置时发生的现金流量。

项目终结现金流入量包括两部分：一部分是固定资产报废的变价收入或处置收入；另一部分是回收垫支的流动资金额。终结现金流出量主要是固定资产报废时支付的清理费用或处置固定资产时发生的相关费用。

第二节 项目评价的非贴现法

确定一个项目投资是否可行，必须先估算项目的现金流量，但项目的现金流量只能说明项目现金流的多少，无法对项目是否可行做出判断。判断项目是否可行，并在若干项目中选出最优投资项目，还需要通过一些科学的项目评估方法。项目评价的方法有很多，根据是否考虑了项目现金流的资金时间价值，通常使用的指标有两类：一类是不考虑资金时间价值的非贴现法，主要包括单位成本比较、投资回收期、平均投资报酬率等；另一类是考虑资金时间价值的贴现法，主要包括净现值、现值指数、内含报酬率等。

一、单位成本比较法

单位成本比较法是通过计算项目投产后产品的单位成本，将产品的单位成本与事先确定的标准成本相比较，若前者小于后者，则项目是可行的；否则，项目不可行。对于多个可行项目而言，单位产品成本最低的项目为最优项目。

单位成本比较法的优点在于简单、易于理解和计算。但单位成本比较法的缺点也很明显：

（1）没有考虑资金的时间价值，因此使用的指标准确度不够，这是非贴现的指标共同的缺点；

（2）它没有考虑项目的生产规模，而项目的生产规模与产品的单位成本在一定范围内存在非线性负相关关系，这就意味着不同规模的项目之间不具有可比性；

（3）没有考虑项目的经济年限，因为不同经济年限的项目也不具有直接的可比性；

（4）需要事先设定作为判断标准的产品单位成本，而这个标准的选择是主观决定的。

二、非贴现的投资回收期法

非贴现的投资回收期法是不考虑资金的时间价值，仅仅把项目累计净收益抵偿全部投资所需要的时间长短作为判断项目是否可行、进行项目取舍的一种评价方法，也叫作静态投资回收期法。

项目静态投资回收期通常是以年为单位，从项目建设期开始年进行计算，计算项目投资回收期实际是计算收回全部投资所需要的时间。具体的计算方法分为以下两种情况。

（1）若每年的净现金流量相等，则

$$静态投资回收期 = \frac{原始投资额}{每年的净现金流量}$$

（2）若每年的净现金流量不相等，则

静态投资回收期 = 累计净现金流量开始出现正值的年份 − 1 + 上年尚未收回的现金流量 ÷ 当年净现金流量

用静态投资回收期法对项目进行评价时，需要事先确定一个期望投资回收期或行业基准回收期作为标准，将计算出的项目回收期与既定的回收期进行比较，小于或等于既定回收期的项目为可行项目；大于既定回收期的项目为不可行项目。如果有若干个可行项目，投资回收期最短的项目为最优项目。

【例 6-1】 某企业有甲乙两个投资项目，各年净现金流量如表 6-1 所示，求各自的静态投资回收期。

表 6-1　甲、乙投资项目各年净现金流量　　　　　　单位：万元

项目	年份					
	0	1	2	3	4	5
甲	−20	6	6	6	6	6
乙	−24	5	6	8	9	10

甲项目的静态投资回收期 = 20 ÷ 6 = 3.33（年）

乙项目的静态投资回收期 = (4 − 1) + 5 ÷ 9 = 3.56（年）

甲乙两个项目中，甲项目的静态投资回收期短于乙项目的静态投资回收期，按静态投资回收期的标准，甲项目优于乙项目。

静态投资回收期法计算也较简单，并且易于理解。其缺点是：首先，没有考虑资金的时间价值。其次，运用静态投资回收期法对项目进行评价时，需要事先确定一个既定的投资回收期作为标准。最后，它没有考虑收回投资以后项目的现金流量情况或项目总体的收益状况，容易以偏概全。

三、平均投资报酬率法

平均投资报酬率法，是指通过计算项目在生产期内的平均报酬率来对项目进行评价和选择的方法。根据所采用的计算平均报酬率的指标不同，平均投资报酬率有以下几种具体形式。

投资利润率 = 年平均利润总额 ÷ 项目投资总额 × 100%

投资净利润率 = 年平均净利润额 ÷ 项目投资总额 × 100%

资本金净利润率 = 年平均净利润额 ÷ 资本金 × 100%

用平均投资报酬率法对投资项目进行评价时，需将待评价项目的平均投资报酬率与投资者事先确定的期望投资报酬率以及行业平均或基准报酬率进行比较，当项目的报酬率高于或等于既定的标准报酬率时，项目可行；否则项目不可行。如果有多个可行项目，则平均投资报酬率最高的项目为最优项目。

平均投资报酬率法的优点是所需的数据都能从会计资料中取得，方便、计算简单。同时，该方法考虑到了整个项目经营期间的收益，克服了静态投资回收期法的缺点。但是其缺点是同样也没有考虑资金的时间价值。

没有考虑资金的时间价值，这是非贴现法共同的缺点。因此，这三个方法都不能成为项目评价的主要方法。

第三节 项目评价的贴现法

项目评价的贴现法，也叫作动态评价法，是考虑了资金时间价值的系列项目评价方法。主要包括净现值法、现值指数法、内部报酬率法等。

一、净现值法

净现值是指将项目在寿命期内的所有净现金流量按照一定的贴现率换算成现在时点上的价值所得的和，通常记为 NPV。

净现值是反映项目盈利能力的绝对指标，这与财务管理的价值最大化的目标是一致的。净现值法考虑了资金时间价值，把不同时间点上的现金流量换算成相同时间点的等额价值，使其具有可比性。同时，贴现率的确定是根据利率的风险结构理论和风险情况来确定的。

$$\text{NPV} = \sum \frac{I_t}{(1+i)^t} - \sum \frac{O_t}{(1+i)^t}$$

其中，I_t 表示第 t 年的现金流入量；O_t 表示第 t 年的现金出量；i 表示预定的贴现率。

用净现值法对项目进行评价时：如果 NPV 大于零，即贴现后现金流入大于贴现后现金流出，说明该投资项目的报酬率大于预定的贴现率；如果 NPV 等于零，则贴现后现金流入等于贴现后现金流出，说明该投资项目的报酬率相当于预定的贴现率；如果 NPV 小于零，则贴现后现金流入小于贴现后现金流出，说明该投资项目的报酬率小于预定的贴现率。一般情况下，我们通常以企业要求的最低报酬率或资本成本率作为项目的折现率，因此，NPV≥0 的项目被认为是可行项目。

【例 6-2】 根据例 6-1 的数据，当贴现率为 10%时，计算甲、乙两个项目各自的净现值。

甲项目：NPV = 6 × (P/A,10%,5) − 20 = 6 × 3.790 8 − 20 = 2.744 8（万元）

乙项目：NPV = 5 × (P/F,10%,1) + 6 × (P/F,10%,2) + 8 × (P/F,10%,3) + 9 × (P/F,10%,4)
　　　　　　+ 10 × (P/F,10%,5) − 24
　　　　　= 5 × 0.909 1 + 6 × 0.826 5 + 8 × 0.751 3 + 9 × 0.683 0 + 10 × 0.620 9 − 24
　　　　　= 3.870 9（万元）

这两个项目的净现值都大于零，按照净现值法的标准，两个项目都可行，但乙项目的净现值更大，乙项目优于甲项目。而之前按静态投资回收期法进行比较时，甲项目优于乙项目。

净现值法考虑了资金的时间价值因素，并且在时间上覆盖了整个项目的经营期间，同时在确定贴现率时还考虑了项目的风险情况。因此，净现值法是项目评价最主要也最有效的方法。但净现值指标也不是完美无缺的，净现值是一个绝对数指标，它只反映项目的整体价值，不能够反映项目的投入与产出之间的相对关系，也就不能揭示项目的相对获利能力，从而不能反映项目自身的资金使用效率。当两个可行项目的投资规模不同时，净现值法难以做出比较和选择。

二、现值指数法

现值指数，是指项目在整个寿命期内现金流入量现值和现金流出量现值的比值，用 PI 来表示。

$$PI = \frac{\sum \frac{I_t}{(1+i)^t}}{\sum \frac{O_t}{(1+i)^t}} = 1 + \frac{NPV}{O_t(1+i)^{-t}}$$

从上述公式中可以看出，如果净现值 NPV≥0，则 PI≥1。因此，用现值指数法进行投资项目决策时：如果投资方案的现值指数大于或等于 1，该方案为可行方案；如果投资方案的现值指数小于 1，该方案为不可行方案。如果几个方案的现值指数均大于 1，则获利指数越大的投资方案越好。

【例 6-3】 根据例 6-1 和例 6-2 提供的数据和计算结果，计算甲、乙两个项目各自的现值指数。

甲项目：PI = 1 + 2.744 8 ÷ 20 = 1.137 2
乙项目：PI = 1 + 3.870 9 ÷ 24 = 1.161 3

可以看出，甲、乙两个项目按现值指数判断也都是可行方案，但乙项目现值指数更大，所以乙项目更优。

现值指数法和净现值法一样，考虑了资金的时间价值因素。同时，现值指数法是一个相对指标，克服了净现值法在投资规模不同的可行项目之间做出选择的局限性。

【例 6-4】 根据例 6-1 和例 6-2 提供的数据和计算结果，若乙项目第 5 年的现金流量变为 9 万元，请再计算它们各自的净现值和现值指数。

甲项目：NPV = 6 × (P/A,10%,5) − 20 = 6 × 3.790 8 − 20 = 2.744 8（万元）
乙项目：NPV = 5 × (P/F,10%,1) + 6 × (P/F,10%,2) + 8 × (P/F,10%,3) + 9 × (P/F,10%,4)
　　　　　　 + 9 × (P/F,10%,5) − 24
　　　　　 = 5 × 0.909 1 + 6 × 0.826 5 + 8 × 0.751 3 + 9 × 0.683 0 + 9 × 0.620 9 − 24
　　　　　 = 3.25（万元）

甲项目：PI = 1 + 2.744 8 ÷ 20 = 1.137 2
乙项目：PI = 1 + 3.25 ÷ 24 = 1.135 4

从这个计算中可以看出，按净现值法，乙项目优于甲项目，但按现值指数法甲项目优于乙项目。

现值指数虽然可以比较不同项目之间的资金使用效率，但它与净现值一样，都没有反映项目本身的收益率或投资报酬率。同时，现值指数法和净现值法一样，都需要事先确定一个项目的贴现率。而贴现率的确定要考虑项目的风险。实际上，我们是通过在贴现率中进行风险加成而将具有不确定性的投资项目转化为确定性的项目进行评价的。但风险报酬的确定是整个财务管理中的难题，现代财务理论对投资的风险报酬问题提出了很多观点，这也一直是相关领域研究的热点，但这恰恰说明了确定贴现率是非常困难的一件事。为了解决这一问题，人们又提出了投资项目评价的内含报酬率法。

三、内含报酬率法

内含报酬率（IRR）是指当投资项目的净现值为零时项目的贴现率，也叫作内部报酬率或内部收益率。它是客观存在于项目之中的项目固有的投资报酬率。它与净现值及现值指数不同，不受项目所采用的贴现率的影响，完全取决于项目自身现金流量的数量分布和时间分布，它反映了项目自身固有的特征。用公式来表示内含报酬率为

$$NPV = \sum (I-O)(1+IRR)^{-t} = 0$$

通过内含报酬率的公式可以知道，求解 IRR 涉及求解高次方程，无法通过一个公式得到结果。在实务中，一般是通过采取试错插值法求得内含报酬率的近似值的。按试错插值法来求解此方程的步骤如下。

第一，先预估一个贴现率，并计算相应的净现值。若第一次预估的贴现率计算出的净现值为正，则提高贴现率再计算；若第一次预估的贴现率计算出的净现值为负，则降低贴现率再计算。一直到得到两个相邻的、符号相反的净现值为止。

第二，设这两个贴现率分别为 i_1 和 i_2，对应的净现值分别为 NPV_1 和 NPV_2。再假设 $i_1 < i_2$，即 $NPV_1 > 0$，$NPV_2 < 0$。

第三，计算 IRR。由于 IRR 是 NPV = 0 时的贴现率，所以 IRR 一定是介于 i_1 和 i_2 之间，这样就存在如下关系。

$$(i_1 - i_2) \div (i_1 - IRR) = (NPV_1 - NPV_2) \div NPV_1$$

所以，$IRR = i_1 + NPV_1 \div (NPV_1 - NPV_2) \times (i_2 - i_1)$

【例 6-5】 根据例 6-1 和例 6-2 提供的数据和计算结果，试求两个项目各自的内含报酬率。

$$甲项目 NPV = 6 \times (P/A, ?, 5) - 20 = 6 \times (P/A, ?, 5) - 20 = 0$$

$$(P/A, ?, 5) = 20 \div 6 = 3.333\ 3$$

查表得知，当贴现率等于 15% 时，$(P/A, 15\%, 5) = 3.352\ 2$；当贴现率等于 16% 时，$(P/A, 16\%, 5) = 3.274\ 3$，所以

$$IRR = 15\% + (3.333\ 3 - 3.352\ 2) \div (3.274\ 3 - 3.352\ 2) \times (16\% - 15\%) = 15.242\ 6\%$$

对于乙项目要先用试错法。

测试贴现率 15%，当贴现率为 15% 时，

$$NPV_1 = 5 \times (P/F, 15\%, 1) + 6 \times (P/F, 15\%, 2) + 8 \times (P/F, 15\%, 3) + 9 \times (P/F, 15\%, 4)$$

$$+ 10 \times (P/F,15\%,5) - 24$$
$$= 5 \times 0.869\,6 + 6 \times 0.756\,1 + 8 \times 0.657\,5 + 9 \times 0.571\,8 + 10 \times 0.497\,2 - 24 = 0.262\,8$$

测试贴现率 16%，当贴现率为 16% 时，

$$NPV_2 = 5 \times (P/F,16\%,1) + 6 \times (P/F,16\%,2) + 8 \times (P/F,16\%,3) + 9 \times (P/F,16\%,4)$$
$$+ 10 \times (P/F,16\%,5) - 24$$
$$= 5 \times 0.862\,1 + 6 \times 0.743\,2 + 8 \times 0.640\,7 + 9 \times 0.552\,3 + 10 \times 0.476\,1 - 24 = -0.373$$

所以，乙项目的 IRR = 15% + (0 - 0.262 8) ÷ (-0.373 - 0.262 8) × (16% - 15%) = 15.413 3%
按照内含报酬率标准，乙项目优于甲项目。

运用内含报酬率法对投资项目进行评价时，当项目的内含报酬率大于或等于项目的资金成本或期望报酬率时，项目可行；否则，项目不可行。当存在多个可行的投资项目时，内含报酬率最高的项目最优。

内含报酬率法是动态投资评价方法，反映了项目自身的报酬率，具有贴现法的全部优点，克服了净现值法和现值指数法需要事先确定折现率的缺点。但是，如果项目存在特殊的现金流量状况，比如项目存在中途追加投资或存在净现金流量为正、负间隔时，就会出现多个内含报酬率，使内含报酬率的选取成为问题。

四、动态投资回收期法

动态投资回收期法和静态投资回收期法的基本原理相同，只是在计算回收期时，所用的净现金流量是经贴现换算成现值的，因此不再赘述。

以上是常用的项目投资评估的基本方法。在实务中具体进行评价时，究竟采用哪种方法与各种评价方法各自的特点相关，并且还要视具体的待评估项目而定。对投资项目进行评价有两种类型：一种是对单个投资项目进行可行性评价，另一种是对多个投资项目进行优化选择的评价。对于第一种类型，三种方法得出的结论是一致的；对于第二种类型，则需要结合待评估项目之间的关系和具体的限制条件进行评价方法的选择。

习　　题

【单项选择题】

1. 下列不属于项目投资的是（　　）。
   A. 购买固定资产　　　　　　　B. 无形资产投资
   C. 股票投资　　　　　　　　　D. 购买原材料
2. 下列不属于项目投资的特征的有（　　）。
   A. 时间长　　　　　　　　　　B. 风险小
   C. 投资金额大　　　　　　　　D. 变现能力差
3. 下列指标中，对投资项目进行评价的主要指标是（　　）。
   A. 现金流量　　　　　　　　　B. 利润总额
   C. 净利润　　　　　　　　　　D. 营业收入

4. 项目初始现金流量是项目建设期发生的现金流量，其净现值一般为（　　）。
   A. 负值　　　　　　　　　　　　　B. 正值
   C. 0　　　　　　　　　　　　　　D. 无法判断
5. 下列指标中，属于贴现的现金流量指标是（　　）。
   A. 净现值　　　　　　　　　　　　B. 静态投资回收期
   C. 单位成本　　　　　　　　　　　D. 平均投资报酬率
6. 覆盖了整个项目的经营期间的贴现的绝对数指标是（　　）。
   A. 静态投资回收期　　　　　　　　B. 净现值
   C. 现值指数　　　　　　　　　　　D. 平均投资报酬率
7. 下列指标中，克服了净现值法在投资规模不同的可行项目之间做出选择的局限性的指标是（　　）。
   A. 静态投资回收期　　　　　　　　B. 净现值
   C. 现值指数　　　　　　　　　　　D. 平均投资报酬率
8. 下列指标中，反映项目本身的收益率或投资报酬率的指标是（　　）。
   A. 内含报酬率　　　　　　　　　　B. 净现值
   C. 现值指数　　　　　　　　　　　D. 平均投资报酬率
9. 计算营业现金流时，不应该包括在营业现金流出量中的是（　　）。
   A. 营业成本　　　　　　　　　　　B. 所得税
   C. 工人工资　　　　　　　　　　　D. 固定资产折旧
10. 用净现值法做判断时，项目不可行的标准是（　　）。
    A. NPV > 0　　　　　　　　　　　B. NPV = 0
    C. NPV < 0　　　　　　　　　　　D. 无法判断
11. 用现值指数做判断时，项目不可行的标准是（　　）。
    A. PI > 1　　　　　　　　　　　　B. PI = 1
    C. PI < 1　　　　　　　　　　　　D. PI < 0
12. 用内含报酬率做判断时，项目可行的标准是（　　）。
    A. PI > 1　　　　　　　　　　　　B. NPV > 0
    C. 内含报酬率大于资本成本率　　　D. 内含报酬率小于资本成本率
13. 某项目净现值小于零，则该项目（　　）。
    A. 现金流入量大于现金流出量　　　B. 现值指数大于 1
    C. 项目可行　　　　　　　　　　　D. 现金流入量小于现金流出量
14. 某项目现值指数大于 1，则该项目（　　）。
    A. 现金流入量大于现金流出量　　　B. 净现值大于 1
    C. 项目不可行　　　　　　　　　　D. 现金流入量小于现金流出量
15. 项目投资是（　　）。
    A. 对外投资　　　　　　　　　　　B. 间接投资
    C. 只能用货币进行　　　　　　　　D. 直接投资

【计算题】

1. 大东公司准备购入一设备以扩充生产能力。现有甲、乙两个方案可供选择。甲方案需投资 10 000 元，使用寿命 5 年，采用直线法计提折旧，5 年后设备无残值。5 年中每年销售收入为 6 000 元，每年的付现成本为 2 000 元。乙方案需投资 12 000 元，采用直线折旧法计提折旧，使用寿命也为 5 年，5 年后有残值收入 2 000 元，5 年中每年的销售收入为 8 000 元，付现成本第一年为 3 000 元，以后随着设备陈旧，逐年将增加修理费 400 元，另投资时需垫支营运资金 3 000 元，假设适用的所得税率为 40%，试计算两个方案的现金流量。

2. A、B 两个项目各年的现金流量如表 6-2 所示，求两个项目的净现值。

表 6-2　A、B 两个项目各年现金流量

项目	年份					
	第 0 年	第 1 年	第 2 年	第 3 年	第 4 年	第 5 年
A	−15	6	6	6	6	6
B	−18	5	8	8	10	12

折现率为 10%，求：(1) 两个项目的静态投资回收期；(2) 两个项目的净现值；(3) 两个项目的现值指数。

【简答题】

1. 什么是项目投资？
2. 项目投资和证券投资有什么区别？
3. 贴现法与非贴现法相比有什么优点？

第七章

证券投资管理

第一节 证券投资概述

一、证券投资的概念

证券投资（investment in securities）是指投资者（法人或自然人）买卖股票、债券、基金券等有价证券以及这些有价证券的衍生品，以获取差价、利息及资本利得的投资行为和投资过程，是间接投资的重要形式。

二、证券投资的特点

证券投资的特点有：证券投资具有高度的"市场性"；证券投资是对预期会带来收益的有价证券的风险投资；二级市场的证券投资不会增加社会资本总量；证券投资具有风险性；证券投资具有收益性。

三、证券投资的分类

证券投资按证券发行主体不同，可分为政府债券投资、金融债券投资、企业债券投资和企业股票投资等。政府债券是国家发行的债券、国库券；金融债券则是通过中央银行或者其他金融机构监管部门批准的由商业银行发行的债券。这两种投资的优点是风险小、流动性强、抵押代用率高和可享受免税优惠。企业债券存在政府债券或金融债券同样的风险外，还面临来自发行企业的违约风险。企业债券的收益一般高于金融债券和政府债券，风险也高。

证券投资按证券的投资期限，分为短期证券和长期证券。短期证券是投资期限不超过1年的证券，这种投资的特点是收益少、风险小、变现能力强；长期证券是投资期限超过1年的证券，这种投资的特点是期限长、收益大、风险大。

证券投资按证券的稳定程度，分为固定收益证券和变动收益证券。固定收益证券是投资时就已明确规定按固定的收益率获取收益的证券，如债券、优先股股票；变动收益证券是指所投资证券的收益多少是随着企业经营状况的好坏而变动的证券，如普通股股票投资。

四、证券投资的对象

可供企业投资的证券主要有国债、短期融资券、可转让存单、企业股票与债券、投资基金以及期权、期货等衍生证券，具体可分为：债权投资、股票投资、基金投资、期货投资、期权投资和证券组合投资。

（一）债权投资

债权投资是指投资者购买债券以取得资金收益的一种投资方式。

（二）股票投资

股票投资是指投资者将资金投向股票，通过股票的买卖和收取股利以获得收益的投资行为。

（三）基金投资

基金投资是指投资者通过购买投资基金股份或受益凭证来获取收益的投资方式。这种方式可使投资者享受专家服务，有利于分散风险，获得较高较稳定的投资收益。

（四）期货投资

期货投资是指投资者通过买卖期货合约躲避价格风险或赚取利润的一种投资方式。所谓期货合约，是指在将来一定时期以指定价格买卖一定数量和质量的商品而由商品交易所制定的统一的标准合约，它是确定期货交易关系的一种契约，是期货市场的交易对象。

（五）期权投资

期权投资是指为了实现盈利或者规避风险而进行期权买卖的一种投资方式。

（六）证券组合投资

证券组合投资是指企业将资金同时投资于多种证券，是企业等法人单位进行证券投资时常用的投资方式。

五、证券投资的程序

（一）选择投资对象

企业进行证券投资，就要选择合适的投资对象，即选择投资于何种证券，投资于哪家企业的证券。投资对象的选择是证券投资最关键的一步，它关系投资的成败。投资对象选择正确，可以更好地实现投资的目标；投资对象选择失误，会使投资者蒙受损失。

（二）开设证券账户

投资者欲进行证券交易，首先要开设证券账户。证券账户用来记载投资者所持有的证券种类、数量和相应的变动情况。

（三）交易委托

在证券交易市场，投资者买卖证券是不能直接进入交易所办理的，而必须通过证券交易所的会员来进行，换言之，投资者需要通过经纪商的代理才能在证券交易所买卖证券。在这种情况下，投资者向经纪商下达买进或卖出证券的指令，称为"委托"。开户后，投资者就可以在证券营业部办理证券委托买卖。

（四）清算交割

清算是为了减少证券和价款的交割数量，有证券登记结算机构对每一营业日成交的证券与价款分别予以轧抵，计算证券和资金的应收或应付净额的处理过程。通过对同一证券经纪商的同一种证券的买与卖进行冲抵清算，确定应当交割的证券数量和价款数额，以便于按照"净额交收"的原则办理证券和价款的交割。

（五）过户

证券过户就是投资者从交易市场买进证券后，到证券的发行公司办理变更持有人姓名的手续。证券过户一般仅限于记名股票，办理过户的目的是保障投资者的权益。只有及时办理过户手续，才能成为新股东，享有应有的权利。

第二节　债 券 投 资

一、债券投资的概念

债券投资，是指债券购买人（投资人、债权人）以购买债券的形式投放资本，到期向债券发行人（借款人、债务人）收取固定的利息以及收回本金的一种投资方式。债券的主要投资人有保险公司、商业银行、投资公司或投资银行以及各种基金组织。

二、债权投资的特征

债券作为投资工具具有如下特征。

（一）安全性高

由于债券发行时就约定了到期后可以支付本金和利息，故其收益稳定、安全性高。特别是对于国债来说，其本金及利息的给付是由政府作担保的，几乎没有什么风险，是具有较高安全性的一种投资方式。

（二）收益高于银行存款

在我国，债券的利率高于银行存款的利率。投资于债券，投资者一方面可以获得稳定的、高于银行存款的利息收入，另一方面可以利用债券价格的变动买卖债券，赚取价差。

（三）流动性强

上市债券具有较好的流动性。当债券持有人急需资金时，可以在交易市场随时卖出，而且随着金融市场的进一步开放，债券的流动性将会不断加强。

三、债券的种类

根据不同的分类标准，可对债券进行不同的分类：按发行主体的不同，债券可分为政府债券、金融债券、公司债券等几大类。按偿还期限的长短，债券可分为短期债券、中期债券、长期债券和永久债券。按利息的不同支付方式，债券一般可分为附息债券和贴息债券。按债券的发行方式即是否公开发行来分类,可分为公募债券和私募债券。按有无抵押担保,债券可分为信用债券、抵押债券和担保债券等。

四、影响债券投资收益的因素

(一)债券的票面利率

债券票面利率越高,债券利息收入就越高,债券收益也就越高。债券的票面利率取决于债券发行时的市场利率、债券期限、发行者信用水平、债券的流动性水平等因素。发行时市场利率越高,票面利率就越高;债券期限越长,票面利率就越高;发行者信用水平越高,票面利率就越低;债券的流动性越高,票面利率就越低。

(二)市场利率与债券价格

由债券收益率的计算方式可知,市场利率的变动与债券价格的变动呈反向关系,即当市场利率升高时债券价格下降,市场利率降低时债券价格上升。市场利率的变动引起债券价格的变动,从而给债券的买卖带来差价。市场利率升高,债券买卖差价为正数,债券的投资收益增加;市场利率降低,债券买卖差价为负数,债券的投资收益减少。随着市场利率的升降,投资者如果能适时地买进卖出债券,就可获取更大的债券投资收益。当然,如果投资者债券买卖的时机不当,也会使得债券的投资收益减少。

与债券面值和票面利率相联系,当债券价格高于其面值时,债券收益率低于票面利率。反之,则高于票面利率。

(三)债券的投资成本

债券投资的成本大致有购买成本、交易成本和税收成本三部分。购买成本是投资人买入债券所支付的金额(购买债券的数量与债券价格的乘积,即本金);交易成本包括经纪人佣金、成交手续费和过户手续费等。国债的利息收入是免税的,但企业债的利息收入还需要缴税,机构投资人还需要缴纳增值税,税收也是影响债券实际投资收益的重要因素。债券的投资成本越高,其投资收益也就越低。因此债券投资成本是投资者在比较选择债券时所必须考虑的因素,也是在计算债券的实际收益率时必须扣除的。

(四)市场供求、货币政策和财政政策

市场供求、货币政策和财政政策会对债券价格产生影响,从而影响到投资者购买债券的成本,因此市场供求、货币政策和财政政策也是我们考虑投资收益时不可忽略的因素。

五、债权投资的应用原则

(一)收益性原则

不同种类的债券收益大小不同,投资者应根据自己的实际情况选择,例如我国政府(包括地方政府)发行的债券。一般认为是没有风险的投资;而企业债券则存在着能否按时偿付本息的风险,作为对这种风险的报酬,企业债券的收益必然要比政府债券高。

（二）安全性原则

投资债券相对于其他投资工具要安全得多，但这仅仅是相对的，其安全性问题依然存在，因为经济环境有变、经营状况有变、债券发行人的资信等级也不是一成不变的。因此，投资债券还应考虑不同债券投资的安全性。例如，就政府债券和企业债券而言，企业债券的安全性不如政府债券。

（三）流动性原则

债券的流动性强意味着能够以较快的速度将债券兑换成货币，同时以货币计算的价值不受损失，反之则表明债券的流动性差。影响债券流动性的主要因素是债券的期限，期限越长，流动性越弱，期限越短，流动性越强，另外，不同类型债券的流动性也不同。如政府债券，在发行后就可以上市转让，故流动性强；企业债券的流动性往往就有很大差别，对于那些资信卓著的大公司或规模小但经营良好的公司，它们发行的债券其流动性是很强的；反之，那些规模小、经营差的公司发行的债券，流动性要差得多。

六、债券投资决策的策略

（一）消极的投资策略

消极的投资策略是指投资者在买入债券后的一段时间内，很少进行买卖或者不进行买卖，只要求获取不超过市场平均收益水平的收益。典型的消极投资策略主要就是买入债券并持有至到期。

（二）积极的投资策略

积极的投资策略是指投资者根据市场情况不断调整投资行为，以期获得超过市场平均收益水平的收益率。

第三节 股 票 投 资

一、股票投资的概念

股票投资（stock investment）是指企业或个人用积累起来的货币购买股票，借以获得收益的行为。股票投资的收益是由"股利收益"和"资本利得"两部分构成的。股利收益是指股票投资者以股东身份，按照持股的份额，在公司盈利分配中得到的股息和红利的收益。资本利得是指投资者在股票价格的变化中所得到的收益，即将股票低价买进，高价卖出所得到的差价收益。

股票可以按不同的方法和标准分类：按股东所享有的权利，分为普通股和优先股；按票面是否标明持有者姓名，分为记名股票和无记名股票；按股票票面是否记明股票金额，分为有面值股票和无面值股票；按股份公司能否赎回自己的股票，分为可赎回股票和不可赎回股票。

按照我国现行的《公司法》，目前各公司发行的都是记名的、有面值的普通股票，只有少量公司过去按当时的规定发行过优先股股票。

二、股票的价值

从本质上讲，股票仅仅是一种凭证，其作用是用来证明持有人的财产权利，而不像普通商品一样包含有使用价值，所以股票自身并没有价值。但当持有股票后，股东不但可参加股东大会，对股份公司的经营决策施加影响，且还能享受分红和派息的权利，获得相应的经济利益，所以股票又是一种虚拟资本，它可以作为一种特殊的商品进入市场流通转让。而股票的价值，就是用货币的形式来衡量股票作为获利手段的价值。所谓获利手段，即凭借着股票，持有人可取得的经济利益。利益越大，股票的价值就越高。

在股票的价值中，有面值、净值、清算价值、市场价值和内在价值五种。

（一）股票的面值

股票的面值，是股份公司在所发行的股票上标明的票面金额，它以元/股为单位，其作用是用来表明每一张股票所包含的资本数额。股票的面值一般都印在股票的正面且基本都是整数，如百元、拾元、壹元等。在我国上海证券交易所和深圳证券交易所流通的股票，其面值都统一定为1元，即每股1元。股票票面价值的最初目的，是在于保证股票持有者在退股时能够收回票面所标明的资产。随着股票的发展，购买股票后将不能再退股，所以股票面值现在的作用为：一是表明股票的认购者在股份公司投资中所占的比例，作为确认股东权利的根据。如某上市公司的总股本为1 000万元，持有一股股票就表示在该股份公司所占的股份为千万分之一。二是在首次发行股票时，将股票的面值作为发行定价的一个依据。一般来说，股票的发行价都会高于面值。当股票进入二级市场流通后，股票的价格就与股票的面值相分离了，彼此之间并没有什么直接联系，如有些股票的价格高达几十元至几百元，但其面值也就仅为1元。

（二）股票的净值

股票的净值，又称为账面价值，也称为每股净资产，指的是用会计的方法计算出来的每股股票所包含的资产净值。其计算方法是将公司的注册资本加上各种公积金、累积盈余，也就是通常所说的股东权益，将净资产再除以总股本就是每股的净值。股票的账面价值是股份公司剔除了一切债务后的实际家产，是股份公司的净资产。

由于账面价值是财会计算结果，其数字准确程度较高，可信度较强，所以它是股票投资者评估和分析上市公司经营实力的重要依据之一。股份公司的账面价值高，则股东实际所拥有的财产就多；反之，股票的账面价值低，股东拥有的财产就少。股票的账面价值虽然只是一个会计概念，但它对于投资者进行投资分析具有较大的参考作用，也是产生股票价格的直接根据，因为股票价格越贴近每股净资产，股票的价格就越接近于股票的账面价值。

在股票市场中，股民除了要关注股份公司的经营状况和盈利水平外，还需特别注意股票的净资产含量。净资产含量越高，公司自己所拥有的本钱就越大，抗拒各种风险的能力也就越强。

(三) 股票的清算价值

股票的清算价值，是指股份公司破产或倒闭后进行清算之时每股股票所代表的实际价值。从理论上讲，股票的每股清算价值应当与股票的账面价值相一致，但企业在破产清算时，其财产价值是以实际的销售价格来计算的，而在进行财产处置时，其售价都低于实际价值。所以股票的清算值就与股票的净值不相一致，一般都要小于净值。股票的清算价值只是在股份公司因破产或因其他原因丧失法人资格而进行清算时才被作为确定股票价格的根据，在股票发行和流通过程中没有什么意义。

(四) 股票的市场价值

股票的市场价值，又称为股票的市值，是指股票在交易过程中交易双方达成的成交价。股票的市值直接反映着股票市场行情，是股民买卖股票的依据。由于受众多因素的影响，股票的市场价值处于经常性的变化之中。股票的市场价值是与股票价格紧密相连的，股票价格是股票市场价值的集中表现，前者随后者的变化发生相应的波动。在股票市场中，股民是根据股票的市场价值（股票行市）的高低变化来分析判断和确定股票价格的，所以通常所说的股票价格也就是股票的市场价值。

(五) 股票的内在价值

股票的内在价值，是在某一时刻股票的真正价值，它也是股票的投资价值。计算股票的内在价值需用折现法，由于上市公司的寿命期、每股税后利润及社会平均投资收益率等都是未知数，所以股票的内在价值较难计算，在实际应用中，一般都是取预测值。

三、股票的价格

股票价格，是指股票在证券市场上买卖时的价格。股票本身没有价值，仅是一种凭证。其有价格的原因是它能给其持有者带来股利收入，故买卖股票实际上是购买或出售一种领取股利收入的凭证。票面价值是参与公司利润分配的基础，股利水平是一定量的股份资本与实现的股利比率，利息率是货币资本的利息率水平。股票的买卖价格，即股票行市的高低，直接取决于股息的数额与银行存款利率的高低。它直接受供求的影响，而供求又受股票市场内外诸多因素影响，从而使股票的行市背离其票面价值。例如公司的经营状况、信誉、发展前景、股利分配政策以及公司外部的经济周期变动、利率、货币供应量和国家的政治、经济与重大政策等是影响股价波动的潜在因素，而股票市场中发生的交易量、交易方式和交易者成分等可以造成股价短期波动。另外，人为地操纵股票价格，也会引起股价的涨落。

股票价格分为理论价格与市场价格。股票的理论价格不等于股票的市场价格，两者甚至有相当大的差距。但是，股票的理论价格为预测股票市场价格的变动趋势提供了重要的依据，也是股票市场价格形成的一个基础性因素。

四、股利

股息、红利亦合称为股利。股份公司通常在年终结算后，将盈利的一部分作为股息按股额分配给股东。股利的主要发放形式有现金股利、股票股利、财产股利和负债股利。

股利的发放一般是在期末结算后，在股东大会通过结算方案和利润分配方案之后进行。有些公司的股利一年派发两次，但是中期派息与年终派息有的不同，中期派息是以上半年的盈利为基础，而且要考虑到下半年不至于出现亏损的情况。从根本上讲，看股东们考虑的是眼前利益还是将来公司的发展，从而带来更大的利益。

五、股票投资的分析法

股票投资分析方法主要有两大类：一是基本分析法；二是技术分析法。

（一）股票投资的基本分析法

基本分析法通过对决定股票内在价值和影响股票价格的宏观经济形势、行业状况、公司经营状况等进行分析，评估股票的投资价值和合理价值，与股票市场价进行比较，相应形成的买卖建议。

基本分析包括下面三个方面内容。

1）宏观经济分析

研究经济政策（货币政策、财政政策、税收政策、产业政策等）、经济指标（国内生产总值、失业率、通胀率、利率、汇率等）对股票市场的影响。

2）行业分析

分析产业前景、区域经济发展对上市公司的影响。

3）公司分析

具体分析上市公司行业地位、市场前景、财务状况等。

其中宏观经济分析主要探讨各经济指标和经济政策对证券价格的影响。经济指标又分为三类：先行性指标（如利率水平、货币供给、消费者预期、主要生产资料价格、企业投资规模等），这些指标的变化将先于证券价格的变化；同步性指标（如个人收入、企业工资支出、GDP、社会商品销售额等），这些指标的变化与证券价格的变化基本趋于同步；滞后性指标（如失业率、库存量、单位产出工资水平、服务行业的消费价格、银行未收回贷款规模、优惠利率水平、分期付款占个人收入的比重等），这些指标的变化一般滞后于证券价格的变化。除了经济指标之外，主要的经济政策有：货币政策、财政政策、信贷政策、债务政策、税收政策、利率与汇率政策、产业政策、收入分配政策等。行业分析和区域分析是介于宏观经分析与公司分析之间的中间层次的分析，行业分析主要分析产业所属的不同市场类型、所处的不同生命周期以及产业的业绩对于证券价格的影响；区域分析主要分析区域经济因素对证券价格的影响。公司分析是基本分析的重点，公司分析主要包括以下三个方面的内容。

（1）公司财务报表分析。财务报表分析是根据一定的原则和方法，通过对公司财务报表数据进行进一步的分析、比较、组合、分解，求出新的数据，用这些新的数据来说明企业的财务状况是否健全、企业的经营管理是否妥善、企业的业务前景是否光明。财务报表分析的主要目标有公司的获利能力、公司的财务状况、公司的偿债能力、公司的资金来源状况和公司的资金使用状况。财务报表分析的主要方法有趋势分析法、比率分析法和垂直分析法。

（2）公司产品与市场分析。公司产品分析主要是分析公司的产品品种、品牌、知名度、产品质量、产品的销售量、产品的生命周期；公司市场分析主要分析产品的市场覆盖率、市场占有率以及市场竞争能力。

（3）公司经营管理分析。公司经营管理分析包括经营理念、资本管理、技术水平和管理人员水平等方面的分析。经营理念是企业发展一贯坚持的核心思想。资本管理方面需分析企业是否进行规模经营，其经营规模是否适度。技术水平方面主要是分析企业是否拥有核心技术和创新能力。管理人员水平方面要注意分析其学历构成、在公司中的工作年限、管理人员的变动情况等。

（二）股票投资的技术分析法

证券市场的价格是复杂变化的，投资者在这个市场上进行投资时都要有一套方法来制定或选择投资策略进行投资。股票技术分析是以预测市场价格变化的未来趋势为目的，通过分析历史图表对市场价格的运动进行分析的一种方法。股票技术分析是证券投资市场中普遍应用的一种分析方法。

技术分析是指以市场行为为研究对象，以判断市场趋势并跟随趋势的周期性变化来进行股票及一切金融衍生品交易决策的方法的总和。技术分析认为，市场行为能够包容、消化一切。

技术分析法其主要方法有指标法、K 线法、形态法、波浪法。

1）指标法

指标法是根据市场行为的各种情况建立数学模型，按照一定的数学计算公式，得到一个体现股票市场某个方面内在实质的数字，即指标值。指标值的具体数值和相互关系直接反映了股市所处的状态，为具体操作提供方向性指导。

2）K 线法

K 线法的研究侧重于若干条 K 线的组合情况，通过股票市场多空双方力量的对比来判断谁占优势，以及优势是暂时的还是决定性的。K 线图是进行各种技术分析的最重要图表。

3）形态法

形态法是指根据价格图表中过去一段时间价格轨迹的形态来预测股价的未来趋势的方法。

4）波浪法

波浪理论把股价的上下变动和不同时期的持续上涨和下降，看成波浪的上下起伏，股票价格也遵循波浪起伏的规律。

第四节　基　金　投　资

一、基金投资的概念

基金投资是一种间接的证券投资方式。基金管理公司通过发行基金份额，集中投资者的资金,由基金托管人(即具有资格的银行)托管,由基金管理人管理和运用资金,从事股票、债券等金融工具投资,然后共担投资风险、分享收益。通俗地说,证券投资基金是通过汇集众多投资者的资金,交给银行保管,由基金管理公司负责投资于股票和债券等证券,以实现保值增值目的的一种投资工具。

二、基金投资的分类

(一)根据募集方式

根据募集方式不同,证券投资基金可分为公募基金和私募基金。公募基金,是指以公开发行方式向社会公众投资者募集基金资金并以证券为投资对象的证券投资基金。它具有公开性、可变现性、高规范性等特点。私募基金,是指以非公开方式向特定投资者募集基金资金并以证券为投资对象的证券投资基金。它具有非公开性、募集性、大额投资性、封闭性和非上市性等特点。

(二)根据能否挂牌交易分类

根据能否在证券交易所挂牌交易,证券投资基金可分为上市基金和非上市基金。上市基金,是指基金份额在证券交易所挂牌交易的证券投资基金。比如交易型开放式指数基金(ETF)、上市开放式基金(LOF)、封闭式基金。非上市基金,是指基金份额不能在证券交易所挂牌交易的证券投资基金。包括可变现基金和不可流通基金两种。可变现基金是指基金虽不在证券交易所挂牌交易,但可通过"赎回"来收回投资的证券投资资金,如开放式基金。不可流通基金,是指基金既不能在证券交易所公开交易又不能通过"赎回"来收回投资的证券投资基金,如某些私募基金。

(三)根据运作方式分类

根据运作方式的不同,证券投资基金可分为封闭式证券投资基金和开放式证券投资基金。封闭式证券投资基金,可简称为封闭式基金,又称为固定式证券投资基金,是指基金的预定数量发行完毕,在规定的时间(也称"封闭期")内基金资本规模不再增大或缩减的证券投资基金。从组合特点来说,它具有股权性、债权性和监督性等重要特点。开放式证券投资基金,可简称为开放式基金,又称为变动式证券投资基金,是指基金规模不是固定不变的,而是可以随时根据市场供求情况发行新份额或被投资人赎回的投资基金。从组合特点来说,它具有股权性、存款性和灵活性等重要特点。

(四)根据组织形式分类

根据组织形式的不同,证券投资基金可分为公司型证券投资基金和契约型证券投资基金。公司型证券投资基金,简称公司型基金,在组织上是指按照公司法(或商法)规定所设立的、具有法人资格并以盈利为目的的证券投资基金公司(或类似法人机构);在证券上是指由证券投资基金公司发行的证券投资基金证券。契约型证券投资基金,简称契约型基金,在组织上是指按照信托契约原则,通过发行带有受益凭证性质的基金证券而形成的证券投资基金组织;在证券上是指由证券投资基金管理公司作为基金发起人所发行的证券投资基金证券。

三、基金投资的风险

（一）系统性风险

尽管基金本身有一定的风险防御能力，但对证券市场的整体系统性风险也难以完全避免。这类风险主要包括：政策风险、经济周期风险、利率风险、通货膨胀风险和流动性风险。

1）政策风险

政策风险主要是指因财政政策、货币政策、产业政策、地区发展政策等国家宏观政策发生明显变化，导致基金市场大幅波动，影响基金收益而产生的风险。

2）经济周期风险

经济周期风险是指随着经济运行的周期性变化，证券市场的收益水平呈周期性变化，基金投资的收益水平也会随之变化。

3）利率风险

金融市场利率的波动会导致证券市场价格和收益率的变动。基金投资于债券和股票，其收益水平会受到利率变化的影响。

4）通货膨胀风险

如果发生通货膨胀，基金投资于证券所获得的收益可能会被通货膨胀抵销，从而影响基金资产的保值增值。

5）流动性风险

基金投资组合中的股票和债券会因各种原因面临较高的流动性风险，使证券交易的执行难度提高，买入成本或变现成本增加。

（二）非系统性风险

非系统性风险主要包括：上市公司经营风险、操作风险和技术风险、基金未知价的风险、管理和运作风险、信用风险。

1）上市公司经营风险

如果基金公司所投资的上市公司经营不善，其股票价格可能下跌，或者能够用于分配的利润减少，使基金投资收益下降。

2）操作风险和技术风险

基金的相关当事人在各业务环节的操作过程中，可能因内部控制不到位或者人为因素造成操作失误或违反操作规程而引发风险。此外，在开放式基金的后台运作中，可能因为系统的技术故障或者差错而影响交易的正常进行甚至导致基金份额持有人利益受到影响。

3）基金未知价的风险

投资者购买基金后，如果正值证券市场阶段性调整行情，由于投资者对价格变动难以预测，投资者将会面临购买的基金被套牢的风险。

4）管理和运作风险

基金管理人的专业技能、研究能力及投资管理水平直接影响到其对信息的占有、分析和对经济形势、证券价格走势的判断,进而影响基金的投资收益水平。

5)信用风险

信用风险即基金在交易过程中可能发生所投资债券的发行人违约、拒绝支付到期本息等情况,从而导致基金资产损失。

四、投资基金的估价与收益率

(一)基金的价值

1. 基金单位净值

基金单位净值是指在某一时点每一基金单位(或基金股份)所具有的市场价值。

$$基金单位净值 = \frac{基金净资产价值总额}{基金单位总份额}$$

$$基金净资产价值总额 = 基金资产总额 - 基金负债总额$$

2. 基金的报价

开放式基金的柜台交易价格完全以基金单位净值为基础,通常采用认购价(卖出价)和赎回价(买入价)两种报价形式。

$$基金认购价 = 基金单位净值 + 首次认购费$$

$$基金赎回价 = 基金单位净值 - 基金赎回费$$

(二)基金收益率

衡量基金收益率(fund yield rate)最重要的指标是基金投资收益率,即基金证券投资实际收益与投资成本的比率。投资收益率的值越高,则基金证券的收益能力越强。

计算公式为

$$收益 = 当日基金净值 \times 基金份额 \times (1 - 赎回费) - 申购金额 + 现金分红$$

$$收益率 = \frac{收益}{申购金额} \times 100\%$$

五、基金投资的优缺点

基金投资的优点:第一,能够在不承担太大风险的情况下获得较高的收益;第二,具有专家理财优势和资金规模优势。基金投资的缺点:第一,无法获得很高的投资收益;第二,在大盘整体大幅度下跌的情况下,投资人可能承担较大风险。

习 题

【单项选择题】

1. 证券投资管理步骤中的第一步是( )。
   A. 确定投资目标　　　　　　　　B. 制定投资政策

  C. 选择投资组合策略   D. 构建和修正投资组合

2. 投资政策将决定（　　），即如何将资金在投资对象之间进行分配。
  A. 投资目标决策   B. 投资绩效评估
  C. 资产分配决策   D. 投资证券的选择

3. 股票管理策略的选择主要取决于两个因素，其中一个是（　　）。
  A. 投资者对股票市场有效性的看法   B. 投资者对股票市场流动性的看法
  C. 投资者对股票市场风险的看法   D. 投资者对股票市场稳定性的看法

4. 下列分析方法不属于技术分析方法的是（　　）。
  A. EVA 分析   B. 波浪理论
  C. 过滤器规则   D. 趋势线分析

5. 以基本分析为基础策略所使用的方法有（　　）。
  A. K 线分析   B. 财务报表分析
  C. 移动平均线分析   D. 事件分析

6. 债券价格波动的基本特征是（　　）。
  A. 债券的价格与它所要求的收益率呈反方向变动
  B. 债券的价格与它所要求的收益率呈正方向变动
  C. 市场利率上升，债券价格上涨
  D. 市场利率下降，债券价格下跌

7. 积极的债券投资管理策略通常要考虑（　　）。
  A. 市场利率水平的变化   B. 收益率曲线形状的变化
  C. 某一债券收益率的变化   D. 以上皆是

8. 采用指数化债券投资策略时，希望回避信用风险的投资者应该选择不包含（　　）的指数。
  A. 公司债   B. 地方政府债
  C. 短期国债   D. 长期国债

9. 不同的业绩评估指数是以（　　）为基础的。
  A. 不同的业绩基准   B. 不同的关于投资组合风险的假设
  C. 不同的评价期限   D. 不同的计量单位

10. 最常见的股票投资风格分类方法是将股票分为（　　）和（　　）两类。
  A. 增长型　价值型   B. 大盘股　小盘股
  C. 绩优股　绩差股   D. 进攻型　防御型

【多项选择题】

1. 证券投资过程的五个步骤依次排列为确定投资目标（　　）。
  A. 选择投资组合策略   B. 评估投资业绩
  C. 制定投资政策   D. 构建和修正投资组合

2. 来自个人投资者自身主体的投资限制因素有（　　）。
  A. 收入水平   B. 财务状况

C. 投资期限　　　　　　　　　　D. 所处的生命周期
3. 下列哪些属于积极的股票投资策略（　　）。
　　A. 预测股票未来的收益　　　　　B. 预测股票未来的股利
　　C. 买入指数成分股组合并持有　　D. 分析技术指标
4. 积极的股票投资管理策略的顺序是（　　）。
　　A. 将资金按比例配置在股票、债券和现金之间　　B. 评价宏观经济
　　C. 个股选择　　　　　　　　　　D. 行业配置
5. 下列关于技术分析的说法正确的是（　　）。
　　A. 技术分析的基础是股票市场的历史交易数据
　　B. 技术分析能开发一些简单的交易规则，这些规则能指明买入和卖出股票的时机
　　C. 技术分析是以道氏理论为依据的
　　D. 在有效市场中，技术分析是无效的
6. 下列属于基本分析范畴的是（　　）。
　　A. 宏观经济分析　　　　　　　　B. 行业分析
　　C. 财务报表分析　　　　　　　　D. 波浪理论
7. 影响债券价格波动的主要因素有（　　）。
　　A. 债券价格指数　　　　　　　　B. 票面利率
　　C. 到期期限　　　　　　　　　　D. 到期收益率
8. 采用消极的债券投资管理策略，其目的可能是（　　）。
　　A. 战胜某一业绩基准　　　　　　B. 实现某一基准指数的收益
　　C. 满足未来单一负债的现金需求　D. 满足未来负债流中每一负债现金需求
9. 采用单一债券选择策略时，当发现某一债券定价错误时，投资管理人会以一种（　　）相同但收益率略高或略低的债券来替换该债券。
　　A. 息票利率　　　　　　　　　　B. 期限
　　C. 持续期　　　　　　　　　　　D. 信用等级
10. 按市净率的高低可以将股票分为（　　）和（　　）。
　　A. 低价股　　　　　　　　　　　B. 高价股
　　C. 价值型　　　　　　　　　　　D. 增长型

【判断题】

　　1. 投资政策将决定资产分配决策，即如何将投资资金在投资对象之间进行分配。
　　　　　　　　　　　　　　　　　　　　　　　　　　　　　　　　（　　）
　　2. 积极的股票投资策略包括对未来收益、股利或市盈率的预测。　（　　）
　　3. 评估投资业绩的依据不能只看投资组合的收益，还要考虑其风险。（　　）
　　4. 采用积极的股票管理策略的投资者花大量精力构造投资组合，而奉行消极管理策略的投资者只是简单的模仿某一股价指数以构造投资组合。（　　）
　　5. 如果投资者认为市场是无效的，那么消极的股票管理策略可能是最优的策略。
　　　　　　　　　　　　　　　　　　　　　　　　　　　　　　　　（　　）

6. 单一债券选择策略是指资金管理人通过寻找价格被高估或低估的债券以获利的策略。（   ）

7. 在债券投资中使用杠杆的基本原则是借入资金的投资收益大于借入成本。（   ）

8. 在债券指数化投资策略中，希望回避信用风险的投资者应该选择不包含公司债的指数。（   ）

9. 分析投资组合是否实现了超额收益、组合收益的来源及实现原因是投资业绩评估的主要内容。（   ）

10. 基金交易费是指基金托管人为保管和处置基金资产而从基金中提取的费用。（   ）

第八章

营运资金管理

第一节 营运资本概述

一、营运资本的概念

营运资本是指在企业生产经营活动中占用在流动资产上的资金。广义的营运资金即毛营运资金,是指企业流动资产的总额,也就是流动资产占用的资金。狭义的营运资金即净营运资金,是指流动资产减去负债后的余额,也就是企业在短期内可以动用的流动性资源的净额。一般而言,我们平时所指的营运资本就是净营运资本。

(净)营运资本 = 流动资产 – 流动负债

流动资产指的是1年内以及一个经营周期内能够变现或运用的资产。它的特点是占用时间短,周转速度快,易变现。具体包括现金、短期投资、应收账款和存货等。

流动负债指的是企业需要在1年内或者一个经营周期内偿还的债务,又称短期融资。它的特点是成本低、偿还期限短。具体包括短期借款、应付账款以及应缴税金等。根据流动负债的形成机制不同,可分为自发性流动负债和主动性流动负债。

一个企业要维持正常的运转就必须要拥有适量的营运资金。因此,营运资金管理是企业财务管理的重要组成部分。据调查,公司财务经理有60%的时间都用于营运资金管理。只有有效地管理营运资金,才能提高资金的使用效率。比如,在采购环节如何提高应付款比例,在销售环节如何提高回款比例,在生产环节如何降低产品存有量,都是提高营运资金效率的办法。

二、营运资本的特点

有效地管理企业的营运资本就必须研究营运资本的特点,以便有针对性地进行管理。营运资本一般具有如下特点。

(一)营运资本的周转具有短期性

企业占用在流动资产上的资金,从货币资金开始,依次为储备资金、生产资金、成品资金,再回到货币资金的形态,不断进行循环周转。周转一次所需时间较短,通常在一年或一个营业周期内收回,对企业影响的时间比较短。营运资本一般通过商业信用、银行短期借款等短期筹资方式获取。

(二)营运资本的实物形态具有易变现性

短期投资、应收账款、存货等流动资产一般具有较强的变现能力。如果遇到意外情况,企业出现资金周转不灵、现金短缺时，便可迅速变卖这些资产以获取现金。这对财务上应付临时性资金需求具有重要意义。

（三）营运资本的数量具有波动性

企业的生产规模会受到市场需求波动和原材料供应波动的影响，从而导致企业的流动资产以及企业的营运资本的规模也是波动的。通常情况下，季节性企业的营运资本波动性较大，非季节性企业的营运资本波动性较小。随着流动资产数量的变动，流动负债的数量也会相应发生变动。

（四）营运资本的来源具有灵活多样性

企业筹集短期资金相较于长期资金而言，其渠道相对较广、方式较多，具有较强的灵活性。

企业营运资本的循环如图 8-1 所示。

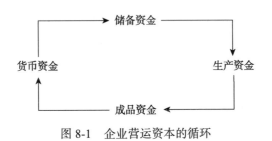

图 8-1　企业营运资本的循环

第二节　现　金　管　理

现金有广义和狭义之分。广义的现金包括库存现金、银行活期存款、银行本票存款、银行汇票存款、信用证存款、信用卡存款等内容。狭义的现金即库存现金，是可由企业任意支配使用的纸币、硬币。我们所指的现金是广义的现金。

一、持有现金的动机

现金的管理要与其持有现金的动机联系起来考虑，企业持有现金的动机有如下。

（一）交易性动机

企业持有现金是为了满足日常生产经营的需要，企业在生产经营过程中需要购买原材料，支付各种成本费用，为了满足这种要求，企业应持有一定数量的现金。

（二）预防性动机

企业在现金管理时，要考虑可能出现的意外情况，比如，自然灾害、国家政策的变化以及生产事故等，为了应付企业发生意外，需要保持一定的现金余额，因此，企业应当在平时准备一定金额的预防性现金。

（三）投机性动机

企业的现金是与有价证券投资联系在一起的，即通过证券市场上有价证券的买入和卖出或在原材料市场上的投机买卖来达到获取投机收益的目的。比如，有价证券的价格与利率的关系非常紧密，一般来说，利率的下降会使有价证券的价格上升；利率上升会使有价证券的价格下降。当企业持有大量现金要购买有价证券时，可能由于预测利率将要上升而停止购买有价证券，这样企业就会持有一定数量的现金，即投机性现金需求。

二、持有现金的目的

现金管理主要是指交易性现金的管理，企业现金管理最重要的目的是要保证企业的良好支付能力。一是在满足需要的基础上尽量减少现金的持有量。比如，应付账款到期企业没有支付能力，将极大地损害企业的商业信誉，使企业在日后的贷款与采购环节中遇到更大的阻力，影响企业正常的生产经营活动，甚至导致企业陷入财务危机。显然，保持一定的现金余额有助于防止上述现象发生。但是，现金并不能为企业带来收益，过多的现金会降低企业的资金使用效率，从而降低企业的市场价值。因此，在满足需要的基础上尽量减少现金持有量可以帮助企业降低资金成本，提高资金使用效率。二是加快现金的周转速度。营运资金的整个循环过程中，在不同阶段以不同的形式分别占用在原材料、应收账款、产成品等上面，资金周转速度快，会相对节约流动资产，等于相应地扩大了资产的投入，用相同的资金完成更大规模的生产，取得更好的经济效益。

三、现金管理的内容

企业现金管理的内容主要包括以下三个方面。
（1）编制现金计划，合理估计现金需求。
（2）控制日常现金收支，尽量做到收支匹配。
（3）确定最佳现金持有量。

现金管理最重要的内容是估计出最佳现金持有量，并且在实际现金余额偏离最佳余额时，采取投融资策略调整实际现金余额，使之达到最佳状态。

四、最佳现金持有量

（一）最佳现金持有量的含义

最佳现金持有量又称为最佳现金余额，是指现金既满足生产经营的需要，又使现金使用的效率和效益最高时的现金最低持有量。即能够使现金管理的机会成本与转换成本之和保持最低的现金持有量。

（二）持有现金的成本

持有现金的成本包括机会成本、管理成本和短缺成本。
（1）机会成本。机会成本是指企业因持有一定现金余额，放弃了再投资机会而可能获得的最大收益，比如有价证券的投资收益。机会成本与现金持有量成正比，即：机会成本 = 现金平均持有量 × 资本成本率。

（2）管理成本。管理成本是指企业因持有一定数量的现金而发生的有关管理费用的开支，是一种固定成本，在一定范围内，管理成本与现金持有量没有明显的比例关系。

（3）短缺成本。短缺成本是指企业的现金持有量不足，又无法及时通过资本变现加以补充，从而给企业造成的损失，短缺成本随现金持有量的增加而下降。

（三）确定最佳现金持有量的模式

确定最佳现金持有量的模式主要有成本分析模式、存货模式、现金周转模式及经验模式。

1. 成本分析模式

成本分析模式就是将总成本最低时的现金持有量作为最佳现金持有量。总成本包括机会成本（资本成本）、管理成本、短缺成本三种。

$$现金总成本 = 机会成本（资本成本） + 管理成本 + 短缺成本$$

运用成本分析模式确定最佳现金持有量的步骤如下。

①根据不同现金持有量测算并确定有关成本数值。

②按照不同现金持有量及其有关成本资料编制最佳现金持有量测算表。

③在测算表中找出总成本最低时的现金持有量，即最佳现金持有量。在这种模式下，最佳现金持有量，就是持有现金而产生的所有成本之和最小时的现金持有量。

【例 8-1】 某企业有四个现金持有方案，有关成本信息如表 8-1 所示，求最佳现金持有量。

表 8-1　四种方案的成本资料

项目	方案一	方案二	方案三	方案四
现金持有量（元）	20 000	40 000	10 000	50 000
机会成本率（%）	10	10	10	10
短缺成本（元）	2 200	5 200	1 500	0
管理成本（元）	3 000	3 000	3 000	3 000

各方案的总成本分别为

方案一：20 000 × 10% × 0.5 + 2 200 + 3 000 = 6 200（元）

方案二：40 000 × 10% × 0.5 + 5 200 + 3 000 = 10 200（元）

方案三：10 000 × 10% × 0.5 + 1 500 + 3 000 = 5 000（元）

方案四：50 000 × 10% × 0.5 + 3 000 = 5 500（元）

方案三的总成本最低，所以方案三是最佳方案，即最佳现金持有量为 5 000 元。

由成本分析模型推导出来的最佳现金持有量是定量分析出来的理想结果。实际上，现金余额受多方面因素的影响，简单的数学公式并不能完全涵盖所有因素。因此，财务人员在运用定量分析的同时，可根据自己的经验或者其他理论依据，结合定性分析对确定的余额进行适当的调整，才是符合现实情况的最佳现金持有量。

2. 存货模式

存货模式，是指企业为实现资金增值，只需保留所需的最低数额的现金，而将其余的现金投资于有价证券，从而获得收益。当企业需要现金时，付出相应的手续费变现有价证券，可补充现金，因此，企业持有现金的机会成本是放弃的有价证券投资收益，而变现时付出的手续费构成转换成本，企业持有现金的总成本是机会成本与转换成本之和，存货模式下，需要确定目标现金持有量，使现金相关成本之和最低。

运用存货模式确定最佳现金持有量时，是以下列假设为前提的。

①企业所需要的现金可通过证券变现取得，且证券变现的不确定性很小。

②企业预算期内现金需要总量可以预测。

③现金的支出过程比较稳定、波动较小，而且每当现金余额降至零时，均通过部分证券变现得以补足。

④证券的利率或报酬率以及每次固定性交易费用可以获悉。

如果这些条件基本得到满足，企业便可以利用存货模式来确定最佳现金持有量。

该模型假设不存在现金短缺，因此相关成本只有机会成本和转换成本。所谓的最佳现金持有量，也就是能使机会成本与转换成本之和最低的现金持有量。

$$持有现金总成本 = 机会成本 + 转换成本$$

即

$$TC = \frac{QK}{2} + \frac{TF}{Q}$$

其中，TC 表示持有现金的相关总成本；T 表示一个周期内现金总需求量；F 表示每次有价证券转换现金的成本；Q 表示最佳现金持有量；K 表示有价证券的利息率（即机会成本率）。

对上式求导，当

$$Q = \sqrt{\frac{2TF}{K}}$$

时，持有现金的总成本最低。

存货模型的优点是简单、直观；缺点是该模式下假设现金需要量 T 必须恒定且假定现金的流出量稳定不变，实际上这种情况很少出现，且假设计划期内未发生其他净现金流入，需要现金靠变现证券满足，未考虑现金安全库存。

【例 8-2】 某企业现金收支情况比较稳定，预计全年（360 天）需要现金 400 000 元，现金与有价证券的转换成本为每次 200 元，有价证券的年利率为 10%。求最佳现金持有量。

最佳现金持有量

$$Q = \sqrt{\frac{2 \times 400\,000 \times 200}{10\%}} = 40\,000(元)$$

3. 现金周转模式

现金周转模式是按现金周转期来确定最佳现金余额的一种方法。现金周转期是指现金从投入生产经营开始，到最终转化为现金的过程。

第一步，计算现金周转期。

现金周转期＝存货周转期＋应收账款周转期－应付账款周转期

第二步，计算现金周转率。

现金周转率（次数）＝计算期天数÷现金周转期

计算期天数通常按年（360）天计算。

第三步，计算最佳现金持有量。

最佳现金持有量＝一定时期所需现金总额÷现金周转次数

其前提条件要求企业预计期内现金总需求量可以预知，现金周转天数与次数可以测算，并且测算结果符合实际，否则计算出的最佳现金持有量不准确。

如果未来年度的周转效率与历史年度相比较发生变化，但变化是可以预计的，该模式仍然可以采用。

【例 8-3】 某公司预测全年需要现金 2 000 万元，其平均应收账款收现时间为 90 天，存货周转期为 110 天，企业平均的购货付款天数为 20 天。试确定其最佳现金持有量。

该企业的营业周期＝90＋110＝200（天）

该企业的现金周转期＝200－20＝180（天）

该企业的最佳现金持有量＝2 000×180÷360＝1 000（万元）

4. 随机模式

随机模式是在现金需求量难以预知的情况下进行现金持有量控制的方法。对企业来讲，现金需求量往往波动大且难以预知，但企业可以根据历史经验和现实需要，测算出一个现金持有量的控制范围，即制定出现金持有量的上限和下限，将现金量控制在上下限之内。当现金量达到控制上限时，用现金购入有价证券，使现金持有量下降；当现金量降到控制下限时，则抛售有价证券换回现金，使现金持有量回升。若现金量在控制的上下限之内，便不必进行现金与有价证券的转换，保持它们各自的现有存量。

应用前提是企业未来现金流量呈不规则波动、无法准确预测。

计算公式为

$$Z = \sqrt[3]{\frac{3FQ^2}{4K}} + L$$

$$H = 3Z - 2L$$

其中，Z 表示目标现金余额；H 表示现金持有量的上限；L 表示现金持有量的下限；F 表示转换有价证券的固定成本；Q 表示日现金净流量的标准差；K 表示持有现金的日机会成本（证券日利率）。

第三节　应收账款管理

一、应收账款管理的概念

应收账款管理是指在赊销业务中，从授信方（销售商）将货物或服务提供给受信方（购买商），债权成立开始，到款项实际收回或作为坏账处理结束，授信企业采用系统的方法和科学的手段，对应收账款回收全过程所进行的管理。其目的是保证足额、及时收回应收账款，降低和避免信用风险。应收账款管理是信用管理的重要组成部分，它属于企业后期信用管理。

二、应收账款的成本

应收账款的成本具体包括：管理成本、机会成本、坏账成本。

（一）管理成本

应收账款的管理成本主要是指企业为收回应收账款而付出相应的人力、物力和财力，包括制定信用政策的费用、对客户资信状况调查与跟踪的费用、信息收集费用、应收账款记录簿记与监管费用、收账过程中开支的差旅费、通信费、工资薪金、法律诉讼费、讨债公司收费等其他与应收账款有关的费用。

（二）机会成本

应收账款会占用企业一定量的资金，而企业若不把这部分资金投放于应收账款，便可以用于其他投资并可能获得收益，例如投资债券获得利息收入。这种因投放于应收账款而放弃其他投资所带来的收益，即为应收账款的机会成本。

应收账款的机会成本＝应收账款的平均余额×变动成本率×机会成本率

（三）坏账成本

因应收账款无法收回形成坏账而给企业带来的损失，此成本一般与应收账款数量同方向变动，即应收账款越多，坏账成本也越多。坏账成本一般用下列公式测算。

应收账款的坏账成本＝赊销额×预计坏账损失率

三、应收账款对企业的影响

（一）应收账款对企业生产经营的正面影响

在激烈的商业竞争中，企业为了获得利润，就要销售商品取得销售收入。收入的多少是检验经营成果的依据，特别是在市场经济条件下，有无经营成果，决定了企业的命运。所以说企业只有取得收入才能有利润，而企业为了取得销售收入就会采取多种方式促进销售，而赊销是重要手段之一。赊销产生了应收账款，它吸引了大量客户，扩大了销售额，为企业带来了效益，所以说应收账款对企业的经营有着重大的影响。

（二）应收账款对企业生产经营的负面影响

应收账款的增加为企业带来收入的同时，也带来了风险。如果应收账款未及时收回，发生坏账损失，则直接会减少企业利润，影响企业的生产经营。应收账款是企业的一项资金投放，长期占用了企业的资金造成企业资金周转减慢，增加了企业的经营成本，而且严重影响其再生产能力。

四、应收账款的信用分析

企业在销售商品时因客户赊销而形成应收账款,为确保应收账款足额收回,加速资金的周转,企业应加强对应收账款的信用分析,制定科学合理的应收账款信用政策,以确定对何种客户提供现金折扣,如何规定其信用期限、信用额度、需要抵押或担保等。一般来说,对客户进行信用分析,包括以下几个方面。

(一)确定信息渠道

企业应广泛收集有关客户信用状况的资料,并据此采用定性分析及定量分析的方法评估客户的信用品质。主要的渠道包括:直接查阅客户财务报表或通过银行提供的客户信用资料取得;通过与该客户的其他往来单位,交换有关信用资料;借助信用分析机构对客户的资信进行评级等渠道。

(二)5C分析

在实际中,通常采用"5C"评估法对已获资料进行分析。企业会在赊销前对客户进行资信调查,而客户的资信程度通常取决于五个方面,即客户的品质、能力、资本、担保和环境,也就是通常所说的"5C"系统。

(1)品质,是指顾客或客户履约或违约的可能性,是评估顾客信用品质的首要指标。客户若没有还款的意愿,则该应收账款的风险势必增加。品质直接决定了应收账款的回收速度和回收数额。一般会通过客户在商业往来活动中变现的历史记录,分析客户是否具有契约精神和履约意识。

(2)能力,即客户的偿债能力。其判断依据通常是客户的历史偿债记录、经营手段以及公司的经营方式所做的实际调查。

(3)资本,是指通过客户的财务状况,考查或者分析客户的资本数量和资产构成,如流动比率、速动比率等财务指标,以确定客户的财务实力。

(4)担保,是指客户一旦无法偿付款项时能被用作担保的资产以及信用第三方,这对于首次交易或信用状况有争议的客户尤为重要。

(5)环境,主要分析影响客户付款能力的经济环境,如客户在经济不景气情况下付款的可能以及在困难时期的付款历史等,从而确定客户资信水平的稳定性。

(三)财务分析

通过对客户财务报表的分析(需注意报表的真实性),确定客户的偿债能力、盈利能力、营运能力和应变能力等,特别是对资产的流动性和准时付款能力的比率进行分析,来评价企业能力、资本、条件的好坏,以利于企业提高应收账款投资的决策效果。

(四)信用评分

信用评分是对分析对象的有关信用指标分别赋予权重并求和,从而得出客户信用等级的量化指标,以便企业对客户的信用情况做出综合判断。

五、应收账款信用政策

应收账款管理的重点,就是根据企业的实际经营情况和客户的信誉情况制定企业合理的信用政策,这是企业财务管理的一个重要组成部分,也是企业为达到应收账款管理目的必须合理制定的方针策略。它由信用评级、信用条件、收账政策三部分组成。

(一)信用评级

对客户信用信息进行信用综合分析后,企业可建立客户档案,除客户的基本资料,如姓名、电话、住址等以外,还需着重记录客户的财务状况、资本实力以及历史往来记录等,并对每一客户确定相应的信用等级。但需注意的是,信用等级并非一成不变,最好能每年做一次全面审核,以便于能与客户的最新变化保持一致。对于不同信用等级的客户,企业在销售时就要采取不同的销售策略及结算方式。

(二)信用条件

一般地,企业在规定信用期限的同时,往往会附有现金折扣条件,如(2/10,1/20,N/30),表示若客户在 10 天内付款,可享受 2%的现金优惠;若在 20 天内付款,可享受 1%的现金优惠,超过 20 天不享受折扣,最长付款期限为 30 天。现金折扣的设置,不仅可以增加销售额,而且可促使客户尽早支付货款,同时也增加了应收账款的收回成本,因此,提供折扣应以取得的收益大于现金折扣的成本为宜。

(三)收账政策

收账政策是指当客户违反信用条件,拖欠甚至拒付账款时所采用的收款策略与措施。企业应采取合理的方法最大限度收回被拖欠的账款。

当企业的应收账款不能如期收回时,企业首先应分析现有的信用标准及信用审批制度是否存在纰漏,然后重新对违约客户的资信等级进行调查、评价。对于信用品质恶劣的客户应当从信用名单中剔除,对其所拖欠的款项可先通过信函、电话或者派人上门催收以及聘请法律顾问协助催收,若这些措施均无效,则可以通过提起法律诉讼,交由法院裁决。

第四节 存 货 管 理

存货是指企业在正常生产经营过程中持有以备出售的产成品或商品,或仍然处于生产过程中的产品,或在生产过程或提供劳务过程中将要消耗的材料、物料等。存货在企业营运资本中占很大比重,属于流动性较差的流动资产,企业持有充足的存货,既能减少生产时间和采购费用,又能迅速满足客户各种订货需要,若产能过剩,造成存货积压,也会增加持有成本和管理费用,影响企业的获利能力。因此对存货进行科学的管理实属必要。

存货管理就是对企业的存货进行管理,主要包括存货的信息管理和在此基础上的决策分析,最后进行有效控制,达到存货管理提高经济效益的最终目的。

一、存货管理的目标

企业置留存货的原因一方面是为了保证生产或销售的经营需要。市场环境瞬息万变，存货跟随市场需求的变化而变化，需求减少导致存货积压，需求增多引起存货不足，所以保持一定量的存货来应对市场需求的剧烈变化显得尤为重要，企业需要制定合理的存货管理办法，科学地增减企业的存货。另一方面是为了降低生产成本。对企业而言，批量生产可产生规模效应降低产品成本。但是，过多的存货却占用较多资金，并且会增加包括仓储费、保险费、维护费、管理人员工资在内的各项开支，因此，进行存货管理目标就是尽力在各种成本与存货效益之间做出权衡，达到两者的最佳结合，这就是存货管理的目标。

二、存货的成本

存货的成本包括取得成本、储存成本、缺货成本三种。

（一）取得成本

取得成本是指为取得某种存货而支出的成本。它又分为订货成本和购置成本。

1. 订货成本

订货成本是指对外采购存货而发生的成本。其中有一部分与订货次数无关，称为固定的订货成本，如常设采购部门日常运行的基本开支等。另一部分与订货次数有关，称为订货的变动成本，如差旅费、邮资、通信费、谈判费等，把这一部分的成本设定为 S，某一期间的需求总量为 D，每次采购批量为 Q，则总的订货变动成本为 DS/Q，因此，订货次数越多，总的变动成本就越高。有时为了方便分析存货成本，在实际固定成本不高时，可只考虑订货成本中的变动部分。

2. 生产或购置成本

购置成本是指存货本身的价值，即生产或购买存货所发生的费用。一般用单价与数量的乘积表示存货的金额，假设某一期间对某种原材料或产品的需求量为 D，单位成本或购置单价为 C，则这批存货的总成本为 $D \times C$。在实际经营期间，存货的单位成本或者单价在一定范围内是一个固定值，只有当需求数量出现了较大变化时，产生规模效应或者购买折扣时，才会发生变化。

（二）储存成本

储存成本是指为保持存货而发生的成本。如仓库折旧、仓库职工的固定工资以及存货资金的应计利息、存货的破损和变质损失、存货的保险费用等。储存成本一般与存货的数量有关系，而与存货的订购次数无关。

（三）缺货成本

缺货成本是指由于存货短缺而造成的损失。包括商誉损失、材料供应中断造成的停工损失、产成品库存缺货造成的拖欠发货损失、丧失销售机会的损失以及紧急额外购入材料成本的损失等。

三、存货控制的方法

企业的存货管理直接关系到企业的资金占用水平以及资产运作效率。企业应当重视存货的管理，通过实施正确的存货管理方法，来降低企业的平均资金占用水平，提高存货的流转速度和总资产周转率，才能最终提高企业的经济效益。常用的存货管理方法包括经济批量法、ABC 控制法等。

（一）经济订货批量法

存货成本包括取得成本、储存成本和短缺成本，采用经济订货批量法（EOQ），确定使上述成本之和最低的订货批量，来控制存货的总成本。

假设缺货成本为 0，存货总成本为

$$TC = \frac{DS}{Q} + \frac{QH}{2}$$

其中，TC 表示存货总成本；D 表示某种产品或原材料在某一时期内的需求总量；Q 表示一次生产或订购的数量；S 表示一次生产的成本或订购的费用；H 表示单位存货的储存成本；DS/Q 表示存货总取得成本；$QH/2$ 表示存货总储存成本。

使存货总成本最小的订货批量即为经济订货批量（EOQ）。

$$EOQ = \sqrt{\frac{2DS}{H}} = \sqrt{\frac{2 \times 某期间存货需求总量 \times 一次性取得成本}{单位存货的储存成本}}$$

若存货每日消耗量为 d，从发出生产或订货指令到新的存货可以投入使用期间为 L，则发出生产或订货指令时的数量（订货点）为

$$R = d \times L$$

【例 8-4】 某企业对某种原材料的年需求量 D 为 3 000 件，订货成本 S 为 600 元/次，该原材料的购买价格为 100 元/件，储存成本为产品购买费用的 10%，交货期为 10 天。其经济订货批量和订货点为多少？

$$EOQ = \sqrt{\frac{2 \times 3\,000 \times 600}{100 \times 10\%}} = 600(件)$$

$$R = \frac{10 \times 3\,000}{365} = 82(件)$$

（二）ABC 控制法

对存货的日常管理，根据存货的类别和价值，将其分为 A、B、C 三种类型。A 类存货品种约占全部存货的 10%~15%，资金约占存货总额的 80%左右，应实行重点管理，如大型备品备件等。B 类存货为一般存货，品种占全部存货的 20%~30%，资金占全部存货总额的 15%左右，应适当控制，实行日常管理，如日常生产消耗用材料等。C 类存货品种占全部存货的 60%~70%，资金占存货总额的 5%左右，应进行一般管理，如办公用品、劳保用品等随时都可以采购。通过 ABC 控制法分类后，抓住重点存货，控制一般存货，制订出较为合理的存货采购计划，从而有效地控制存货库存，减少储备资金占用，加速资金周转。

(三)安全库存法

安全库存又称保险库存,是指为了防止由于不确定因素(如突发性大量订货或供应商延期交货)影响订货需求而准备的缓冲库存,一般是在订货点之上额外加上一定数量的存货,这样,即使存货在交货期的消耗超过了正常消耗,也不会发生短缺成本,安全库存可应付生产经营活动的需要。安全库存的存货数量取决于存货的平均消耗水平、短缺成本的高低等多种因素,安全库存越大,出现缺货的可能性越小,但库存越大,会导致剩余库存的出现。因此,确定安全存货需平衡短缺成本与储存成本之间的关系,企业应根据不同物品的用途以及客户的要求,在防止不缺料导致停产这种状况发生的前提下,做到最少量的库存。

习 题

【单项选择题】

1. 企业在销售旺季为方便向客户提供商业信用而持有更多现金,该现金持有动机主要表现为( )。
   A. 交易性动机   B. 投资性动机
   C. 预防性动机   D. 投机性动机
2. 运用成本模型计算最佳现金持有量时,下列公式中,正确的是( )。
   A. 最佳现金持有量 = min(管理成本 + 机会成本 + 交易成本)
   B. 最佳现金持有量 = min(管理成本 + 机会成本 + 短缺成本)
   C. 最佳现金持有量 = min(管理成本 + 经营成本 + 交易成本)
   D. 最佳现金持有量 = min(管理成本 + 经营成本 + 短缺成本)
3. 在存货管理中,以下与建立安全库存无关的因素是( )。
   A. 缺货成本   B. 平均库存量
   C. 交货期   D. 存货需求量
4. 信用分析的"5C"系统中,环境是指( )。
   A. 顾客的财务实力和财务状况,表明着顾客可能偿还债务的背景条件
   B. 顾客拒付款项或无力支付款项时能被用作抵押的资产条件
   C. 影响顾客付款能力的经济环境条件
   D. 顾客的信誉条件,即履行偿债义务的可能性
5. 下列订货成本中属于变动性成本的是( )。
   A. 采购人员计时工资   B. 采购部门管理费用
   C. 订货业务费   D. 预付订金的机会成本
6. 在确定最佳现金持有量时,成本分析模式和存货模式均考虑的因素是( )。
   A. 持有现金的机会成本   B. 固定性交易成本
   C. 现金短缺成本   D. 现金保管费用
7. 对信用期限的叙述,正确的是( )。
   A. 信用期限越长,企业坏账风险越小

B. 信用期限越长，表明客户享受的信用条件越优越

C. 延长信用期限，不利于销售收入的扩大

D. 信用期限越长，应收账款的机会成本越低

8. 按照 ABC 控制法，作为重点管理的存货是（　　）。

A. 品种少，数量少，资金占比高的存货

B. 品种少，数量少，资金占比低的存货

C. 品种多，数量多，资金占比低的存货

D. 品种、数量一般，资金占比一般的存货

9. 根据存货模型，下列能导致经济订货批量降低的是（　　）。

A. 存货需求量增加　　　　　B. 一次订货成本增加

C. 单位储存变动成本增加　　D. 每日消耗量增加

10. 某企业的现金周转率为 6 次，则其现金周转期为（　　）天。

A. 30 天　　　　　　　　　　B. 40 天

C. 50 天　　　　　　　　　　D. 60 天

【判断题】

1. 企业采用严格的信用标准，虽然会增加应收账款的机会成本，但能扩大商品销售额，从而给企业带来更多的收益。（　　）

2. 建立安全储备的目的，就是为了防止需求增大而发生缺货或供货中断。（　　）

3. 现金作为一种资产，它的流动性强，盈利性好。（　　）

4. 在其他因素不变的情况下，企业采用过宽的收款政策，可能导致的后果是坏账损失增加。（　　）

5. 企业持有短期有价证券，主要是为了维持企业资产的流动性和企业资产的收益性。（　　）

【计算题】

1. 某企业的原料购买和产品销售均采用商业信用方式，其应收账款的平均收款期为 120 天，应付账款的平均付款期为 40 天，从原料购买到产成品销售的期限平均为 100 天。计算该企业的现金周转期和现金周转率。若该企业现金年度需求总量为 250 万元，则最佳现金持有量为多少？

2. 某企业每年需耗用 A 材料 1 200 吨，材料单价为每吨 1 460 元，每次订货成本为 100 元，单位材料的年储存成本为 6 元，求经济订货批量，经济订购批数和最低总成本。

3. 公司 2019 年的现金需求总量为 90 万元。目前有价证券的年利率为 12%，现金与有价证券的转换成本为每次 60 元。利用存货模式确定的最佳现金持有量是多少？求出总的转换成本和转换次数。

4. 某公司每年需要购买 26 万蒲式耳小麦，小麦单价为 5 元/蒲式耳，每次订购量须是 500 蒲式耳的倍数，订购成本每次需要 5 000 元，年储存成本为采购价格的 2%，从订货至

到货需要 6 个星期，求：经济批量订货；再订货点；总存货成本。

5. 某企业现金管理有四个方案可供选择（如表 8-2 所示），其最佳现金持有量方案为哪个方案？

表 8-2　现金持有量方案　　　　　　　　　　单位：元

方案	甲	乙	丙	丁
现金持有量	50 000	70 000	80 000	100 000
机会成本	5 500	7 700	8 800	11 000
管理成本	8 000	8 000	8 000	8 000
短缺成本	6 000	4 500	1 000	0

第九章

收益分配管理

第一节　收益及收益分配概述

一、利润分配

企业通过前面的经营活动赚取收益之后，应将其在国家、企业、股东、企业职工、债权人等各利益相关方之间进行分配。这一过程就是收益分配的过程。企业的收益分配有广义的收益分配和狭义的收益分配两种。广义的收益分配是指对企业的收入和收益总额进行分配的过程；狭义的收益分配则是指对企业净收益的分配。本章所指的利润分配是指对企业净收益的分配。根据我国《公司法》的规定，公司进行利润分配涉及的项目包括盈余公积金和股利两个部分的内容，具体说明如下。

（一）盈余公积金

盈余公积金是指企业按照规定从税后利润中提取的积累资金。盈余公积金按其用途，可以分为法定盈余公积金和公益金。

根据《公司法》的规定，企业应按税后利润的10%提取法定盈余公积金，当法定盈余公积金总额达到注册资本的50%后，可以不再提取。

任意盈余公积金是根据公司章程及股东会的决议，从公司盈余中提取的公积金。《公司法》167条3款规定："公司从税后利润中提取法定公积金后，经股东会决议，可以提取任意公积金。"任意盈余公积金的提取与否及提取比例由股东会根据公司发展需要和盈余情况决定，法律不做强制规定。

企业提取的盈余公积金可用于弥补亏损、扩大生产经营、转增资本或派送新股等。

（二）股利

企业向股东分配利润（公司制企业为向股东分配股利），又称分配红利，是利润分配的主要阶段。企业在弥补亏损、提取盈余公积金后才能向股东分配利润。其中，有限责任公司股东按照实缴的出资比例分取红利，全体股东约定不按照出资比例分取红利的除外；股份有限公司按照股东持有的股份比例分配，但股份有限公司章程规定不按持股比例分配的除外。

利润分配的具体程序如下。

（1）弥补企业以前年度亏损。公司的法定公积金不足以弥补以前年度亏损的，在提取法定公积金之前，应当先用当年利润弥补亏损。按照税法规定，企业亏损在一定年限内可用税前利润抵补，超过规定年限的，就只能用税后利润抵补。

（2）提取法定盈余公积金。
（3）支付优先股股利。
（4）提取任意盈余公积金。
（5）支付普通股股利。

二、股利支付程序与方式

（一）股利支付的程序

公司向股东支付股利，其过程主要经历：股利宣告日、股权登记日、除息日和股利支付日四个关键日期。

（1）股利宣告日。股利宣告日即公司董事会将股利支付情况予以公告的日期。公告中将宣布每股支付的股利、股权登记期限、股利支付日期等事项。

（2）股权登记日。股权登记日即有权领取股利的股东有资格登记截止日期。上市公司的股份每日在交易市场上流通，上市公司在送股、派息或配股的时候，需要定出某一天，界定哪些股东可以参与分红或配股，定出的这一天就是股权登记日。只有在股权登记日在公司股东名册上登记的股东，才有权分享股利。而在这一天之后登记在册的股东，即使是在股利发放日之前买到的股票，也无权领取本次分配的股利。

（3）除息日。除息日是指除去股利的日期，即领取股利的权利与股票分开的日期。在除息日之前购买的股票，才能领取本次股利，在除息日当天或以后购买的股票，则不能领取本次股利。除息日对股票的价格有明显的影响，在除息日之前的股票价格中包含了本次股利，在除息日之后的股票价格中不再包含本次股利，所以股价会下降。但是，先进的计算机交易系统为股票的交割过户提供了快捷的手段，在实行"T+0"交易制度下，股票买卖交易的当天即可办理完交割过户手续。在这种交易制度下，股权登记日的次日（指工作日）即可确定为除息日。

（4）股利支付日。即实际向股东发放股利的日期。

股利支付程序可举例说明如下。

【例 9-1】 假定某公司于 2019 年 11 月 15 日发布公告："本公司董事会在 2019 年 11 月 15 日的会议上决定，本年度发放每股为 5 元的股利；本公司将于 2020 年 1 月 2 日将上述股利支付给已在 2019 年 12 月 15 日登记为本公司股东的人士，除息日为 2019 年 12 月 16 日。"

则上例中，2019 年 11 月 15 日为此公司的股利宣告日；2019 年 12 月 15 日为其股权登记日；2019 年 12 月 16 日为除息日；2020 年 1 月 2 日为股利支付日。

（二）股利支付的方式

股份有限公司向股东支付股利的方式有很多，由此可以把股利分为如下几种不同的类别。

1. 现金股利

现金股利是上市公司以货币形式支付给股东的股利，也是最普通、最常见的股利形式。

通常现金股利发放的数额主要取决于公司的股利政策和经营业绩。发放现金股利将减少公司资产负债表上的留存收益和现金，因此，公司选择支付现金股利时，除了要有足够的留存收益之外，还要有足够的现金。现金股利适用于企业现金较充足，分配股利后企业的资产流动性能达到一定标准的、并且有广泛有效的筹资渠道的情况。大部分股东希望公司发放较多的现金股利，尤其是那些依靠公司发放现金股利维生的股东。而有的股东出于避税心理则不愿意公司发放过多的现金股利。现金股利的发放会对股票价格产生直接影响，一般来说在股票除息日之后，股票价格会下跌。

2. 股票股利

股票股利，是指公司用无偿增发新股的方式支付股利。发放股票股利时，一般按股权登记日的股东持股比例来分派。可以用于发放股票股利的，除了当年的可供分配利润外，还有公司的盈余公积金和资本公积金，将股东大会决定用于分配的资本公积金、盈余公积金和可供分配利润转成股本，并通过中央结算登记系统按比例增加各个股东的持股数量。股票股利侧重反映长远利益，因其既可以不减少公司的现金，又可使股东分享利润，还可以免缴个人所得税，因而对长期投资者更为有利，能吸引那些看重公司潜在发展能力，不太计较即期分红多少的股东。

股票股利并没有改变企业账面的股东权益总额，同时也没有改变股东的持股结构，但是，会增加市场上流通的股票数量。因此，企业发放股票股利会使股票价格相应下降，一般来说，如果不考虑股票市价的波动，发放股票股利后的股票价格，应当按发放的股票股利的比例而成比例下降。高速成长的企业可以利用分配股票股利的方式来进行股票分割，以使股价保持在一个合理的水平上，避免因股价过高而使投资者减少。

3. 财产股利

财产股利是上市公司用现金以外的其他资产向股东分派的股息和红利。它可以是上市公司持有的其他公司的有价证券，也可以是实物。主要有三种形式：①以公司以前所发行的公司债务或优先股分派给股东；②以不属于该公司的证券分派给股东；③将商品实物分派给股东。国外的很多股份公司，常将其附属公司的普通股，分派给原股权公司的股东。

4. 负债股利

负债股利是以负债方式支付的股利，其实质是企业以负债形式所界定的一种延期支付股利的方式，即上市公司通过建立一种负债，用债券或应付票据作为股利分派给股东。这些债券或应付票据既是公司支付的股利，又确定了股东对上市公司享有的独立债权。公司通常以应付票据的负债形式来界定延期支付股利的责任。股东因手中持有带息的期票，补偿了股利没有即期支付的货币时间价值；公司则因此而承受了相应的利息支付压力。显然，只有在公司必须支付股利而现金又不足的特定条件下，才采用这种权宜之策。

实际上，财产股利和负债股利都是现金股利的替代方式，但目前这两种股利方式在我国实务中极少使用。

三、股利分配方案的确定

实务中，在具体确定股利分配方案时应遵循以下三个步骤。

(一)选择股利政策

由于股利政策既会影响股东的利益,也会影响公司的正常运营以及未来的发展。因此,制定恰当的股利政策尤为重要。目前各公司所常用的各种股利政策各有利弊,因此公司在进行股利政策决策时,要综合考虑公司面临的各种具体影响因素,遵循收益分配的各项原则,以保证在不偏离公司目标的前提下,兼顾各方利益。每个公司在经营过程中都会经历初创、成长、稳定、成熟直至衰退等一系列的发展阶段。在不同的发展阶段,公司面临的问题各有不同。比如成长阶段的公司发展很快,投资机会多、需求大,对融资的要求也就相应较高,这与其他阶段是不相同的。所以,公司在制定股利政策时还要考虑与当前所处的发展阶段相适应的问题。各个发展阶段具体适用的股利政策在本章第二节中会有具体的介绍。

(二)确定股利支付水平

我们通常用股利支付率来衡量公司的股利支付水平。股利支付率是当年发放的股利与当年净利润之比。

$$股利支付率 = 股利总额 \div 净利润$$

或

$$股利支付率 = 每股股利 \div 每股净利$$

股利支付率的制定是确定股利分配方案中的一大难题。低的股利支付率政策虽然有利于公司对收益的保留,有利于扩大投资规模和未来的持续发展,但是显然在资本市场上对投资者的吸引力会大大降低,进而影响公司未来的增资扩股;而高的股利支付率政策有利于增强公司股票的吸引力,有助于公司在公开市场上筹措资金,但由于留存收益的减少,又会影响企业资金周转,增加公司的财务负担。

最终是否向股东派发股利以及确定股利支付率的高低,取决于企业对下列因素的权衡:①企业所处的发展阶段;②企业面临的投资机会;③企业的资本结构和资金成本;④企业的筹资能力;⑤法律限制和借款协议的限制;⑥股东偏好;⑦通货膨胀等其他因素。

(三)确定股利支付方式

上文中我们已经学过股利支付的方式有现金股利、股票股利、财产股利和负债股利四种,具体采取哪种方式来支付要根据企业的具体情况来选择,这里不再赘述。

第二节 股利理论与股利政策

一、股利理论

对于股利与股票价格之间的关系,一直以来存在着许多不同的观点,由此形成了各种不同的股利理论。下面将着重介绍两种有代表性的理论:股利无关论和股利相关论。

(一)股利无关论

股利无关论是美国经济学家弗兰科·莫迪利安尼(Franco Modigliani)和财务学家默

顿·米勒（Merton Miller）于 1961 年在他们的著名论文《股利政策、增长和股票价值》中首先提出的，因此被称为 MM 理论。

股利无关论认为在一定假设条件的限定下，股利政策不会对公司的价值或股票的价格产生任何影响。一个公司的股票价格完全由公司的投资决策的获利能力和风险组合决定，而与公司的利润分配政策无关。股利无关论的主要观点如下。

1. 投资者并不关心公司的股利分配

若公司留存较多的利润用于再投资，会导致公司股票价格上升；此时尽管股利较低，但需用现金的投资者可以出售股票换取现金。反之，若公司发放较多的股利，投资者又可以用现金再买入一些股票以扩大投资。也就是说无论公司多分配或者少分配股利，对投资者而言都没有区别，投资者只是通过不同的方式获利而已，所以投资者对股利和资本利得两者并无偏好。

2. 股利支付比率不影响公司的价值

既然投资者不关心股利的分配，公司的价值就与股利分配政策无关，而完全由其投资公司的获利能力所决定，公司的盈余在股利和保留盈余之间的分配并不影响公司的价值。

MM 理论立足于完善的资本市场，从不确定性角度提出了股利政策和企业价值不相关理论，这是因为公司的盈利和价值的增加与否完全视其投资政策而定，企业市场价值与它的资本结构无关，而是取决于它所在行业的平均资本成本及其未来的期望报酬，在公司投资政策给定的条件下，股利政策不会对企业价值产生任何影响。进而得出，企业的权益资本成本为其资本结构的线性递增函数。然而 MM 理论建立在完全市场理论的基础上，这一理论的假设条件包括以下。

（1）市场具有强势效率性，是完善竞争的市场。在这样的市场上，任何一位证券交易者都没有足够的力量通过其交易活动对股票的现行价格产生明显的影响。

（2）信息完备假设。在完善竞争的市场上，市场参与者之间的信息分布是对称的，所有的投资者都可以平等地免费获取影响股票价格的任何信息。

（3）无税负、税负差异和交易成本。证券的发行和买卖等交易活动不存在经纪人费用、交易税和其他交易成本，在利润分配与不分配，或资本利得与股利之间均不存在税负差异。

（4）理性投资者假设，每个投资者都是理性的、财富最大化的追求者。这一假设与现实世界是有一定的差距。虽然，弗兰科·莫迪利安尼和默顿·米勒也认识到公司股票价格会随着股利的增减而变动这一重要现象，但他们认为，股利增减所引起的股票价格的变动并不能归因为股利增减本身，而应归因于股利所包含的有关企业未来盈利的信息内容。

从某种程度上说，MM 理论对股利研究的贡献不仅在于提出了一种崭新的理论，更重要的还在于为理论成立的假设条件进行了全面系统的分析。

（二）股利相关论

股利相关论认为公司的股利分配对公司市场价值有影响，即股利政策会影响股票价格。这一理论认为，在现实生活中并不存在股利无关论中所提出的假定前提，也就是说资本市场理论并不成立。公司的股利分配是在种种制约因素下进行的，公司不可能摆脱这些因素的影响。由于存在种种影响因素对股利分配的限制,股利政策与股票价格就不是无关的,公司的价值或者说股票价格不会仅仅由其投资的获利能力所决定。股利支付不是可有可无的,而是非常必要的,并且具有策略性。因为股利支付政策的选择对股票市价、公司的资本结构与公司价值,以及股东财富的实现等都有重要影响,所以股利政策与公司价值是密切相关的。因此股利政策不是被动的,而是一种主动的理财计划与策略。

基于股利相关论的两个股利理论是股利重要论和信号传递论。

1. 股利重要论

在股东的投资报酬中,股利和资本得利的风险等级是不同的。一方面,用留存收益再投资给投资者带来的收益具有较大的不确定性,并且投资的风险随着时间的推移会进一步增大,因此,投资者更喜欢现金股利,而不愿意将收益留存在公司内部,去承担未来的投资风险。股利支付可以减少投资报酬中的不确定性和风险。这种不确定性的减少和消亡,使人们在投资报酬的选择上偏好前者。正如未来的资本利得就像林中的鸟一样不一定能抓得到,眼中的股利则犹如手中的鸟一样飞不掉,即"百鸟在林,不如一鸟在手"。因此,这一理论也称为"一鸟在手论"。

另一方面,根据证券市场中收益与风险的正相关的理论关系,当公司提高股利支付时,投资者由于需要承担的投资风险较小,所要求的报酬率也较低,所以会使公司股票价格上升;而当公司降低股利支付时,投资者相对承担较高的投资风险,所要求得到的报酬率也较高,由此导致公司股票价格下降。因此,该理论认为公司的股利政策与公司的股票价格密切相关,即当公司支付较高的股利时,相应的公司的股票价格也会随之上升,所以公司应保持较高水平的股利支付政策。

2. 信号传递理论

这一理论认为,在信息不对称的情况下,公司可以通过股利政策向市场传递有关公司未来获利能力的信息,从而会影响公司的股价。该理论得以成立的基础是,信息在各个市场参与者之间的概率分布不同,即信息不对称。为了消除经理人员和其他外部人士之间的可能冲突,就需要建立一种信息传递机制,以调节信息的不均衡状况,而股利政策恰好具有这种信息传递机制的功能和作用。因为股利政策的定位与变动,反映着经理人员对公司未来发展认识方向的信号,投资者可据此做出自己的恰当判断,并调整对企业收益状况的判断和对公司价值的期望值。一般而言,预期未来获利能力强的公司往往愿意通过相对较高的股利支付水平,把自己与预期获利能力差的公司区别开来,以吸引更多的投资者。对于市场上的投资者而言,股利政策的差异或许是反映公司预期获利能力的一种有价值的信号。如果公司连续保持较为稳定的股利支付水平,那么投资者就可能对公司的未来获利能力与现金流量有较为乐观的预期。此外,如果公司的股利支付水平在过去较长时期内相对稳定,而现在却有所变动,投资者将会把这种现象看作公司管理当局将改变公司未来收益率的信号,股票市价将会对股利的变动做出反应。

3. 股利相关论的影响与不足之处

由于现实生活中存在着市场不完善和政府税收,即存在交易成本,因此股利政策对企业价值或股票价格将产生较大的影响,主要表现在以下几个方面。

（1）信息传递的影响。股票的市价是由企业的经营状况和盈利能力确定的,虽然企业的财务报表可以反映其盈利情况,但财务报表受人为因素的影响较大,容易形成伪装和假象,因此,从长远的观点来看,能增强和提高投资者对企业的信心的则是实际发放的股利。企业的股利是以盈利为基础的,是实际盈利的最终体现。这是无法通过对财务报表的装饰来达到的,因此股利能替代财务信息将企业的经营状况和盈利能力传播给投资者。一般而言,保持股利的稳定并根据收益的状况增加股利发放可使投资者提高对企业的信任,有利于提高企业的财务形象,从而使股票价格上升；反之,则股票价格下跌,股利政策将影响企业价值。

（2）交易成本的影响。投资者获取的收益可以分为两种：股利收入和出售股票所得资本利得收益（买卖差价收益）。交易成本会影响到投资者对股利和资本利得收益的选择,原因是投资者买卖股票需向经纪人或有关的代理机构交纳交易费用,交易数额越小,这种交易成本就越高,同时买卖股票还需要收集大量的信息、花费大量的时间,因此由企业定期发放股利时进行买卖股票以获取差价是有益的替代,可以节省交易成本,这对以领取股票股利为主要投资目的的投资者更是如此。

股利相关论尚存在不足之处：股利相关论的几种观点都只从某一角度来解释股利政策和股票价格的相关性,不足之处在于没有同时考虑多种因素的影响。在不完全资本市场上,公司股利政策效应要受许多因素的影响,如所得税负担、筹资成本、市场效率、公司本身因素等,所以单从某一个角度来解释股利政策和股票价格的相关性是不够的。

（三）其他股利理论

1. 所得税差异理论

这一理论认为,由于普遍存在的税率的差异及纳税时间的差异,资本利得收入比股利收入更有助于实现收益最大化目标,企业应当采用低股利政策。在许多国家的税法中,由于认为股利收入和资本利得收入是两种不同类型的收益,所以对两种收入征收的所得税的税率不同。一般而言,长期资本利得的所得税税率要低于普通所得税税率。因为股利税率比资本利得的税率高,投资者自然喜欢公司少支付股利而将较多的收益保存下来以作为再投资用,以期提高股票价格,从而把股利转化为资本利得。即使资本利得与股利收入的税率相同,由于股利所得税在股利发放时征收,而资本利得在股票出售时征收,因而对股东来说,资本利得也有推迟纳税的效果。同时,为了获得较高的预期资本利得,投资者将愿意接受较低的股票必要报酬率。根据这一理论,股利决策与企业价值也是相关的,而只有采取低股利和推迟股利支付的政策,才有可能使公司的价值达到最大。因此,在其他条件不变的情况下,投资者更偏好资本利得收入而不是股利收入。而持有高股利支付政策股票的投资者,为了取得与低股利支付政策股票相同的税后净收益,必须要求有更高的税前回报预期。因此会导致资本市场上的股票价格与股利支付水平呈反方向变化,而权益资本成本与股利支付水平呈正方向变化。

2. 代理理论

代理理论最初是由简森（Jensen）和梅克林（Meckling）于1976年提出的。这一理论后来发展成为契约成本理论。契约成本理论假定，企业是由一系列契约所组成，包括资本的提供者（股东和债权人等）和资本的经营者（管理当局）、企业与供货方、企业与顾客、企业与员工等的契约关系。

代理理论认为，好的股利政策有助于减缓管理者与股东之间的代理冲突，也就是说，股利政策是协调股东与管理者之间代理关系的一种约束机制。根据这一理论，当存在代理问题时，选择好的股利政策就至关重要。对公司而言，较多地派发现金股利至少具有以下一些好处。①公司管理者将公司的盈利以股利的形式支付给投资者，则减少了管理者自身可支配的闲余资金，在一定程度上这可以抑制公司管理者过度地扩大投资或者进行特权消费，从而保护外部投资者的利益。②较多地派发现金股利就减少了内部融资，使得公司不得不进入资本市场寻求外部融资，这样可以经常接受资本市场的有效监督，从而减少代理成本。因此，较高的股利支付政策有助于降低企业的代理成本，但同时也增加了企业的外部融资成本。所以，最理想的股利政策应当是使得代理成本和外部融资成本两者之和最小的股利政策。

二、股利政策的影响因素

上面介绍了几种主要的股利理论，但除了这些股利理论的指导外，公司具体如何制定股利政策还受到其他多种因素的影响。公司在制定股利政策时，必须充分考虑股利政策的各种影响因素，从保护股东、公司本身和债权人的利益出发，才能使公司的收益分配合理化。具体而言，影响股利政策的因素主要有以下几个。

（一）法律限制条件

公司的收益分配政策必须符合相关法律规范的要求，以保护股东和债权人的利益。相关要求主要体现在资本保全限制、资本积累约束、超额累积利润限制、偿债能力约束等几个方面。

1. 资本保全限制

资本保全限制要求公司发放股利的前提是不能侵蚀企业资本。公司不能因为支付股利而引起资本减少，其目的在于防止企业任意减少资本结构中的所有者权益的比例，从而保护债权人的利益。

2. 资本积累约束

《公司法》规定，企业必须按照一定的比例和基数提取各种公积金，股利只能从企业可供分配的收益中支付，企业当期的净利润按照规定提取各种公积金后和过去积累的留存收益形成企业的可供分配收益。在进行收益分配时，如果当年出现亏损，则一般不应进行利润分配。

3. 超额累积利润限制

由于股东接受股利缴纳的所得税高于其进行的股票交易的资本利得税，公司通过保留利润和提高股价，则可使股东避税。于是许多国家法律禁止公司过度积累盈余，规定公司不得超额累积利润，一旦公司的保留盈余超过法律认可的水平，可看作是过度保留，将被加征额外税额。但目前我国法律尚未对此做出规定。

4. 偿债能力约束

偿债能力是企业确定收益分配政策时应考虑的一个基本因素。现金股利是企业现金的支出，大量的现金股利必然会影响公司的偿债能力。因此，公司在确定股利分配数量时，应当考虑现金股利对公司偿债能力的影响，保证公司在分配完现金股利之后还能够保持较强的偿债能力，以维持公司生产经营的正常运转，保持公司的良好信誉和借贷能力。

（二）企业内部因素

1. 资产的流动性（变现能力）

公司资产的变现能力是影响股利政策的一个重要因素。公司资金的灵活周转是企业生产经营得以正常进行的必要条件。公司现金股利的分配自然也应以不危及企业经营资金的流动性为前提。如果公司的现金充足，资产有较强的变现能力，则支付股利的能力也比较强。如果公司因扩充或偿债已消耗大量现金，资产的变现能力较差，大幅度支付现金股利则非明智之举。由此可见，企业现金股利的支付能力，在很大程度上受其资产变现能力的限制。股利分派不应危及企业经营上的流动性。

2. 筹资能力

公司如果有较强的筹资能力，则可考虑发放较高股利，并以再筹资来满足企业经营以及对外投资对货币资金的需求；反之，则要考虑保留更多的资金用于内部周转或偿还将要到期的债务。一般而言，规模大、获利丰厚的大公司能较容易地筹集到所需资金，因此，它们较倾向于多支付现金股利；而创办时间短、规模小、风险大的企业，通常需要经营一段时间以后，才能从外部取得资金，因而往往要限制股利的支付。

3. 资本成本与资本结构

不同的股利政策还会影响公司的未来筹资成本。留存收益是企业内部筹资的一种重要方式，与发行新股或举债等其他筹资方式相比成本较低。因此，很多企业在确定收益分配政策时，往往将企业的留存收益作为首选的筹资渠道，这种方式特别适用于负债资金较多、资本结构欠佳的时期。但公司债务和权益资本之间应该有一个最优的比例，即最优化资本结构，在这个比例上，公司价值最大，资金成本最低。由于股利政策不同，留存收益的数量也不同，这使得公司资本结构中权益资本比例有可能偏离最优资本结构，从而对公司股利政策的选择产生制约。由此可见，股利支付与企业未来筹资成本之间存在着矛盾，这就要求企业的财务人员权衡股利支付与筹资要求之间的得失，制定出适合企业实际需要的股利政策。

4. 投资需求

公司的收益分配政策应当考虑未来投资需求的影响。从股东财富最大化出发，企业之所以能将税后利润部分或全部留下来用于企业内部积累，其前提是这一部分属于股东的净收益可以使股东获得高于股东投资必要报酬率的再投资收益。因此，如果公司有较多的有利可图的投资机会，往往采用低股利政策。反之，如果未来面临的投资机会较少，就可采用高股利政策。

5. 盈利的稳定性

企业的收益分配政策在很大程度上受其盈利的稳定性的影响。一般而言，一个公司的盈利越稳定，越有信心维持支付较高比率的股利，且较易以较低的成本筹集资金。因此，其股利支付水平也就越高。

6. 股利政策的惯性

一般而言，当股利政策进行重大调整时，一方面会给投资者带来企业经营不稳定的印象，从而导致股票价格下跌；另一方面股利收入是一部分股东生产和消费资金的来源，他们一般不愿持有股利大幅波动或波动频繁的股票。因此，公司的股利政策要保持一定的稳定性和连续性，不宜经常改变收益分配政策。总之，确定股利政策要考虑许多因素，而这些因素之间往往是相互联系和相互制约的，其影响也不可能完全用定量方法来分析。所以，股利政策的制定主要依赖对具体企业所处的具体环境进行定性分析，以实现各种利益关系的均衡。

（三）股东意愿

1. 稳定的收入

由于有些股东依赖公司的现金股利维持生活，因此往往要求公司支付稳定股利，反对公司留存过多的收益。另外，有些股东认为留存收益使得公司股票价格上升，但这种价格上升可能带来的资本利得又具有较大的不确定性，而取得现实的股利更为可靠。因此，这类股东会希望多分配股利。

2. 股权控制不受威胁

现有股东也会期望现有的控制权不受威胁。如果公司大量支付现金股利，再发行新的普通股以融通所需资金，现有股东的控股权就有可能被稀释。此外，随着新普通股的发行，流通在外的普通股股数必将增加，最终会导致普通股的每股盈利和每股市价下降，从而影响现有股东的利益。现实中，以现有股东为基础组成的董事会往往在长期经营中已经形成了一定的有效控制格局，他们通常会将股利政策作为维持其控制地位的工具。当公司为有利的投资机会筹集所需资金，而外部又无适当的筹资渠道可以利用时，为避免由于增发新股，可能会有新的股东加入公司中来，而打破目前已形成的控制格局，股东就会倾向于较低的股利支付水平，以便从内部留存收益中获取所需资金。

3. 较低的所得税税赋

公司的股利政策会受股东对税赋因素考虑的影响。除了希望公司能够支付稳定的股利来维持日常生活的股东外，还有一些股东希望公司多留存收益而少发放股利，以求少缴个人所得税。一般而言，股利收入的税率要高于资本利得的税率。因此，低股利政策会使他们获得更多纳税上的好处。

4. 外部投资机会

股东所面临的外部投资机会也是公司制定股利政策要考虑的因素之一。若股东个人将股利收入投资于其他投资机会所得的报酬高于公司将留存收益用于再投资的所得报酬，则股东倾向于少留存收益，而多发股利，这样股东的获利更高。

综上所述，公司究竟采取什么样的股利政策，除了考虑法律因素和公司内部因素外，还应分析研究本公司股东的构成状况，了解他们的利益愿望。

（四）其他因素

1. 通货膨胀因素

通货膨胀使公司资金购买力下降，维持现有的经营规模尚需不断追加投入，则需要将较多的税后利润用于内部积累。历史成本会计模式所确定的税后利润是以财务资本保全为基础的，在通货膨胀严重时期，以此为标准进行的税后利润分配必然使公司实物资本受到侵蚀。此时，企业往往不得不考虑多留存一定的利润，以便弥补由于货币购买力水平下降而造成的固定资产重置资金缺口。因此，通货膨胀时期采取相对较低的股利发放政策是必要的。

2. 契约限制

通常，股利支付水平越高，留存收益越少，公司破产的风险就越大，从而越可能损害到债权人的利益。因此，当公司通过长期借款、债券、优先股、租赁合约等形式向外部筹资时，对方为了保证自己利益不受损害，会要求公司接受一些约束公司派息行为的限制条款。这些限制条款通常包括以下几个方面：①规定只有在流动比率和其他安全比率（如利息保障倍数）超过规定的最小值后才可支付股利；②未来的股利只能以签订合同之后的收益来发放，即不能以过去的历史留存收益来发放股利；③将利润的一部分以偿债基金的形式保留下来；④营运资金低于某一特定金额时不得发放股利。

此外，优先股的契约通常也会申明在累积的优先股股息付清之前，公司不得派发普通股股息。这些契约的限制都将影响公司的股利政策。确立这些限制性条款，限制企业股利支付，其目的在于促使企业把利润的一部分按有关条款的要求进行再投资，以增强企业的经济实力，保障债款的如期偿还。

三、股利政策与内部筹资

股利政策是股份公司关于是否发放股利、发放多少以及何时发放的方针和政策。它有狭义和广义之分。从狭义方面来说的股利政策就是指探讨保留盈余和普通股股利支付的比例关系问题，即股利发放比率的确定。而广义的股利政策则包括：股利宣布日的确定、股利发放比例的确定、股利发放时的资金筹集等问题。股利政策是现代公司理财活动的核心内容之一。一方面，它是公司筹资、投资活动的逻辑延续，是其理财行为的必然结果；另一方面，恰当的股利分配政策，不仅可以树立良好的公司形象，而且能激发广大投资者对公司持续投资的热情，从而使公司获得长期、稳定的发展条件和机会。不同的股利政策下公司的留存收益也不相同，由此也相应地影响到公司的内部筹资状况。下面就介绍几种常用的股利政策及其与内部筹资的关系。在实际中，常用的股利发放政策有如下几种。

（一）剩余股利政策

剩余股利政策是指公司生产经营所获得的税后利润首先应满足公司的资金需要，即增加资本或公积金,只有当增加的资本额达到预定的目标资本结构(最佳资本结构)时,如果还有剩余,则派发股利;如果没有剩余,则不派发股利。

剩余股利政策的理论依据是股利无关论。该理论认为,在完全资本市场中,股份公司的股利政策与公司普通股每股市价无关,公司派发股利的高低不会对股东的财富产生实质性的影响,公司决策者不必考虑公司的股利分配方式,公司的股利政策将随公司投资、融资方案的制定而确定。因此,在完全资本市场的条件下,股利完全取决于投资项目需用盈余资金后的剩余,投资者对于盈利的留存或发放股利毫无偏好。

根据这一政策,公司确定股利分配额时应采取下列步骤。

(1)根据公司投资计划确定投资所需资金预算。

(2)根据公司的目标资本结构及投资所需资金预计公司资金需求中所需要的权益资本的数额。

(3)尽可能用留存收益来满足资金需求中所需增加的股东权益数额。

(4)留存收益在满足公司股东权益增加需求后,若有剩余再用来发放股利。

【例 9-2】 NF 股份公司 2020 年的税后净利润为 8 000 万元,由于公司尚处于初创期,产品市场前景看好,产业优势明显。确定的目标资本结构为:负债资本 70%,股东权益资本 30%。如果 2021 年该公司有较好的投资项目,需要投资 6 000 万元,该公司采用剩余股利政策,则该公司应当如何融资和分配股利。

(1)确定按目标资本结构需要筹集的股东权益资本为

$$6\,000 \times 30\% = 1\,800(万元)$$

(2)确定应分配的股利总额为

$$8\,000 - 1\,800 = 6\,200(万元)$$

因此,NF 股份公司还应当筹集负债资金

$$6\,000 - 1\,800 = 4\,200(万元)$$

从上例中可以看出,剩余股利政策的优点在于:能充分利用留存利润筹资成本最低的资本来源,保持理想的资本结构,使综合资本成本最低,实现企业价值长期最大化。

剩余股利政策的缺陷表现在:完全遵照执行剩余股利政策,将使股利发放额每年随投资机会和盈利水平的波动而波动。即使在盈利水平不变的情况下,股利将与投资机会的多寡呈反方向变动;投资机会越多,股利越小;反之,投资机会越少,股利发放越多。而在投资机会维持不变的情况下,则股利发放额将因公司每年盈利的波动而呈同方向波动。

从上述分析中可以看出,剩余股利政策是在最佳资本结构下优先满足内部筹资需要的政策,是最能满足内部筹资需要的政策。但是,这种股利政策由于同时受到投资机会和年度盈余两个因素的影响,波动较大,对于那些依赖公司分配股利维生的股东而言是极其不利的。剩余股利政策不利于树立公司的良好形象,也不利于投资者安排收入和支出。因此,剩余股利政策一般适用于公司初创阶段或者衰退阶段。

(二)固定或稳定增长的股利政策

固定股利或稳定的股利政策是公司将每年派发的股利额固定在某一特定水平上,然后在一段时间内不论公司的盈利情况和财务状况如何,派发的股利额均保持不变。只有当企业对未来利润增长确有把握,并且这种增长被认为是不会发生逆转时,才增加每股股利额。这一政策的特点是,不论经济状况如何,也不论企业经营业绩好坏,应将每期的股利固定在某一水平上保持不变,只有当公司管理当局认为未来盈利将显著地、不可逆转地增长时,才会提高股利的支付水平。

采用固定或稳定增长的股利政策的理论依据是股利重要论和信号传递理论。该理论认为:稳定的股利政策,是许多依靠固定股利收入生活的股东更喜欢的股利支付方式,它更利于投资者有规律地安排股利收入和支出。股利支付额忽高忽低的股票不大可能长期维持于相对较高的价位。稳定股利或稳定的股利增长率可以消除投资者内心的不确定性。等于向投资者传递了该公司经营业绩稳定或稳定增长的信息,从而使公司股票价格上升。此外,股利政策能向投资者传递重要信息。如果公司支付的股利稳定,就说明该公司的经营业绩比较稳定,经营风险较小,有利于股票价格上升;如果公司的股利政策不稳定,股利忽高忽低,这就给投资者传递企业经营不稳定的信息,导致投资者对风险的担心,进而使股票价格下降。

固定或稳定增长的股利政策存在着两个方面的缺点。①公司股利支付与公司盈利相脱离,造成投资的风险与投资的收益不对称。由于采用固定或稳定增长的股利政策,无论公司盈利状况如何,都必须支付固定或增长的股利额,股利支付与盈利相脱离。②给公司造成较大的财务压力。公司在发展过程中,难免会出现经营状况不好等困难时期,如果这时仍执行固定或稳定增长的股利政策,那么派发的股利金额大于公司实现的盈利,则必将侵蚀公司留存利润和公司资本。因此,公司很难长期采用该政策。

固定股利或稳定增长股利政策是一种固定股利优先的政策,容易造成公司资金短缺,不能保证公司除股利外的其他方面的资金需求,对筹集内部资本极其不利,为了保证固定的股利,甚至无法进行内部筹资。一般而言,这种政策适用于经营比较稳定或者处于成长期的企业,但仍然很难被长期采用。

(三)固定股利支付率政策

固定股利支付率政策是公司确定某一固定的股利支付率,并长期按此比率从净利润中分派股利的政策。固定股利支付率政策的理论依据是"一鸟在手"理论。该理论认为,用留存利润再投资带给投资者的收益具有很大的不确定性,并且投资风险随着时间的推移将进一步增大,因此,投资者更倾向获得现在的固定比率的股利收入。同样股利条件下,支付率高的股票价格必定要高于股利支付率低的股票价格。显然,股利分配模式与股票市价相关。

固定股利支付率政策的优点如下。①使股利与企业盈余紧密结合,以体现"多盈多分、少盈少分、不盈不分"的分配原则。②由于公司的获利能力是经常变动的,因此,每年的股利也应当随着公司收益的变动而变动,并保持股利与利润间的一定比例关系,这样体现了风险投资与风险收益的对称。这种政策从企业的支付能力来看,也是一种较为稳定的股利政策。

在实际工作中,固定股利支付率政策的不足如下。①使公司面临较大的财务压力。根据固定股利支付率政策,公司实现利润越多,派发股利也就应当越多。而公司实现利润多只能说明公司盈利状况好,并不能表明公司的现金支付能力就一定好。在此政策下,用现金分派股利必然给公司带来相当的财务压力。②传递的信息对公司不利。大多数公司每年的收益不可能是稳定不变的,如果公司每年的收益状况不同,固定股利支付率的股利政策将导致公司每年股利分配额的频繁变化。而股利通常被认为是公司未来前途的信号传递,而波动的股利向市场传递的信息就是公司未来收益前景不明确、不可靠等不良信息,不利于公司树立良好形象。③缺乏财务弹性。股利支付率是公司股利政策的主要内容,股利分配模式的选择、股利政策的制定是公司的财务手段和方法。在公司发展的不同阶段,公司应当根据自身的财务状况制定不同的股利政策,这样更有利于实现公司的财务目标。但在固定股利支付率政策下,公司丧失了利用股利政策的财务方法,缺乏财务弹性。④确定合理的固定股利支付率难度很大。一个公司如果股利支付率确定低了,则不能满足投资者对现实股利的要求;反之,公司股利支付率确定高了,就会使大量资金因支付股利而流出,公司又会因资金缺乏而制约其发展。可见,公司确定较优的股利支付率是具有相当难度的工作。

在固定股利支付率政策下,公司内部筹资的状况要视当年的利润情况而定。若每年收益状况波动较大,则内部筹资情况也随之波动,不确定性大。因此,现实中一成不变地按照固定比率发放股利的公司极少。固定股利支付率政策只能适用于稳定发展的公司和公司财务状况较稳定的阶段。

(四)低正常股利加额外股利政策

低正常股利加额外股利政策是公司事先设定一个较低的经常性股利额,通常情况下,公司每期都按此金额支付正常股利,只有企业盈利较多时,再根据实际情况发放额外股利。低正常股利加额外股利政策是依据"一鸟在手"理论和信号传递理论。将公司派发的股利固定地维持在较低的水平,当公司盈利较少或需用较多的保留盈余进行投资时,公司仍然能够按照既定的股利水平派发股利,体现了"一鸟在手"理论。而当公司盈利较大且有剩余现金,公司可派发额外股利,体现了股利信号传递理论。公司将派发额外股利的信息传播给股票投资者,有利于股票价格的上扬。

低正常股利加额外股利政策的优点在于:灵活性和稳定性相结合。低正常股利加额外股利政策,既吸收了固定股利政策对投资者收益保障的优点,维持了股利一定的稳定性;又摒弃了其对公司所造成的财务压力方面的不足,有利于企业的资本结构达到目标资本结构,使灵活性与稳定性较好地结合,因而为许多企业所采用。该股利政策对于内部筹资也有一定优势。在有额外盈利的情况下,当内部筹资需要时可以不派发额外股利,反之,则可以派发额外股利。

低正常股利加额外股利政策的缺点如下。①股利派发仍然缺乏稳定性,额外股利随盈利的变化,时有时无,给人漂浮不定的印象;②如果公司在较长时期内一直发放额外股利,股东就会误认为这是"正常股利",一旦取消,极易造成公司"财务状况"逆转的负面影响,进而可能引起股价下跌的不良后果。

这一政策适用于盈利水平随着经济周期而波动较大的公司或行业,或者公司的高速发展阶段。

以上四种可供选择的股利政策适用于公司发展的各个不同阶段,同时也要结合公司所处的法律环境、公司内部因素以及公司股东的组成等各类因素进行选择。下面对处于不同发展阶段的公司的股利政策的选择做了一个归纳,如表 9-1 所示。

表 9-1 公司股利分配政策的选择

公司发展阶段	特 点	适用的股利政策
公司初创阶段	公司经营风险高,融资能力差	剩余股利政策
公司高速发展阶段	产品销量急剧上升,需要进行大规模的投资	低正常股利加额外股利政策
公司稳定增长阶段	销售收入稳定增长,公司的市场竞争力增强,行业地位已经巩固,公司扩张的投资需求减少,广告支出比例下降,净现金流入量稳步增长,每股净利呈上升态势	稳定增长型股利政策
公司成熟阶段	产品市场趋于饱和,销售收入难以增长,但盈利水平稳定,公司通常已积累了相当的盈余和资金	固定型股利政策
公司衰退阶段	产品销售收入锐减,利润严重下降,股利支付能力日绌	剩余股利政策

第三节 股票股利与股票分割

一、股票股利

前已述及,股票股利是公司以增发股票的方式所支付的股利,我国实务中通常将其称为"红股"。股票股利在会计上属公司的收益分配,是一种股利分配的形式。

股票股利对公司来说,并没有现金流出,也不会导致公司的财产减少,只是将公司的留存收益转化为股本。但股票股利会增加流通在外的股票数量(股数),同时降低股票的每股价值。它不会改变公司股东权益总额,但会改变股东权益的构成结构。

从表面上看,分配股票股利除了增加所持股数外好像并没有给股东带来直接收益,事实上并非如此。因为市场和投资者普遍认为,公司如果发放股票股利往往预示着公司会有较高的成长空间、发展态势良好,这样的信息传递不仅会稳定股票价格甚至可能使股票价格上升。另外,如果股东把股票股利出售,变成现金收入,还会带来资本利得在纳税上的好处。因为相对于股利收入的纳税来说,投资者对资本利得收入的纳税时间选择更具有弹性,这样,即使股利收入和资本利得收入没有税率上的差别,仅就纳税时间而言,由于投资者可以自由向后推资本利得收入纳税的时间,所以它们之间也会存在延迟纳税带来的收益差异。所以股票股利对股东来说是能够带来一定利益的,而并非像表面上看到的那样没有意义。

【例 9-3】LH 股份有限公司是一家上市公司,该公司发行在外的普通股为 5 000 万元,每股面值为 1 元,流通在外的普通股股份数共计 5 000 万股。2019 年年末,由于预计第二年有较佳的投资机会,故拟在当年发放股票股利以替代往年的现金股利。该公司在 2019 年发放股票股利之前的资产负债表上的股东权益情况如表 9-2 所示。

表 9-2 　股东权益部分项目表　　　　　　　　　　单位：万元

项目	金额
普通股（面值1元，流通在外股份数5000万股）	5 000
资本公积	3 000
盈余公积	1 500
未分配利润	2 000
股东权益合计	11 500

假定该公司全部发放20%的股票股利。即，现有股东每持有10股可获赠2股普通股。依此比例，该公司共发放股票股利1 000万股（5 000万股/10股×2股＝1 000万股），面值1 000万元。随之将从未分配利润中转入普通股股本账户的金额为1 000万元。故，普通股由原来的5 000万元增加到6 000万元，而未分配利润由原来的2 000万元减少为1 000万元，但该公司的股东权益总额并未发生改变，仍然是11 500万元。发放股票股利后该公司的资产负债表上的股东权益部分如表9-3所示。

表 9-3 　股东权益部分项目表　　　　　　　　　　单位：万元

项目	金额
普通股（面值1元，流通在外股份数6 000万股）	6 000
资本公积	3 000
盈余公积	1 500
未分配利润	1 000
股东权益合计	11 500

假定某股东甲在该公司派发股利前拥有该公司普通股5 000股，甲的持股比例为：5 000股÷5 000万股×100％＝0.01％。

派发股票股利后，甲持有的股票数量为1 000股（5 000股/10股×2股＝1 000股），其持股比例为：1 000股÷1 000万股×100％＝0.01％。

由上例可以看出：发放股票股利使得资产负债表中股东权益项目内部结构发生了一定的改变，具体而言就是未分配利润减少、普通股金额和股数都增加；而发放股票股利前后公司的净资产总额不变，每一股东的持股比例也无变化，因此他们各自持股所代表的净资产也不会改变。

对于公司本身而言，采取以股票股利支付方式有以下优点。

（1）节约公司现金。股票股利不需要支付现金，但在心理上能给股东取得投资回报的感觉。在有好的投资机会时，公司还可用留存收益为之提供成本较低的资金，从而减轻公司的财务压力。

（2）降低每股市价，促进股票的交易和流通。若公司的股票价格比较高，则不利于股票的交易和流通，发放股票股利后，由于市场上的公司股票数增加，恰好可以适当降低股价水平。同时，股票市价水平降低后，当公司日后发行新股票时，也可以降低发行价格，有利于吸引投资者。

（3）传递公司未来发展前景的良好信息，增强投资者的信心。

（4）股票股利在降低每股市价的时候会吸引更多的投资者成为公司的股东，从而使公司股权更为分散，这样就能防止其他公司恶意控制。

二、股票分割

（一）股票分割

1. 股票分割的概念

股票分割又称股票拆细，即将一张较大面值的股票拆成几张较小面值的股票。在现实工作中，如果上市公司认为自己公司的股票市场价格过高，不利于交易和流通，就可能会进行股票分割。

股票分割对公司的资本结构不会产生任何影响，一般只会使发行在外的股票总数增加，资产负债表中股东权益各账户（股本、资本公积、留存收益）的余额都保持不变，股东权益的总额也保持不变。

股票分割给投资者带来的不是现实的利益，但是投资者持有的股票数增加了，给投资者带来了今后可多分股息和更高收益的期望，因此股票分割往往比增加股息派发对股价上涨的刺激作用更大。

2. 股票分割的作用

（1）股票分割会在短时间内使公司股票每股市价降低，买卖该股票所必需的资金量减少，易于增加该股票在投资者之间的换手，并且可以使更多的资金实力有限的潜在股东变成持股的股东。因此，股票分割可以促进股票的流通和交易。

（2）股票分割可以向投资者传递公司发展前景良好的信息，有助于提高投资者对公司的信心。

（3）股票分割可以为公司发行新股做准备。公司股票价格太高，会使许多潜在的投资者力不从心，从而不敢轻易对公司的股票进行投资。在新股发行之前，利用股票分割降低股票价格，可以促进新股的发行。

（4）股票分割有助于公司并购政策的实施，增加对被并购方的吸引力。

（5）股票分割带来的股票流通性的提高和股东数量的增加，会在一定程度上加大他人对公司股票恶意收购的难度。

（6）股票分割在短期内不会给投资者带来太大的收益或亏损，即给投资者带来的不是现实的利益，而是给投资者带来了今后可多分股息和更高收益的希望，是利好消息，因此对除权日后股价上涨有刺激作用。

【例9-4】 甲拥有2 000股B公司的股票，当公司宣布5∶1的比例进行股票分割后，甲原有的2000股股票便会变为10 000股。

$$2\,000 \times (5/1) = 10\,000（股）$$

如果1股股票在股票分割前的市价是$40，那么分割后的市价为

$$\$40 \times (1/5) = \$8$$

在股票分割前后股票的总金额是不变的。在股票未分割前它的价值是$80 000（2 000

股×$40）。分割后它的总价值还是$80 000（10 000 股×$8）。

【例 9-5】 接例 9-3，假设 LH 公司并未发放股票股利，而是按照 2∶1 的比例进行股票分割。股票分割后，该公司的股东权益项目情况如表 9-4 所示。

表 9-4　股东权益部分项目表　　　　　　　　　　单位：万元

项目	金额
普通股（面值 0.5 元，流通在外股份数 10 000 万股）	5 000
资本公积	3 000
盈余公积	1 500
未分配利润	2 000
股东权益合计	11 500

可以看出，股票分割不会改变资产负债表中股东权益的总额及其内部结构，股东权益各账户（股本、资本公积、留存收益）的余额也都保持不变，它只会使发行在外的股票总数增加。

（二）股票合并（反向分割）

反向分割跟股票分割刚好相反，它是将几张面值较小的股票换成一张面值较大的股票，实质上是将公司流通在外的股票数进行合并。如果公司认为其股票价格过低，不利于其在市场上的声誉和未来的再筹资时，为提高其股票价格，就会采取反分割的措施。因此，反向分割的作用在于提高股票的市价。然而，现实中，反向分割会降低股票的流通性，加大投资者入市的门槛，向市场传递的通常是不利的信息。实际操作中各项数据及其统计表明，在其他因素不变的情况下，股票的反向分割消息宣布后，股票价格均有大幅度的下跌。

【例 9-6】 王先生拥有 800 股 LXKJ 公司的股票，假设该公司宣布将其股票分割为 1∶2，则王先生原来拥有的 800 股股票便会变为 400 股。

$$800 \times (1/2) = 400（元）$$

如果 1 股股票原先价钱是 45 元，那么股票分割后的价钱为

$$45 \times (2/1) = 90（元）$$

这是典型的反向分割的情况，即将几股面值较小的股票换成一股面值较大的股票。在反向分割前后王先生所持有的股票总价值没有变化。在股票未分割前它的价值是 36 000 元（800 股×45 元/股）。分割后它的价值还是 36 000 元（400 股×90 元/股），只是拥有的股票数量和面值发生了改变。

（三）股票分割与股票股利的比较

股票股利与股票分割的共同点与区别如下。

（1）股票股利与股票分割都会使股票股数增加，而反向分割会减少股票股数。

（2）股票股利与股票分割会使市价降低，而反向分割会提高股票价格。

（3）股票股利与股票分割使每股收益降低，而反向分割使每股收益增多。

（4）股票股利与股票分割不会改变公司的控制仅，但会使控制权分散，而反向分割反而会巩固公司的控制权。

习　题

【单项选择题】

1. 下列属于影响收益分配政策的法律因素是（　　）。
   A. 举债能力　　　　　　　　B. 投资机会
   C. 资本积累约束　　　　　　D. 合理避税

2. 股利无关论支持的观点是（　　）。
   A. 股利分配的多少不影响企业价值
   B. 公司应发放高额股利
   C. 投资者关心股利分配政策
   D. 公司应不发股利

3. "一鸟在手"论支持的观点是（　　）。
   A. 公司应不发股利
   B. 公司应多发股利
   C. 公司应少量发放股利
   D. 股利分配的多少不影响企业价值

4. 信号传递理论认为，如果公司使用较低的股利支付率，则（　　）。
   A. 投资者对公司未来的现金流量有信心
   B. 投资者对公司未来的盈利状况较乐观
   C. 投资者认为公司未来盈利有吸引力
   D. 投资者对公司未来的现金流量和盈利能力不乐观

5. 代理理论认为，最优的股利政策是使（　　）的股利政策。
   A. 代理成本较小
   B. 外部融资成本较小
   C. 代理成本和外部融资成本之和较小
   D. 与代理成本无关

6. 剩余股利政策是（　　）的股利政策。
   A. 优先分红　　　　　　　　B. 优先投资
   C. 优先内部积累　　　　　　D. 与投资无关

7. 固定股利政策的优点是（　　）。
   A. 保证投资的需要
   B. 股利支付与盈利状况密切联系
   C. 财务压力小
   D. 能增强投资者对公司的信心

8. 下列股利政策中，难以被长期采用的是（　　）。
   A. 剩余股利政策

B. 固定股利政策

C. 固定股利支付率政策

D. 低正常股利加额外股利政策

9. 固定股利支付率政策的缺点是（　　）。

　　A. 保证投资的需要

　　B. 股利支付与盈利状况密切联系

　　C. 财务压力小

　　D. 股利波动小

10. 下列股利政策中，既有稳定性又有灵活性的是（　　）。

　　A. 剩余股利政策　　　　　　　B. 固定股利政策

　　C. 固定股利支付率政策　　　　D. 低正常股利加额外股利政策

11. 下列股利支付形式中，属于负债股利的是（　　）。

　　A. 用现金支付股利

　　B. 用公司拥有的其他公司的债券支付股利

　　C. 用公司产品支付股利

　　D. 发行公司债券支付股利

12. 有权领取本次股利的股东资格登记的截止日期是（　　）。

　　A. 股利宣告日　　　　　　　　B. 股权登记日

　　C. 除息日　　　　　　　　　　D. 股利支付日

13. 一般来说，剩余股利政策适用于（　　）。

　　A. 公司初创期　　　　　　　　B. 公司快速发展期

　　C. 公司稳定增长期　　　　　　D. 公司成熟期

14. 公司在进行股利分配之前，要完成的程序不包括（　　）。

　　A. 弥补企业以前年度亏损　　　B. 提取法定盈余公积

　　C. 提取任意盈余公积　　　　　D. 偿还公司债务

15. 除息日一般是在（　　）。

　　A. 股利宣告日后的一个工作日

　　B. 股利支付日前的一个工作日

　　C. 股权登记日后的一个工作日

　　D. 股权登记日前的一个工作日

【简答题】

1. 影响收益分配政策的因素有哪些？
2. 简述股份公司的收益分配程序。
3. 股利理论有哪些？
4. 股利政策有哪几种？各有什么特点？
5. 股利支付的形式有哪些？

第十章

财务控制

第一节 财务控制的概念

财务控制是指对企业的资金投入及收益过程和结果进行衡量与校正，目的是确保企业目标以及为达到此目标所制定的财务计划得以实现。现代财务理论认为企业理财的目标以及它所反映的企业目标是股东财富最大化（在一定条件下也就是企业价值最大化）。财务控制总体目标是在确保法律法规和规章制度贯彻执行的基础上，优化企业整体资源综合配置效益，理定资本保值和增值的委托责任目标与其他各项绩效考核标准来制定财务控制目标，是企业理财活动的关键环节，也是确保实现理财目标的根本保证，所以财务控制将服务于企业的理财目标。

一、财务控制的特征

财务控制，是指按照一定的程序与方法，确保企业及其内部机构和人员全面落实和实现财务预算的过程。

财务控制的特征有：以价值形式为控制手段；以不同岗位、部门和层次的不同经济业务为综合控制对象；以控制日常现金流量为主要内容。

财务控制是内部控制的一个重要组成部分，是内部控制的核心，是内部控制在资金和价值方面的体现。

二、财务控制的种类

财务控制可以按照以下不同的标志分类。

（一）按照财务控制的内容分类

按照财务控制的内容可将财务控制分为一般控制和应用控制两类。

一般控制，是指对企业财务活动赖以进行的内部环境所实施的总体控制，因而也称为基础控制或环境控制。

应用控制，是指直接作用于企业财务活动的具体控制，也称为业务控制。

（二）按照财务控制的时序分类

按照财务控制的时序可将财务控制分为事先控制、事中控制和事后控制三类。

事先控制，是指企业单位为防止财务资源在质和量上发生偏差，而在行为发生之先所实施的控制。如财务收支活动发生之前的申报审批制度、产品设计成本的规划等。

事中控制，是指财务收支活动发生过程中所进行的控制。如按财务预算要求监督预算的执行过程，对各项收入的去向和支出的用途进行监督，对产品生产过程中发生的成本进行约束等。

事后控制，是指对财务收支活动的结果所进行的考核及其相应的奖罚。如按预算的要求对各责任中心的财务收支结果进行评价，并以此实施奖罚，在产品成本形成之后进行综合分析与考核，确定各责任中心和企业的成本责任。

（三）按照财务控制的主体分类

按照财务控制的主体可将财务控制分为出资者财务控制、经营者财务控制和财务部门的财务控制三类。

出资者财务控制，是为了实现其资本保全和资本增值目标而对经营者的财务收支活动进行的控制。如对成本开支范围和标准作出规定等。

经营者财务控制，是为了实现财务预算目标而对企业及各责任中心的财务收支活动所进行的控制。这种控制是通过经营者制定财务决策目标，并促进这些目标被贯彻执行，如企业的筹资、投资、资产运用、成本支出决策及其执行等。

财务部门的财务控制，是财务部门为了有效地组织现金流动，通过编制现金预算，执行现金预算，对企业日常财务活动所进行的控制，如对各项货币资金用途的审查等。

（四）按照财务控制的依据分类

按照财务控制的依据可将财务控制分为预算控制和制度控制两类。

预算控制，是指以财务预算为依据，对预算执行主体的财务收支活动进行监督、调整的一种控制形式。预算表明了其执行主体的责任和奋斗目标，规定了预算执行主体的行为。

制度控制，是指通过制定企业内部规章制度，并以此为依据约束企业和各责任中心财务收支活动的一种控制形式。制度控制通常规定只能做什么，不能做什么。与预算控制相比，制度控制具有防护性的特征，而预算控制主要具有激励性的特征。

（五）按照财务控制的对象分类

按照财务控制的对象可将财务控制分为收支控制和现金控制（或货币资金控制）两类。

收支控制，是对企业和各责任中心的财务收入活动和财务支出活动所进行的控制。

现金控制，是对企业和各责任中心的现金流入和现金支出所进行的控制。

（六）按照财务控制的手段分类

按照财务控制的手段可将财务控制分为定额控制和定率控制，也可称为绝对控制和相对控制。

定额控制，是指对企业和各责任中心采用绝对额指标进行控制。

定率控制，是指对企业和各责任中心采用相对比率指标进行控制。

第二节　责　任　控　制

责任控制就是通过职工和责任部门履行岗位责任制对经济活动与资金运动所进行的会计控制。

责任控制必须坚持职责分明，责、权、利相结合，实行职务分管、钱账分管、账物分管。要执行赏罚分明的政策，要将企业内部的经济责任制与企业内部的经济核算制有机地结合起来，真正使责任控制成为会计管理的重要手段。

一、责任中心的概念及特征

（一）责任中心的概念

责任中心是指承担一定经济责任，并享有一定权利的企业内部（责任）单位。责任中心就是将企业经营体分割成拥有独自产品或市场的几个绩效责任单位，然后将综合的管理责任授权给这些单位之后，将绩效责任单位处于市场竞争环境之下，透过客观性的利润计算，实施必要的业绩衡量与奖惩，以期达成企业设定的经营成果的一种管理制度（management system）。

（二）责任中心的特征

1. 它是一个责、权、利相结合的实体

责任中心的设立意味着它要对一定的财务指标承担完成的责任，同时，它也被赋予与其所承担责任的范围和大小相适应的权利，并规定了相应的业绩考核标准和利益分配标准。

2. 具有承担责任的条件

责任中心有两方面的含义：一是责任中心具有履行经济责任中各条款的行为能力；二是责任中心一旦不能履行经济责任，能对其后果承担责任。

3. 责任和权利皆可控

每个责任中心只能对其责权范围内可控的成本、收入、利润和投资负责，在责任预算和业绩考评中也只应包括它们能控制的项目。可控是相对于不可控而言的，不同的责任层次的可控范围并不一样。一般而言，责任层次越高，其可控范围就越大。

4. 有一定经营业务和财务收支活动

财务收支活动是以现金收支为主的企业资金收支活动，是经营业务活动的前提和保障。

5. 便于进行责任会计核算

责任中心不仅要划清责任而且要单独核算，划清责任是前提，单独核算是保证。只有既划清责任又能进行单独核算的企业内部单位，才能作为一个责任中心。

责任中心是为了使各单位在其规定的责任范围内有责有权，积极工作，保证各中心目标的实现。可划分为成本中心、利润中心和投资中心三大类。

二、成本中心

（一）成本中心的含义

成本中心是其责任者只对其成本负责的单位，是只对成本或费用负责的责任中心。成本中心的范围最广，只要有成本费用发生的地方，都可以建立成本中心，从而在企业形成逐级控制、层层负责的成本中心体系。大的成本中心可能是一个分公司、分厂，小的成本中心可以是车间、工段、班组。

（二）成本中心的分类

成本中心有两种类型：标准成本中心和费用成本中心。

1. 标准成本中心

标准成本中心是既有投入也有产出的成本中心，它可以为企业提供一定的物质成果，如在产品、半成品或产成品成本中心，其发生的成本可以通过标准成本或弹性预算予以控制。

2. 费用成本中心

费用成本中心主要为企业提供一定的专业性服务，如企业的财会、统计、设计、行政、总务等部门。这类中心的特点是只有管理和服务，无所谓投入和产出，因此只能通过预算的形式进行控制。

（三）成本中心的绩效考评

由于成本中心没有收入，只对成本负责，因而对成本中心的评价与考核应以责任成本为重点，即以它的业绩报告为依据来衡量责任成本的实际数与预算数出现的差异，并分析其差异产生的原因。

成本中心编制的业绩报告也叫"实绩报告"，通常只需按该中心可控成本的各明细项目列示预算数（定额数）、实际数和差异数三栏，指标可用金额、实物或时间量度。西方有些企业在"差异"栏后面加上"差异原因分析"栏，此栏的主要目的是进行信息反馈或今后进行修改预算。

为保证对成本中心的工作绩效进行恰当的考评，除正确计算、归集各成本中心的责任成本，对其所能控制和调节的直接成本实施有效的控制之外，还必须使间接成本在各有关成本中心之间进行合理的分配。间接费用在若干有关责任中心之间进行分配，不应依据费用实际发生额和实际费用分配率，而应依据间接费用预算额和预算分配率。采用这种费用分配方法，有利于明确区分经济责任，正确评价和考核责任中心的工作业绩。

三、利润中心

（一）利润中心的含义

利润中心（profit center）是指既对成本承担责任，又对收入和利润承担责任的企业所属单位。由于利润等于收入减成本和费用，所以利润中心实际上是对利润负责的责任中心。

这类责任中心往往处于企业中较高的层次，一般是指有产品或劳务生产经营决策权的部门，能通过生产经营决策，对本单位的盈利施加影响，为企业增加经济效益，如分厂、分公司或具有独立经营权的各部门等。利润中心的权利和责任都大于成本中心。

（二）利润中心的分类

利润中心包含两种类型：一种是自然的利润中心，它直接向公司外部出售产品，在市场上进行购销业务；另一种是人为的利润中心，它主要在公司内部按照内部转移价格出售产品。

自然的利润中心是指在外界市场上销售产品或提供劳务取得实际收入、给企业带来利润的利润中心。这类利润中心一般是企业内部独立单位，具有材料采购权、生产决策权、价格制定权、产品销售权，有很大的独立性，如分公司、分厂等。它可以直接与外部市场发生业务上的联系，销售其最终产品和半成品或提供劳务，既有收入，又有成本，可以计算利润，将其完成的利润和责任预算中的预计利润对比，评价和考核其工作业绩。

人为的利润中心是指在企业内部按照内部结算价格将产品或劳务提供给本企业其他责任中心取得收入，实现内部利润的责任中心。这类利润中心的产品主要在本企业内转移，一般不与外部市场发生业务上联系，它们只有少量对外销售，或者全部对外销售均由企业专设的销售机构完成，如各生产车间、运输队等。由于人为的利润中心能够为成本中心相互提供产品或劳务规定一个适当的内部转移价格，使得这些成本中心可以"取得"收入进而评价其收益，因此，大多数成本中心总能转化为人为的利润中心。

人为的利润中心本来应是成本中心，为了发挥利润中心的激励机制，人为地按规定的内部结算价格，与发生业务关系的内部单位进行半成品和劳务的结算，并以结算收入减去成本算得利润，与责任预算中确定的预计利润进行对比，进而对差异形成的原因和责任进行剖析，据以对其工作业绩进行考核和评价。对人为利润中心，内部结算价格制定得是否合理，是能否正确考核和评价其工作业绩的关键。

（三）利润中心的绩效考评

利润中心对利润负责，因此，利润中心的责任预算应包括销售收入、成本和利润三个组成部分。在利润中心的责任成本中，大部分是下属成本中心的责任成本，通常只有管理费用和销售费用是利润中心的可控成本。利润中心责任预算的格式与一般的收益表形式大体相同。区别在于责任利润预算除了应将成本划分为变动成本和固定成本以外，还应将变动成本和固定成本中由下属成本中心转来的责任成本和利润中心本身的可控成本分开。

由于许多企业都存在应由几个利润中心共同负担的联合固定成本，利润中心无法控制联合固定成本的数额，所以，对这部分固定成本有两种处理方法：其一是不将其在利润中心之间进行分配。在这种情况下，利润中心的业绩报告中没有利润额，只有边际贡献额。其二是将其在各利润中心之间进行分配。在这种情况下，利润中心的业绩报告中有利润额，但是，对利润中心进行考核时，还要剔除这部分固定成本的影响，即仍然考核其边际贡献额。因此，利润中心的业绩考核重点是边际贡献和利润，通常是以成本、收入、利润的责任预算为依据，考核分析其实际完成结果。利润中心业绩考核指标通常有边际贡献、利润

和销售利润率。其计算公式为

$$边际贡献 = 销售收入 - （变动性制造成本 + 变动性营业及管理费用）$$

$$利润 = 边际贡献 - （固定性制造成本 + 固定性营业及管理费用）$$

$$销售利润率 = 利润 \div 销售收入 \times 100\%$$

利润中心应编制绩效报告，将实际销售成本、实际销售收入及实际利润同销售成本预算、销售收入预算及利润预算进行对比，集中反映利润预算的完成情况。其报告通常只包括"责任预算""实际执行情况"和"差异"三栏。对差异产生原因的进一步分析，可以作为第四栏，也可以另作材料说明。

（四）多模式利润中心

企业和企业集团内部的利润中心独立核算：企业管理者可以对于内部利润中心的运营成果（包括内外部收入、成本费用、利润的情况）进行及时、准确的了解，为管理控制与考核评价提供依据。

事业部运营模式的企业集团的事业部的内部核算：按照事业部方式运营而不是按照公司运营的企业集团，通过传统的以公司为主体进行会计核算来反映事业部的经营成果已不可能，所以需采用利润中心会计提供解决方案。

企业集团下的跨公司的产品线/业务线的独立核算：对于矩阵式管理的企业集团，按照产品线/业务线和公司组织的方式来分别的核算，了解集团的产品线、业务线的盈利情况，需要跨公司反映产品线/业务线的经营业绩。

企业内部利润中心间的内部结算：在企业内部利润中心之间由于采取了内部市场机制，各利润中心之间的内部产品/服务的提供，需要进行内部结算而不用进行外部结算，需利润中心会计提供内部结算的处理。

成本费用的分摊以及精细化的利润中心核算：核算的对象不但需要到成本中心，还需要根据客户需要设置到产品、客户、地区等维度。

四、投资中心

（一）投资中心的含义

投资中心是既对成本、收入和利润负责，又对投资效果负责的责任中心，是指下级管理者具有利润中心所描述的全部职责，同时对于营运资本和实物资产也具有责任与权力，并以其所使用的有形资产和财务资产的水平作为业绩计量标准的中心，如大型集团所属的子公司、分公司、事业部等。投资中心是利润中心的一般形式，其获利能力与其所使用的创造利润的资产相联系。典型投资中心的业绩计量标准是投资报酬率和经济附加值。但试图使投资报酬率指标扩大的管理者，有可能会产生拒绝那些投资报酬率低于部门目前投资报酬率却高于部门资本成本的投资机会的倾向。这个问题可以通过经济附加值来解决。经济附加值通过从部门净收益中减除部门平均投资的资本成本而得到。

投资中心是最高层次的责任中心，它拥有最大的决策权，也承担最大的责任。投资中心必然是利润中心，但利润中心并不都是投资中心。利润中心没有投资决策权，而且在考核利润时也不考虑所占用的资产。

（二）投资中心的考核指标

投资中心主要考核能集中反映利润与投资额之间关系的指标，包括投资利润率和剩余收益。

1. 投资利润率

投资利润率又称投资收益率，是指投资中心所获得的利润与投资额之间的比率，可用于评价和考核由投资中心掌握、使用的全部净资产的盈利能力。其计算公式为

$$投资利润率 = 利润 \div 投资额 \times 100\%$$

或

$$投资利润率 = 资本周转率 \times 销售成本率 \times 成本费用利润率$$

其中，投资额是指投资中心的总资产扣除对外负债后的余额，即投资中心的净资产。为了评价和考核由投资中心掌握、使用的全部资产的总体盈利能力，还可以使用总资产息税前利润率指标。其计算公式为

$$总资产息税前利润率 = 息税前利润 \div 总资产 \times 100\%$$

投资利润率指标的优点有：能反映投资中心的综合盈利能力；具有横向可比性；可以作为选择投资机会的依据；可以正确引导投资中心的经营管理行为，使其长期化。该指标的最大局限性在于会造成投资中心与整个企业利益的不一致。

2. 剩余收益

剩余收益是指投资中心获得的利润，扣减其投资额（或净资产占用额）按规定（或预期）的最低收益率计算的投资收益后的余额。其计算公式为

$$剩余收益 = 利润 - 投资额（或净资产占用额）\times 规定或预期的最低投资收益率$$

或

$$剩余收益 = 息税前利润 - 总资产占用额 \times 规定或预期的总资产息税前利润率$$

剩余收益指标能够反映投入产出的关系，能避免本位主义，使个别投资中心的利益与整个企业的利益统一起来。

习　题

【单项选择题】

1. 按照一定的程序与方法，确保企业及其内部机构和人员全面落实和实现财务预算的过程是指（　　）。
   A. 财务控制　　　　　　　　B. 财务预算
   C. 财务决策　　　　　　　　D. 财务监督
2. 对企业财务活动赖以进行的内部环境所实施的总体控制称之为（　　）。
   A. 预算控制　　　　　　　　B. 应用控制
   C. 一般控制　　　　　　　　D. 事中控制

3. 通过职工和责任部门履行岗位责任制对经济活动与资金运动所进行的会计控制称之为（　　）。
   A. 责任控制　　　　　　　　B. 预算控制
   C. 应用控制　　　　　　　　D. 一般控制

4. 既对成本承担责任，又对收入和利润承担责任的企业所属单位是指（　　）。
   A. 利润中心　　　　　　　　B. 成本中心
   C. 投资中心　　　　　　　　D. 预算中心

5. 在外界市场上销售产品或提供劳务取得实际收入、给企业带来利润的利润中心是指（　　）。
   A. 人为利润中心　　　　　　B. 自然利润中心
   C. 客观利润中心　　　　　　D. 主观利润中心

6. 在企业内部按照内部结算价格将产品或劳务提供给本企业其他责任中心取得收入，实现内部利润的责任中心是指（　　）。
   A. 自然利润中心　　　　　　B. 客观利润中心
   C. 主观利润中心　　　　　　D. 人为利润中心

7. 不属于利润中心业绩考核指标的是（　　）。
   A. 边际贡献　　　　　　　　B. 利润
   C. 销售利润率　　　　　　　D. 收入

8. 对成本、收入和利润负责，又对投资效果负责的责任中心是指（　　）。
   A. 投资中心　　　　　　　　B. 利润中心
   C. 成本中心　　　　　　　　D. 预算中心

9. 下列不属于投资中心的考核指标的是（　　）。
   A. 投资利润率　　　　　　　B. 销售利润率
   C. 剩余收益　　　　　　　　D. 投资收益率

10. 最高层次的责任中心，它拥有最大的决策权，也承担最大责任的中心是指（　　）。
    A. 投资中心　　　　　　　　B. 利润中心
    C. 成本中心　　　　　　　　D. 预算中心

【多项选择题】

1. 财务控制的特征有（　　）。
   A. 以价值形式为控制手段
   B. 以不同岗位、部门和层次的不同经济业务为综合控制对象
   C. 以控制日常现金流量为主要内容
   D. 是内部控制的核心

2. 按照财务控制的内容分类，财务控制分为（　　）。
   A. 一般控制　　　　　　　　B. 应用控制
   C. 预算控制　　　　　　　　D. 制度控制

3. 按照财务控制的手段分类，财务控制分为（　　）。
   A. 定额控制　　　　　　　　B. 定率控制
   C. 绝对控制　　　　　　　　D. 相对控制
4. 责任中心的特征（　　）。
   A. 它是一个责、权、利相结合的实体
   B. 具有承担责任的条件
   C. 责任和权利皆可控
   D. 有一定经营业务和财务收支活动
5. 成本中心有两种类型：分别是（　　）。
   A. 预算成本中心　　　　　　B. 计划成本中心
   C. 标准成本中心　　　　　　D. 费用成本中心

【判断题】

1. 财务控制是企业理财活动的关键环节，也是确保实现理财目标的根本保证，所以财务控制将服务于企业的理财目标。（　　）
2. 现金控制，是对企业和各责任中心的财务收入活动和财务支出活动所进行的控制。（　　）
3. 经营者财务控制，是为了实现财务预算目标而对企业及各责任中心的财务收支活动所进行的控制。（　　）
4. 责任中心可划分为成本中心、利润中心和投资中心三大类。（　　）
5. 由于成本中心没有收入，只对成本负责，因而对成本中心的评价与考核不应以责任成本为重点。（　　）

第十一章

财务分析

第一节 财务分析概述

一、财务分析的概念

财务分析，是以企业提供的财务报表和其他资料为依据和起点，采用专门的分析技术和方法，对企业的财务状况、经营成果以及现金流变化进行分析与评价，并为企业管理者提供进一步预测未来企业发展趋势、经营前景提供重要财务信息的管理活动。

财务分析是财务管理的一部分，它在财务管理中起着承上启下的作用，用来评估公司未来经营前景和做出商业决策后所面临的风险；其目的是为了了解过去、评价现在、预测未来，帮助企业及时调整和改善决策。

二、财务分析的意义

财务分析既是财务预测的前提，也是过去经营活动的总结，它在整个财务管理体系中起重要作用。

（一）财务分析是评价企业财务状况好坏及经营能力的重要依据

通过财务分析，可以了解企业过去和当前的偿债能力、营运能力、盈利能力和现金流量状况，进而揭示企业财务活动中存在的问题和矛盾，总结财务管理经验教训。财务分析反映企业在运营过程中的利弊得失和发展趋势，从而为改进企业理财工作和优化经济决策提供重要财务信息。

（二）财务分析对不同的信息使用者有不同的意义

财务分析信息的需求者主要包括企业所有者、企业债权人、企业经营决策者和政府等。不同主体出于不同的利益考虑，对财务分析信息有着各自不同的要求。相关信息需求者通过财务分析，可以更加深入地了解企业的财务状况和经营能力等，为其做出相关决策提供依据，也可以检查财务法规和制度的执行情况，促进企业正确处理各方关系，维护企业的合法权益。

（三）财务分析可以评价和考核企业的经营业绩，提高企业管理水平和经济效益

通过财务分析，能够检查企业内部各职能部门的指标完成情况，不断开发员工潜力，找出差距，考核各职能部门业绩，奖优罚劣，充分挖掘未被利用的人力、物力资源，寻找

利用不当的原因，促进企业的健康发展。

三、财务分析的主体和内容

财务分析的主体是指与企业存在一定现实或潜在利益关系的，为特定目标和目的而对企业的经营成果、财务状况和现金流量等采用专门方法进行分析和评价的企业、机构或个人。财务分析的不同主体由于各自利益需求的差异，在对企业进行财务分析时，各自有不同的内容要求和侧重点。

（1）企业所有者作为投资人，关心其资本的保值和增值状况，需要分析企业的资产和未来盈利能力，因此较为重视企业盈利能力指标，主要进行企业盈利能力分析。投资者通过分析企业利润目标的完成情况和不同年度盈利水平的变动情况，做出与企业股份相关的决策。

（2）企业债权人因不能参与企业剩余收益分享，首先关注的是债务收回所存在的风险性和企业的资信状况，因此他们更重视企业偿债能力指标。为了了解企业的短期偿债能力，他们主要进行企业偿债能力分析；同时，为了了解企业长期偿债能力，也关注企业盈利能力分析。

（3）企业经营管理决策者为了实现企业利润最大化目标，改善财务决策，提高经营业绩，须对企业经营理财的各个方面，包括营运能力、偿债能力、盈利能力及发展能力的全部信息予以详尽的了解和掌握，主要进行各方面综合分析，并关注企业财务风险和经营风险。

（4）政府机构兼具多重身份，既是宏观经济管理者，又是国有企业所有者和重要的市场参与者，政府对企业财务分析的关注点因所具身份不同而异。相关税务机构通过财务分析了解企业纳税义务完成情况，其他机关可以了解企业是否做到遵纪守法、完成社会公益责任。

（5）供应商希望与企业能够建立长期的协作，达到双方共赢的局面。因此供应商更关注企业的信用水平，以决定是否对其延长付款期，是否能建立长期的合作关系。

即使不同的利益主体在获取财务分析信息时有各自的侧重点，但从企业整体角度而言，财务分析还是可以总结为三个方面：偿债能力分析、营运能力分析、盈利能力分析。偿债能力是企业目标稳健实现的保证，营运能力是企业目标实现的物质基础，盈利能力是共同作用的结果，同时起到增强推动作用，三者相辅相成，共同构成财务分析的基本内容。

四、财务分析的方法

（一）比较分析法

比较分析法就是将两个或两个以上实际达到的财务数据与性质相同的经济指标数值标准加以比较，通过比较揭示财务活动中的数量关系，找出存在的差距，从而发现问题，作为分析和判断企业当前财务状况和经营成果差异的一种方法。比较分析法是最基本的分析方法，其他分析方法均建立在比较分析法的基础上。

根据比较的对象不同，比较分析法分为水平分析法、垂直分析法以及趋势分析法。

1. 水平分析法

水平分析法又称横向比较分析法，就是将反映企业报告期的财务数据信息与市场上的数据进行差异比较。横向比较的对象是市场上同类企业数据，比如行业平均水平或竞争对手数据等。水平分析法通常进行变动额和变动率两种指标数据的对比，其计算公式如下。

$$变动额 = 分析期某项指标实际数 - 基期同项指标实际数$$

$$变动率 = \frac{变动额绝对值}{报表某项目基期金额} \times 100\%$$

水平分析进行的对比，一般不是只对比一两个项目，而是把财务报表报告期的所有项目与上一期进行全面的综合的对比分析，揭示各方面存在的问题，为进一步全面深入分析企业财务状况打下基础，所以水平分析法是会计分析的基本方法。

2. 垂直分析法

垂直分析法又称结构分析法或动态分析法，它是通过计算报表中各项占总体的比重或结构，反映报表中的项目与总体关系情况及其变动情况。其计算公式为

$$某项目比重 = \frac{某个项目金额}{项目总金额} \times 100\%$$

利用垂直分析法，可以考察总体中某个部分的形成和安排是否合理，从而协调各种财务活动，垂直分析法分析步骤如下。

（1）确定报表中各项目占总金额的比重或百分比。

（2）通过各项目的比重，分析各项目在企业经营中的重要性，通常项目比重越大，说明重要程度越高，对总体的影响越大。

（3）也可将本企业报告期项目比重与同行业企业的可比项目比重进行对比，确定差异。

3. 趋势分析法

趋势分析法是将连续几期（至少三期）财务报告中的相关数据或指标进行比较，找出变化规律，体现整体增减变动的方向、数额或幅度等情况的方法。采用这种方法，可以更好地监控企业财务状况和经营情况的发展变化，分析其原因和影响，并预测企业未来的发展趋势。趋势分析法是最常用的比较分析法。

趋势分析法有两种方法来比较不同时期财务指标和财务数据。

（1）定基动态比率，是以某一固定时期数额作为固定基期数进行比较的动态比率。其计算公式为

$$定基动态比率 = \frac{分析期数额}{固定基期数额} \times 100\%$$

（2）环比动态比率，是以每一分析期的数据与上期数据相比较的动态比率，其计算公式为

$$环基动态比率 = \frac{分析期数额}{前期数额} \times 100\%$$

采用趋势分析法时需注意以下三点。第一，用于进行比较的各个时期数据和指标在计算口径上必须统一。第二，对于造成趋势变化的偶然因素和特殊影响需要在分析时加以排除。第三，分析中应重点关注显著或者异常变动，分析研究其变动原因，对症解决。

（二）比率分析法

比率分析法是通过计算各种财务数据的比率来确定和分析企业经济活动变动程度的一种分析方法。比率常用的具体表现形式为：百分率，如总资产报酬率30%；比值，如速动比率为3∶1；分数，如负债占总资产的1/2。

比率指标的类型分为构成（结构）比率、效率比率和相关比率三种。

1. 构成（结构）比率

构成比率，也称为结构比率，是用于计算某项财务指标的部分数值占总体数值的比重，反映部分与总体的关系，如资产构成比率、负债构成比率等。其计算公式为

$$构成（结构）比率 = \frac{某个组成部分的数额}{总体数额} \times 100\%$$

通过构成（结构）比率分析法，来考察总体某个部分的存在是否合理，以便协调企业各项财务活动。

2. 效率比率

效率比率是反映企业投入与产出关系的，通常用于计算某项经济活动中所费与所得的比率。比如营业利润率、总资产利润率等。其计算公式为

$$效率比率 = \frac{经济活动中的所得}{经济活动中的所费} \times 100\%$$

通过效率比率，可以进行得失比较，从而从不同的角度观察比较企业的运营能力和盈利能力的水平高低、评价经济效益。

3. 相关比率

相关比率是计算某个项目和与其有关但又不同的项目的对比指标的比率。相关比率用来反映部分与总体关系、投入与产出关系之外的经济活动之间的相互关系。比如流动比率、资产负债率、产权比率等。其计算公式为

$$相关比率 = \frac{某个项目}{另一相关但不同项目} \times 100\%$$

通过相关比率，可以考察企业相互关联的业务安排是否合理，以保证企业经营管理活动顺畅进行。

采用比率分析法时，应当注意以下几点。

（1）项目的相关性。需注意分子、分母的指标之间有一定的联系，相互关联。

（2）项目的口径一致性。比率的分子和分母必须在时间、范围等方面保持计算口径一致。

（3）衡量标准的科学性。注意将各种比率和因素有机联系起来进行全面分析，不可孤

立地看某种或某类比率，比如行业因素、生产经营情况差异性等因素；同时还要结合其他分析方法，这样才能对企业的历史、现状和将来有一个全面的分析和了解，达到财务分析的目的。

（三）因素分析法

因素分析法是依据财务指标与其影响因素的关系，按照一定的程序方法，从数量上确定和分析各因素对财务指标的影响方向和影响程度的一种方法。

因素分析法按照分析方式的不同，分为连环替代法和差额分析法。其中连环替代法是因素分析法中最常用的。

1. 连环替代法

连环替代法是将财务指标拆分为可以计量的因素，根据各个因素之间的依存关系，依次用各因素的比较值（实际值）替代基准值（标准值或计划值），从而确定各因素对指标的影响差异。其基本计算程序如下。

（1）确定财务指标与其影响因素之间的关系，建立因素分析式。

$$Y = A \times B \times C$$

（2）设某一财务指标 Y 是由相互联系的 A、B、C 三个因素组成，建立计划（标准）指标和实际分析指标的公式，以及差异值。

计划（标准）指标：$Y_0 = A_0 \times B_0 \times C_0$

实际指标：$Y_1 = A_1 \times B_1 \times C_1$

差异值：$\Delta Y = Y_1 - Y_0$

其中差异值 ΔY 是分析对象。

（3）ΔY 是分析对象的差异可能是由于三个因素变动的影响造成。在测定各个因素的变动对指标 Y 的影响程度时，按照各因素的排列顺序，逐一代替计算如下。

第一次替代因素：$Y_2 = A_1 \times B_0 \times C_0$

第二次替代因素：$Y_3 = A_1 \times B_1 \times C_0$

第三次替代因素：$Y_1 = A_1 \times B_1 \times C_1$

（4）比较各因素的替代结果，确定各因素对财务指标的影响程度。

因素 A 对财务指标的影响程度：$\Delta A = Y_2 - Y_0$

因素 B 对财务指标的影响程度：$\Delta B = Y_3 - Y_2$

因素 C 对财务指标的影响程度：$\Delta C = Y_1 - Y_3$

（5）检验分析结果。将各因素的变动影响程度相加，检验是否等于分析对象 ΔY，三因素影响合计为

$$\Delta Y = \Delta A + \Delta B + \Delta C$$

$$(Y_2 - Y_0) + (Y_3 - Y_2) + (Y_1 - Y_3) = Y_1 - Y_0$$

2. 差额分析法

差额分析法是连环替代法的一种简化形式，其分析因素的影响程度的原理与连环替代

法是相同的，区别在于分析程序上，差额分析法相对连环替代法更为简化。差额法直接利用各影响因素的实际指标与计划（基期）指标的差额，来计算各因素对分析对象的影响程度。其基本计算程序如下。

（1）确定财务指标与其影响因素之间的关系，建立因素分析式。

$$Y = A \times B \times C$$

（2）设某一财务指标 Y 是由相互联系的 A、B、C 三个因素组成，建立计划（标准）指标和实际分析指标的公式，以及差异值。

计划（标准）指标：$Y_0 = A_0 \times B_0 \times C_0$

实际指标：$Y_1 = A_1 \times B_1 \times C_1$

差异值：$\Delta Y = Y_1 - Y_0$

其中差异值 ΔY 是分析对象。

（3）ΔY 是分析对象的差异可能是由于三个因素变动的影响造成。在测定某一个因素的变动对指标 Y 的影响程度时，根据其实际指标与计划（基期）指标的差额，必须把公式中的该因素替换为实际与计划（或标准）之差。计算时，一般在括号前的因素为实际值，在括号后的因素为计划值。其计算如下。

因素 A 对财务指标的影响程度：$\Delta A = (A_1 - A_0) \times B_0 \times C_0$

因素 B 对财务指标的影响程度：$\Delta B = A_1 \times (B_1 - B_0) \times C_0$

因素 C 对财务指标的影响程度：$\Delta C = A_1 \times B_1 \times (C_1 - C_0)$

在应用因素分析法时，应当注意以下几点。

（1）因素分析的关联性。因素分析法中，应保证分析对象与其影响因素之间必须有一定的联系，即内在具有真正的且实际的经济意义。各影响因素的变化确实能揭示分析对象差异产生的原因。其因素分解是经济意义上的分解，而非仅仅只是数学上的因素分解。

（2）分析前提的假定性。在进行某一因素对经济指标差异的影响分析前，必须在假定其他因素不变的特定条件下。没有这个前提假定，无法保证能够完全分清各单一因素对分析对象的影响程度。但在实际应用中，经济指标的差异影响有时来自于几个因素的共同作用的结果。这就意味着，共同因素影响作用越大，这种假定的准确性越差，分析结果的准确性也越差。因此在建立因素分析公式时，应根据实际情况具体分析，减少对相互影响较大的因素的分解，并非拆分的因素越多越好，而应该保证其尽量与分析前的假设基本相符。

（3）因素替代的顺序性。在进行因素拆解的时候，因素排列替代的顺序是不能轻易改变和交换，因为这里的替代不仅仅只是数学上的乘法交换问题，而是经济意义上的交换，不同顺序计算出来的各个因素的影响程度不同。

（4）顺序替代的连环性。连环性是指在进行因素指标差异分析时，都是将某一因素替代后的计算结果与替代前的进行对比，一一替代，环环相扣。

五、财务分析的基础

财务分析是以企业的财务会计报表和其他相关资料为基础，主要包括反映财务状况的资产负债表、反映经营成果的利润表、反映企业现金流量变化的现金流量表等。

（一）资产负债表

资产负债表是反映企业某一特定日期财务状况的财务报表，资产负债表是静态报表，它体现某一特定时点企业拥有或控制的资产、承担多少债务和股东责任。资产负债表是以权责发生制为编制基础，以会计恒等式"资产＝负债＋所有者权益"为平衡依据（如表11-1所示）。

表 11-1　资产负债表（简表）

编制单位：某公司　　　　　　2020年12月31日　　　　　　　　单位：万元

资产	年初余额	年末余额	负债和股东权益	年初余额	年末余额
流动资产			流动负债		
货币资金	44	25	短期借款	60	45
交易性金融资产	0	0	应付账款	133	123
应收账款	418	222	预收账款	10	4
预付账款	22	4	应付职工薪酬	2	1
其他应收款	12	22	应交税费	5	4
存货	119	326	其他应付款	37	38
一年内到期的非流动资产	77	11	一年内到期的非流动负债	0	0
其他流动资产	8	0	其他流动负债	53	5
流动资产合计	700	610	流动负债合计	300	220
非流动资产			非流动负债		
持有至到期投资	30	0	长期借款	450	245
固定资产	1 238	1 000	应付债券	240	260
在建工程	18	35	长期应付款	50	60
无形资产	6	8	其他非流动负债	0	15
递延所得税资产	5	15	非流动负债合计	740	580
其他非流动资产	3	0	负债合计	1 040	800
非流动资产合计	1 300	1 070	股东权益		
			股本（实收资本）	100	100
			资本公积	10	10
			其他综合收益	0	0
			盈余公积	60	40
			未分配利润	790	730
			股东权益合计	960	880
资产合计	2 000	1 680	负债和股东权益合计	2 000	1 680

（二）利润表

利润表是反映企业一定时期经营成果的财务报表。利润表属于动态报表。它体现企业在一定会计期间企业所取得的收入、所发生的成本费用以及最终赚取的利润。利润表与资产负债表一样，以权责发生制为编制基础，以另一会计恒等式"收入－费用＝利润"为平衡依据。

我国主要采用多步式格式的利润表，分别为营业利润、利润总额和净利润。表 11-2 体现利润表与企业各种活动的对应关系。

表 11-2　利润表（简表）

编制单位：某公司　　　　　2020 年 12 月　　　　　　　　　　　　单位：万元

项目	上期金额	本期金额
一、营业收入	3 000	2 850
减：营业成本	2 644	2 503
税金及附加	28	28
销售费用	22	20
管理费用	46	40
财务费用	110	96
资产减值损失	0	0
加：公允价值变动损益	0	0
投资收益	6	0
汇兑收益	0	0
二、营业利润（亏损以"—"号填列）	156	163
加：营业外收入	45	72
减：营业外支出	1	0
三、利润总额（亏损以"—"号填列）	200	235
减：所得税费用	64	75
四、净利润	136	160

六、财务分析应注意的问题

虽然通过财务分析可以为企业管理层提供重要的经营和财务信息，但在实际应用的过程中仍然存在缺陷和限制，以下几点为财务分析时应注意的事项。

（一）财务报表中的信息质量

财务报表和相关资料中的信息本身存在一定的局限性。首先，财务报表是每年报告期由企业提供的反映企业财务状况、经营成果和现金流量信息的载体，但是报表中的信息一般经过企业的提炼和总结，或多或少会带有企业主观的特征和行为。其次，企业本身的诚信度或采用的会计核算处理方法的选择均会导致报表信息一定程度的失真，在分析的时候需要结合具体的企业特征和情况来分析；最后，一些重要的非货币信息无法体现在财务报表中，这些重要的财务信息需要在报表的附注中及时补充和披露。

（二）行业和企业规模差异

企业本身的规模大小和所处行业的差异，会导致财务比率指标相差悬殊，使企业进行比率分析时，数据对比缺乏可比性。规模较小的企业业务经营比较简单单一；而规模较大的企业，比如跨国公司，往往进行跨行业、跨国家的经营，组织机构复杂，又受不同国家法律和政策的影响，要找出一组能够具有分析意义的行业数据平均值相对困难，因此比率分析对小企业来说更具有参考价值。

（三）财务信息的历史性

企业根据会计方法编制的财务报表所提供的会计信息，反映的是企业过去的经营情况和财务状况，无法涵盖企业全部及未来的财务情况。建立于财务报表数据之上的指标和比率无法代表企业未来的真实表现，一旦内外部经营环境发生重大的变化，财务数据的历史特性反而会误导整体分析方向及对企业未来发展的判断。

（四）通货膨胀影响

企业历史成本计量原则要求财务报表中所列示的各项资产并非以当前公允价值为基础，而是以资产取得时的成本为基础进行计量，然而通货膨胀会扭曲企业的资产负债表数据。企业会计核算建立在币值不变假设下，但经济危机中通货膨胀下的物价水平持续上涨会导致财务会计不能反映资产的真实价值，利润表及其他报表也相应受到影响。

（五）会计估计和会计核算引起的差异

企业在进行会计核算时，有很多信息需要依赖人的估计和判断，这也体现在会计估计和不同会计政策的选择上。不同的会计政策选择和会计估计水平，直接影响到分析中所提供的财务信息的真实性。比如企业固定资产折旧方法、存货计价和成本费用处理的多样化选择，给企业财务信息的可比性造成了很大的局限。

（六）报表人为粉饰假象

会计制度和准则规定了企业经营活动的准则，只约束企业不能从事什么，但是没有强制要求企业只能做什么，这样会计报表编制就可能运用合法途径，人为制造假象来掩饰实际上可能较差的经营情况，如利用关联方交易等。这种粉饰企业财务报表的做法，歪曲了企业的实际情况，误导了信息使用者，损害了财报分析本来的目的和意义，严重影响了财务报表信息的可靠性和可比性。

第二节　偿债能力分析

一、偿债能力分析概述

（一）偿债能力分析的概念

偿债能力是指企业对到期的债务的偿还能力或保障程度。企业在经济活动中通常会发生资金短缺的问题。在内部筹资无法满足资金需求的情况下，为了弥补自身资金不足的问题，企业会采取对外举债筹资的方式。举债经营会带来定期还本付息的财务压力，如果企业无法保证按约定还本付息，必然会影响债权人对于企业的信任，使企业陷入生存困境。

企业偿债能力根据债务到期时间的长短分为短期偿债能力和长期偿债能力。

1. 短期偿债能力

短期偿债能力是指企业以其流动资产偿还流动负债的能力和保障程度。短期偿债能力是指偿还一年或一个营业周期内到期的债务的能力，一般是指企业偿付日常经营活动中到期债务的能力，如往来款项中的应付账款等。一个企业短期偿债能力的大小，主要由流动资产和流动负债的多少和质量决定，流动资产的数量和质量超过流动负债的数量和质量的程度，就是企业短期偿债能力的体现。

流动资产的质量体现为资产的"变现能力"和"流动性"。资产变现能力，是指资产是否能在不发生大幅折价的情况下，迅速套现的能力。变现能力主要取决于资产预计售价和实际售价之间的差额。一般预计售价与实际售价之间的差额越小，则变现能力越强；反之，则越低。与变现能力不同的是，资产流动性指资产在企业经济活动中转变为现金所需要的时间长短。资产的流动性越强，转换为偿还债务的资金的速度越快。一般流动资产的流动性在一年（包括一年）或在一个营业周期以内。

流动负债的债务偿还的"强制程度"和"紧迫程度"被视为负债的质量。理论上，企业对于所有债务均承担按时偿还的责任；而在实务中，对于债务的偿还并非都遵循此规则，对于某些强制程度和紧迫程度不高债务可能因提前约定或特殊情况，提前或者延期偿还。企业在支付债务本金和利息时，受到的强制性越高、紧迫程度越强，则意味着该负债的质量越高。

总而言之，企业的短期偿债能力在企业经营活动中占有重要地位。关系企业的各种利害关系。短期偿债能力的减弱或丧失，可能导致企业的商业信用降低，失去赊账或者折扣等特权，同时还会影响企业持续经营的能力。

2. 长期偿债能力

长期偿债能力是指企业清偿一年或者一个营业周期以上债务（即长期债务）的能力，包括长期借款、应付债券、长期应付款等。企业对债权人的债务负有两类责任：一是偿还债务本金的责任；二是按约定支付债务利息的责任。分析长期债务能力，主要也是要确定企业偿还债务本金与支付债务利息的能力。因长期债务到期时间长等特征，企业的长期偿债能力主要取决于企业的盈利能力和资本结构。

企业的盈利能力是决定企业长期偿债能力的重要因素之一。企业的盈利能力是指企业通过经济活动持续获取利润的能力；反映企业是否有充实的持续性现金流入来维持长期债务本金和利息的支付。企业借入长期债务通常用于长期资产的投资方向，比如开发或购置，形成企业固定资产或者无形资产。这些资产的费用成本昂贵，企业无法一次承担，只能通过前期债务筹资，后期通过增长的利润定期偿还的方式来分担。盈利能力强的企业才能保证有持续而足够的现金流入来偿还本息，越强盈利能力也意味企业长期偿债能力越强；反之，则越弱。

企业资本结构则是决定着企业长期偿债能力的另一重要因素。资本结构是指企业各种资本来源价值构成及之间的比例关系，也是一定时期筹资组合的结果。企业筹资渠道和方式尽管有多种，但归纳总结起来主要是权益资本和债务资本两部分，长期资本也是由权益资本和长期负债组成。债务筹资的抵税作用减少企业的融资成本，但是债务定期还本付息的责任会增加财务风险和压力。权益筹资通过增加企业所有者权益来获取，不会有固定的利息负担，财务压力较低，但后期分红派息成本较高。资本结构对企业长期偿债能力的影响一方面体现在权益资本是承担长期债务的基础；另一方面体现在债务资本的存在可能带给企业财务风险，进而影响企业的长期偿债能力。

（二）偿债能力分析的意义

1. 准确反映和评价企业的财务状况

企业偿债能力是反映企业能否及时偿还到期债务、支付能力强弱等财务经济状况的重要"风向标"。通过对企业偿债能力客观和准确的计算与分析，可以更深入了解企业的财务经营及变化情况。

2. 控制企业财务风险和筹资成本，优化企业资本结构

偿债能力分析可以让管理者深入了解企业债务情况，衡量企业偿还债务的能力，进而控制债务的规模，合理安排权益筹资和债务筹资所占比例，以保证企业能够以足够的现金或者可以随时变现的资产来及时偿还所欠债务。了解企业的偿债能力是优化企业资本结构的前提和依据。

3. 把握企业经营活动信息，为管理者提供管理决策依据

偿债能力分析可以为管理者提供企业财务活动各个环节的经营状况，包括采购、生产、储存、筹资等信息。企业的经营活动既取决于生产经营活动，也受制于债务偿还。企业经营活动各环节中存在的问题，能通过企业偿债能力分析和评价一一显示出来。管理者可以有针对性的采取管理措施，合理安排企业财务活动，提高资产的利用率。

二、短期偿债能力分析

短期偿债能力分析主要体现在企业对于偿还日常经营活动中流动负债能力的分析，企业对短期债务的清偿能力大小往往与近期财务风险的大小相关，短期偿债能力分析可帮助企业规避破产的风险。衡量短期偿债能力主要是看企业是否拥有足够的现金以偿还其流动负债，所以短期偿债能力指标主要反映企业的流动资产与流动负债的比率关系。评价和分析短期偿债能力的指标主要有绝对数指标，如营运资本；以及相对数指标，如流动比率、速动比率、现金比率等。

（一）营运资本

营运资本，也被称为营运资金，是流动资产减去流动负债后的净额，即企业日常经营活动中可用来偿还支付义务的流动资产总额扣除各类需要偿还的流动负债后的余额。营运资本是衡量短期偿债能力的一个重要的绝对数指标，反映流动资产超过流动负债的那部分。其计算公式为

$$营运资本 = 流动资产 - 流动负债$$

【例11-1】 根据表11-1的资料，某公司营运资本指标数据分析如表11-3所示。

表 11-3　资产负债表（部分）　　　　　　　　单位：万元

项目	年初余额	年末余额
流动资产	700	610
流动负债	300	220
营运资本	400	390

企业应准备多少营运资本，才能称得上具备良好的偿债能力，是决策的关键。

当营运资金为正，即流动资产超过流动负债情况下，营运资本越多则偿债能力越有保障，财务状况越稳定，说明能够为企业提供一个较为宽松的自由资金流，债权人的安全程度越高。但是营运资本也不是越多越好，过高的营运资本意味着流动资产过多而流动负债较少，可能导致大量资金闲置，失去产生更多创造经济利益的机会。同时也说明，企业可能缺乏投资机会，其发展潜力将受到限制。因此，企业应该保持适当的营运资本，以平衡财务风险和发展机会。而当运营资本为负值的时候，即企业拥有的可用于偿还的流动资产少于存在的流动负债；这意味着企业有部分非流动资产是以借入流动负债作为其资金来源，企业不能偿债的风险很大。

（二）流动比率

流动比率是企业流动资产与流动负债的比率，用来衡量企业流动资产在短期债务到期以前，可以变为现金用于偿还负债的能力。流动比率表明每一单位流动负债有多少元流动资产可作为还款的保证。其计算公式为

$$流动比率 = \frac{流动资产}{流动负债} \times 100\%$$

【例 11-2】　根据表 11-1 的资料，某公司流动比率指标数据分析如表 11-4 所示。

表 11-4　资产负债表（部分）

项目	年初余额	年末余额
流动资产（万元）	700	610
流动负债（万元）	300	220
流动比率	2.33%	2.77%

流动比率比营运资本更能体现企业的短期偿债能力，营运资本只反映了流动资产与流动负债的绝对数差异，而流动比率考虑到流动资产规模与流动负债规模之间的关系，使指标更具可比性。影响流动比率的主要因素有：营业周期、流动资产中的应收账款和存货的周转速度。

一般情况下，流动比率越大代表企业短期偿债能力越强。从债权人角度来看，流动比率越高越好，能够提供给债权人更强有力的支付保障。但从企业经营管理的角度来看，并非越高越好，流动比率过高可能意味着更多的长期资金被占用于流动资产，这必然加大企业的资金成本；流动资产应能够确保在扣除债务清偿责任金额后企业有余力维持日常经营活动中的现金需求。同时，也要控制流动资产与固定资产合理配置。流动比率应控制在一

个合理的范围内；实务中，生产企业合理的最低流动比率是 2∶1，但在短期偿债能力分析和评价过程中，该比率并非绝对，计算出来的流动比率，要和同行业平均数据、本企业历史指标进行比较，和本身企业经营活动和风险管理等特点相联系，具体情况具体分析，才能做出正确判断。

但是，流动比率也有一定局限性，一是因为不同流动资产的项目变现能力和质量不同，也会对分析和判断有一定影响。例如，同行业不同的两个企业流动比率相同，但是其中一个企业中流动资产有 90%是由不易变现的存货构成，这意味着其资产流动性和变现能力两个公司有很大差异，所以即使比率指标值相同，但是其真实的短期偿债能力并不相同。二是该比率没有揭示流动资产的具体构成内容，只能大致反映流动资产整体的变现能力，比如过高的流动比率可能由于存货积压、也可能是应收账款较多且收账期延长等原因所致，流动比率无法体现其中的差异，该比率比较容易人为操纵。所以，在应用流动比率进行企业财务分析和判断的时候，一定要结合各种因素，最终对企业的短期偿债能力做出综合评价。

（三）速动比率

速动比率是指速动资产对流动负债的比率，它衡量企业流动资产中可以立即变现用于偿还流动负债的能力。速动资产是指可以迅速变现或已是现金形式的资产，即企业的流动资产扣除减去存货和预付费用后的余额，包括现金、短期投资、应收票据、应收账款等项目。速动比率表明每一单位流动负债有多少元可以立即变现的流动资产可作为还款的保证。其计算公式为

$$速动比率 = \frac{速动资产}{流动负债} \times 100\%$$

其中

$$速动资产 = 流动资产 - 存货 - 预付账款$$

【例 11-3】根据表 11-1 的资料，某公司速动比率指标数据分析如表 11-5 所示。

表 11-5　资产负债表（部分）

项目	年初余额	年末余额
流动资产（万元）	700	610
减：存货（万元）	119	326
预付账款（万元）	22	4
速动资产（万元）	559	280
流动负债（万元）	300	220
速动比率	1.86%	1.27%

理论上，速动比率越大，短期偿债能力越强，但在分析过程中，速动比率也有一个合理的限度。该指标国际公认标准为 1∶1。速动比率低于此标准，则认为企业偿债能力可能存在问题。速动比率高于此标准，则会因为闲置的货币资金过多而错过或丧失一些盈利的投资机会。当然，在实际应用中，同样还应结合其他因素和条件进行评价。

速动比率常作为流动比率的辅助指标。相对流动比率而言，速动比率在评价短期偿债

能力方面，消除了存货等变现能力较差的流动资产的影响，在一定程度上弥补流动比率在分析上的缺陷。当某企业流动比率指标数值较高，但流动资产中可立即变现来偿付流动债务的占比很少，即速动比例较低时，则说明该公司短期偿债能力并不理想；反之，即使流动比率较低，但流动资产中绝大部分都可以迅速转化为现金，短期偿债能力也不错。因此，速动比率可以更准确评价企业的短期偿债能力。

（四）现金比率

现金比率，也叫现金资产比率，是指企业现金类资产与流动负债的比率。这里现金类的资产主要是指广义的现金概念，除了包括货币资金外，还包括现金等价物，如银行存款、易于转化为现金的有价证券、交易性金融资产等。该比率计算公式为

$$现金比率 = \frac{库存现金 + 有价证券}{流动负债} \times 100\%$$

【例 11-4】 根据表 11-1 的资料，某公司现金比率指标数据分析如表 11-6 所示。

表 11-6 资产负债表（部分）

项目	年初余额	年末余额
库存现金（万元）	44	25
交易性金融资产（万元）	0	0
流动负债（万元）	300	220
现金比率	0.15%	0.11%

当企业在经济业务往来中因赊销而形成大量的应收账款时，该指标可用于考察企业的变现能力。这个指标反映企业在不依靠存货销售及应收账款的情况下，仅靠现金类资产支付当前债务的能力。对财务发生困难的企业，特别是企业应收账款和存货的变现能力存在问题的情况下，通过现金比率分析更具有实际意义。它也是速动资产扣除应收账款后的余额与流动负债的比率，由于应收账款存在发生坏账无法到期收回的可能性，因此在速动资产基础上扣除应收账款后组成的现金资产才是最具流动性的资产。现金比率也是最严格、最稳健的短期偿债能力衡量指标，尤其是经营特点具有较大投机性和风险性的行业。

该比率从静态现金支付角度说明企业短期偿付能力，比率越高，反映企业短期偿债能力越高，反之越低。但现金比率分析必须考虑现金方面的限制，一般认为 1∶5 左右为好。过高，可能出现流动资产未能得到合理运用，保留过多的现金类资产会导致企业机会成本增加。

三、长期偿债能力分析

一个企业长期偿债能力，反映清偿长期债务本金和利息的能力，其强弱是企业财务状况安全与长期经营稳定的重要标志。稳健盈利能力是清偿债务的经营收益保障，合理的产权结构是清偿债务的最终物质保证，对于长期偿债能力分析也是围绕这两个方面进行相关指标的计算和分析，其衡量指标主要有资产负债率、产权比率、股东权益比率和利息保障

倍数等。

（一）资产负债率

资产负债率，又称负债比率，是负债总额与资产总额的比值。资产负债率反映的是企业从债权人处所筹集的资金占总资产的百分比，用于衡量企业利用债务筹资进行经营活动的能力。它有助于确定在企业破产清算时对债权人利益的保护程度。其计算公式如下。

$$资产负债率 = \frac{负债总额}{资产总额} \times 100\%$$

【例 11-5】 根据表 11-1 的资料，某公司资产负债率指标数据分析如表 11-7 所示。

表 11-7　资产负债表（部分）

项目	年初余额	年末余额
负债合计（万元）	1 040	800
资产总计（万元）	2 000	1 680
资产负债率	52%	47.62%

资产负债率是衡量负债水平及风险程度的重要标志，通常从总资产对总负债的保障程度的角度来说明企业的长期偿债能力，该指标越低，表明企业债务负担越轻，资产对负债的保障程度越大，长期偿债能力越强；反之亦然。对于该指标的运用还需要注意以下两点。

（1）该指标中的负债总额指的不仅仅是企业借入的长期负债，还包括短期负债。虽然单项短期负债对于长期偿债能力影响不大，但若将多项短期负债作为一个整体分析，并在企业长期存在，则需将其视为企业长期性资本来源。例如，企业持有单个应付账款可能是短期的，但如果该企业应付账款余额总是维持一个相对稳定的水平，那这部分应付账款余额可视为长期性资产来源，需要在分析长期债务能力时考虑。

（2）企业不同的相关利益主体，看待该指标的立场也不同，在进行指标分析时需要具体情况具体分析。

从债权人立场来看，他们希望企业的资产负债率越低越好，他们更关心能否按期足额收回借款本金和利息，而不关心企业盈利多少。从企业立场来看，当资产负债率水平范围是40%~60%时，有利于企业债务风险和收益的平衡，实现收益与风险的最佳组合。负债对于企业而言是一把"双刃剑"，一方面，负债会增加企业财务风险，另一方面，增加债务融资可以改善获利能力，增加股东财富。在利用资产负债率指标进行资本借入决策时，需全面考虑负债经营的风险和收益，找到最佳平衡点。若资产负债率过高，负债规模过大，会带来过大财务风险，并让潜在投资者和债权人认为该企业财务状况不佳、发展潜力有限；特别是当该指标超过 100%时，表明企业已资不抵债，达到破产警戒线。而资产负债率过低，负债规模太小，又容易错过投资机会，给人以发展无规划的印象。

（二）产权比率

产权比率，也被称为债务股权比率，是指负债总额与股东权益总额之间的比率。产权比率指标随时通过企业负债与所有者权益进行对比来反映企业筹资来源的结构比例关系，主要用于衡量企业的风险程度和对债务的偿还能力。其计算公式如下。

$$产权比率 = \frac{负债总额}{股东权益总额} \times 100\%$$

【例11-6】 根据表11-1的资料，某公司产权比率指标数据分析如表11-8所示。

表11-8 资产负债表（部分）

项目	年初余额	年末余额
负债合计（万元）	1040	800
股东权益合计（万元）	960	880
产权比率	108.33%	90.91%

产权比率表示负债与所有者权益之间此增彼减的相对关系，是企业财务结构是否稳健的重要指标，可助债权人确定资本受股东权益保障的程度，或是企业清算时对债权人利益保障的程度。产权比率越高，表明企业采用的是高风险、高报酬的财务资本结构，长期偿债能力越弱；产权比率越低，表明企业采用的是低风险、低报酬的财务资本结构，长期偿债能力越强，通常认为产权比率100%比较合适。

产权比率作为衡量长期偿债能力的指标之一，与资产负债率具有相同经济意义，只是资产负债率侧重于分析债务偿付安全性的物质保障程度，产权比率则侧重于揭示财务结构的稳健程度以及自有资金对偿债风险的承受能力。通常在进行长期偿债能力分析的时候，会同时结合两种指标进行分析，资产负债率是核心指标，产权比率是对资产负债率的必要补充。

（三）股东权益比率

股东权益比率，也被称为净资产比率，是指企业所有者权益与资产总额的比率。反映企业全部资产中有多少是来自于投资人投资。其计算公式如下。

$$股东权益比率 = \frac{所有者权益}{资产总额} \times 100\%$$

$$= 1 - 资产负债率$$

【例11-7】 根据表11-1的资料，某公司股东权益比率指标数据分析如表11-9所示。

表11-9 资产负债表（部分）

项目	年初余额	年末余额
股东权益合计（万元）	960	880
资产总计（万元）	2 000	1 680
股东权益比率	48%	52.38%
资产负债率	52%	48%

所有者权益比率是衡量长期偿债能力保障程度的重要指标。股东权益来自股东原始投资和历年积累的盈余，是生产经营活动及不断发展的基本资源，代表企业真正经济实力。比率越高，表明资产中投资者投入资本越多，自有资本雄厚，偿还债务的保障程度越大，

反之则相反。股东权益比率应适中,上市公司一般达到50%上下为佳,过低代表过度负债,容易削弱抵御外部冲击能力;而权益比率过大,意味着没有积极利用财务杠杆作用来扩大经营规模。

在分析股东权益比率时,应从以下几方面进行。

(1)股东权益比率与资产负债率之和等于1。这两个比率从不同的侧面来反映企业长期财务状况和长期偿债能力,两个指标在运用时候可以互补。但是两个指标之间也有区别,资产负债率侧重于揭示总资本中有多少是来自于债务筹资,表明债权人权益受保障的程度;而股东权益比率侧重于揭示所有者权益和资产总额之间的关系,反映企业总资产中有多少是来自于股权筹资,侧重于股东权益受保障的程度。

(2)所有者权益比率与权益比率互为倒数,是资产总额与所有者权益的比率。其计算公式如下。

$$权益乘数 = \frac{资产总额}{股东权益总额} \times 100\%$$

【例11-8】 根据表11-1的资料,某公司权益乘数指标数据分析如表11-10所示。

表11-10 资产负债表(部分)

项目	年初余额	年末余额
资产总计(万元)	2 000	1 680
股东权益合计(万元)	960	880
权益乘数	2.08	1.91

该指数表明股东每投入1元钱可实际拥有和控制的金额。是常用的反映财务杠杆水平的指标。权益比率和权益乘数都是对资产负债表的补充说明,可以结合起来进行分析。

(四)利息保障倍数

利息保障倍数,又称已获利息倍数,是息税前利润与利息支出费用比率。它表明企业经营业务收益相当于利息费用多少倍,反映获利能力对债务偿付的保障程度。其计算公式如下。

$$利息保障程度 = \frac{息税前利润}{利息费用}$$

其中

$$息税前利润 = 利润总额 + 利息费用 = 净利润 + 所得税 + 利息费用$$

【例11-9】 根据表11-2的资料,某公司利息保障程度指标数据分析如表11-11所示。

表11-11 利润表(部分)

项目	上期金额	本期金额
利润总额(万元)	200	235
财务费用(万元)	110	96
息税前利润(万元)	310	331
利息保障程度	2.82	3.45

分子"息税前利润"是利润表中不扣除利息费用和所得税的利润。之所以要把利息费用加回到净利润中,是因为如扣除了利息费用,就会低估偿付利息的能力,而所得税费用是在支付利息费用后才计算的,所以它不影响利息支付的安全性。分母"利息费用"是本期发生的全部应付利息,不仅包括财务费用中的利息费用,还应包括计入固定资产成本的资本化利息。

利息保障倍数从利润表角度考察企业长期偿债能力的指标。企业利息支出的资金来源主要在补偿生产经营费用之后的余额,若该余额不足以支付利息支出,则企业再生产就会受到影响。利息保障倍数越高,表明债务偿还越有保障,企业拥有的偿还利息的缓冲资金越多;相反,则表明没有足够的资金清偿债务,长期偿债能力低下,企业将面临亏损和偿债稳定性下降的风险。

但所处的行业不同,利息保障倍数也会有不同的标准界限,一般公认的利息保障倍数至少要大于1,如果利息保障倍数小于1,表明自身产生的经营收益不能支持现有债务规模。利息保障倍数不仅反映了企业获利能力的大小,而且反映了获利能力对偿还到期债务的保证程度,它既是企业举债经营的前提依据,也是衡量企业长期偿债能力大小的重要标志。

第三节 盈利能力分析

一、盈利能力分析概述

(一)盈利能力分析的概念

盈利是指企业全部收入和利得减去全部费用和损失后的盈余,也是企业能够维持生产经营活动的物质基础。

盈利能力则是企业在一段时间内赚取利润的能力,是一个动态能力指标。分析企业盈利能力是财务分析中一项重要内容,也是相关利益者关注焦点。

盈利能力分析,是通过一定分析方法,计算、评价和分析企业获取利润的能力大小。分析盈利能力是基于对利润率指标,而非利润额的分析,因为利润额更易受到投资规模、经营好坏的制约。从各种指标分析关系来看,盈利能力分析是营运能力分析和偿债能力分析的基础,也是整个财务分析的核心内容。在分析企业盈利能力时,应注意以下几点。

(1)在分析盈利能力时,要排除非日常经营活动项目。对于不同企业不同行业而言,需要从企业本身特质出发进行分析,排除非日常经营活动带来的损失或利得,因为这些项目的存在,会影响对真正盈利能力的评价。例如,对于生产企业而言,证券投资买卖属于非日常营业项目,在盈利能力分析时,应该排除。

(2)当前利润不足以反映未来的盈利能力。会计利润虽然能够反映收入与成本之间的差额,但是这些仅仅只能代表当前或已发生的盈利,无法体现企业盈利能力的未来潜力。另外,许多商业机会都存在牺牲当前利润换取未来利润的模式,例如研发一项新产品的初期会有大量的初始投入但是利润低,而后期投入市场后就能带来巨额的利润。在这种情况下,当前的利润表下的数值也会影响企业对于盈利能力大小的分析。

(3)以会计利润衡量盈利能力没有考虑风险和其他因素的影响。当两个企业风险显著不同时,仅依据二者当前相同的会计利润就得出盈利能力相同是不合理的,应当结合不同行业情况和风险情况进行动态的比较分析。

(二)盈利能力分析的分类

企业盈利能力根据资源投入及经营特点分为四种类型。

1. 营业盈利能力分析

营业盈利能力分析是指对于在日常生产经营过程中所获取的利润能力大小进行的分析。营业盈利能力反映一元销售收入与其成本费用之间可以挤出来的利润,该比率越大则说明获利能力越强。盈利能力是维持企业发展经营的前提,决定最终利润的关键。营业盈利能力主要衡量指标包括销售毛利率、营业利润率、营业净利率、成本费用利润率等。

2. 资产盈利能力分析

资产盈利能力分析是对于企业投入各项资产在通过配置优化和合理运用后的利润回报能力进行的分析,它考虑的是每单位企业资产运营所获取的利润。资产盈利能力分析主要研究产生的利润与占用和消耗的资源之间的关系,其衡量指标包括总资产报酬率、总资产利润率、流动资产利润率等。

3. 资本盈利能力分析

资本盈利能力分析是对于投资者投入资本在进行保值增值的过程中取得的资本收益能力的分析。资本盈利分析主要针对所有者投入的资本创造能力的大小,其衡量指标包括股东权益报酬率、资本收益率、资本保增值率等。

4. 上市公司盈利能力分析

上市公司盈利能力分析主要针对上市公司盈利能力的分析。因我国证券市场还处在发展阶段,存在很多不足之处,为了能够保障投资者的投资利益,除了普通指标外还需要增加一些特殊的指标分析,比如每股收益、市盈率、每股股利、每股净资产等。

二、营业盈利能力分析

(一)销售毛利率

销售毛利率,也称营业毛利率,是毛利润与营业收入的比率。销售毛利率代表企业在直接生产经营过程中获得利润的能力。即表示营业收入扣除营业成本后,有多少钱可以用于支付企业日常经营活动中各项期间费用。其计算公式如下。

$$营业毛利率 = \frac{毛利润}{营业收入} \times 100\%$$

其中

$$毛利润 = 营业收入 - 营业成本$$

【例 11-10】 根据表 11-2 的资料，某公司营业毛利率指标数据分析如表 11-12 所示。

表 11-12　利润表（部分）

项目	上期金额	本期金额
营业收入（万元）	3 000	2 850
减：营业成本（万元）	2 644	2 503
毛利润（万元）	356	347
营业毛利率	11.87%	12.18%

"毛利润"是营业收入扣减营业成本后的余额，即商品进销差价。毛利润是最基本的利润，是计算净利润的起点，没有足够多的毛利润便不会形成其他利润。营业收入是企业从事主营业务或其他业务，比如售商品或提供劳务所获得的收入，反映日常经营活动所取得的实际收入。

销售毛利率是销售净利率的最初基础，销售毛利率越高，表明盈利能力越高，反之则越低。如果销售毛利率很低，表明没有足够多的毛利额，补偿期间费用后的盈利水平就不会高；也可能无法弥补期间费用，出现亏损局面。通过该指标可预测企业盈利能力。但销售毛利也是具有明显行业特点的指标，不同行业有其合理指标范围。固定周期短，固定费用低的行业，比如零售业、物流业，销售毛利率较低，一般 5%左右。而周期较长、固定费用高的行业，为了弥补巨大的固定成本，会维持较高的毛利率，比如 50%左右，销售毛利不同的行业差异较大，但是同一行业一般差别不大，在分析毛利率时需要结合不同行业特征情况具体分析。

（二）营业利润率

营业利润率是营业利润与营业收入的比率，营业利润率代表了企业在不考虑非营业成本的情况下，通过生产经营获得利润的能力，该指标能综合衡量一个企业或一个行业的经营效率。其计算公式如下。

$$营业利润率 = \frac{营业利润}{营业收入} \times 100\%$$

其中

营业利润＝营业收入－营业成本－营业税金及附加－销售费用－管理费用－财务费用－资产减值损失＋公允价值变动损益（－公允价值变动损失）＋投资收益（－投资损失）

【例 11-11】 根据表 11-2 的资料，某公司营业利润率指标数据分析如表 11-13 所示。

表 11-13　利润表（部分）

项目	上期金额	本期金额
营业利润（万元）	156	163
营业收入（万元）	3 000	2 850
营业利润率	5.2%	5.72%

营业利润是最能体现经营活动业绩的项目，是利润总额中最经常、最稳定的利润组成

部分，营业利润占利润总额比重的多少，是说明企业获利能力质量高低的重要依据。另外，营业利润作为一种净获利额，比销售毛利更好地说明了净获利情况，从而能更全面、完整地体现获利能力。营业利润率越高，表明企业市场竞争力越强，获利能力越强；反之，则越低。营业利润率在各行业及同行业的企业之间差异很大，并不是所有企业每年都能得到利润。

（三）营业净利率

营业净利率，也叫销售利润率，是净利润与营业收入的比率，该指标反映企业营业收入创造净利润的能力。其计算公式如下。

$$营业净利率 = \frac{净利润}{营业收入} \times 100\%$$

其中

$$净利润 = 营业利润 + 营业外收入 - 营业外支出 - 所得税$$

【例 11-12】 根据表 11-2 的资料，某公司营业净利率指标数据分析如表 11-14 所示。

表 11-14　利润表（部分）

项目	上期金额	本期金额
净利润（万元）	136	160
营业收入（万元）	3 000	2 850
营业净利率	4.53%	5.61%

营业净利润是企业销售的最终获利能力指标，指标比率越高，企业获利能力越强。从营业净利润的指标来看，只有当净利润的增长速度高于营业收入的增长速度时，营业利润率才会呈上升趋势。但是需要注意的是，净利润的形成并非都由营业收入产生，还会受到营业外收支影响，特别是那些具有大额非日常经营项目损益的企业，需要重点关注。

（四）成本费用利润率

成本费用利润率是一定时期内利润总额与成本费用之间的比率。成本费用率表明每付出一元成本可获得的利润，体现了经营耗费与所获得的经营成果之间的关系。其计算公式如下。

$$成本费用利润率 = \frac{利润总额}{成本费用总额} \times 100\%$$

其中

$$成本费用总额 = 营业成本 + 税金及附加 + 销售费用 + 管理费用 + 财务费用$$

该指标的利润总额和成本费用总额都来自利润表。该指标越高，表明企业在生产经营过程中单位产品成本费用越低，成本控制得越好，能够获取的利润越多。成本费用利润率可以作为体现成本费用的耗费水平的指标，对管理者而言，成本费用利润率是非常有用的指标，它可以评价企业的成本费用控制和管理水平，揭示在生产经营过程中存在的问题及薄弱环节。成本费用利润率计算口径也可以分为不同的层次结构，比如主营业务成本、营业成本等，在评价成本费用开支效益时，需要保证利润与成本费用之间的对比口径一致。

【例 11-13】 根据表 11-2 的资料，某公司成本费用利润率指标数据分析如表 11-15 所示。

表 11-15 利润表（部分）

项目	上期金额	本期金额
利润总额（万元）	200	235
营业成本（万元）	2 644	2 503
税金及附加（万元）	28	28
销售费用（万元）	22	20
管理费用（万元）	46	40
财务费用（万元）	110	96
成本费用总额（万元）	2 850	2 687
成本费用利润率	7.02%	8.75%

三、资产盈利能力分析

（一）总资产报酬率

总资产报酬率，是企业息税前利润与平均总资产的比率；该指标反映企业每一元资产所获取的报酬，体现企业在一定时期内投资报酬与投资总额之间的关系。其计算公式如下。

$$总资产报酬率 = \frac{息税前利润总额}{总资产平均额} \times 100\%$$

其中

$$息税前利润总额 = 利润总额 + 利息支出$$
$$= 净利润 + 所得税 + 利息支出$$
$$总资产平均额 = \frac{期初资产总额 + 期末资产总额}{2}$$

【例 11-14】根据表 11-1 和表 11-2 资料，某公司总资产报酬率数据分析如表 11-16 所示。

表 11-16 资产负债表和利润表（部分）

利润表		
项目	上期金额	本期金额
利润总额（万元）	200	235
财务费用（万元）	110	96
息税前利润（万元）	310	331
资产负债表		
项目	年初余额	年末余额
资产总计（万元）	2 000	1 680
总资产平均额（万元）	1 840	
总资产报酬率（2020 年）	331 ÷ 1 840 × 100% = 17.99%	

总资产报酬率可以分解为以下几个部分。

$$总资产报酬率 = \frac{营业收入}{总资产平均额} \times \frac{息税前利润总额}{营业收入} \times 100\%$$

$$= 总资产周转率 \times 营业报酬率 \times 100\%$$

总资产报酬率是一个综合性的核心衡量指标，它以投资报酬为基础来分析企业全部资产的获利能力和运营效益。

总资产报酬率越高，表明企业对于总资产的利用越好，能够实现的利润总额越多，也代表资产盈利能力强。评价总资产报酬率时，高的总资产报酬率指标反映出，在经营管理中，对于资金节约、收入增加方面取得了良好的效果。而总资产报酬率越低，说明资产利用率低，管理层应分析原因，提高企业管理水平，加速资金周转，增加收益。在用该指标进行计算和分析时，需要与历史标准、行业标准和市场标准进行比较。

（二）总资产净利率

总资产净利率是企业净利润与平均总资产的比率；该指标反映企业每一元资产所获取的净利润。其计算公式如下。

$$总资产净利率 = \frac{净利润}{总资产平均额} \times 100\%$$

【例 11-15】 根据表 11-1 和表 11-2 的资料，某公司总资产净利率指标数据分析如表 11-17 所示。

表 11-17 资产负债表和利润表（部分）

利润表		
项目	上期金额	本期金额
净利润（万元）	136	160
资产负债表		
项目	年初余额	年末余额
资产总计（万元）	2 000	1 680
总资产平均额（万元）	1 840	
总资产报酬率（2020 年）	160÷1 840×100% = 8.70%	

总资产净利率可以分解为以下几个部分。

$$总资产报酬率 = \frac{营业收入}{总资产平均额} \times \frac{净利润}{营业收入} \times 100\%$$

$$= 总资产周转率 \times 营业净利率 \times 100\%$$

总资产净利率也是反映企业经营效率和盈利能力的综合性指标。总资产净利率越高，表明企业的资产利用效率高，利用资产创造的净利润越多，企业获利能力越强。通常将该指标和总资产报酬率结合起来进行企业财务分析。

四、资本盈利能力分析

（一）股东权益报酬率

股东权益报酬率，也称净资产收益率，是指企业一定时期的净利润与股东权益平均总额的比率；它是一个衡量投资者回报的指标。其计算公式如下。

$$股东权益报酬率 = \frac{净利润}{股东权益平均总额} \times 100\%$$

其中

$$股东权益平均总额 = \frac{年初股东权益总额 + 年末股东权益总额}{2}$$

【例 11-16】 根据表 11-1 和表 11-2 的资料，某公司股东权益报酬率指标数据分析如表 11-18 所示。

表 11-18 资产负债表和利润表（部分）

利润表		
项目	上期金额	本期金额
净利润（万元）	136	160
资产负债表		
项目	年初余额	年末余额
股东权益合计（万元）	960	880
股东权益平均总额（万元）	920	
总资产报酬率（2020 年）	160÷920×100% = 17.39%	

股东权益则是代表投资者在公司中的利益。在资产负债表中，股东权益是指股东对公司资产在清偿所有负债后剩余价值的拥有权，与净资产等值。

股东权益报酬率是杜邦分析中的核心内容，也是整个财务指标体系核心。它代表了投资者净资产的获利能力，比例越高说明企业盈利能力越强。资产的不断增值是财务管理的最终目的，它是一个体现企业管理层的盈利能力、资产管理及财务控制能力的重要指标。权益报酬率的高低不仅取决于总资产报酬率，而且取决于股东权益的结构比重，并且它是企业资产使用效率与企业融资状况的综合体现。

（二）资本收益率

资本收益率又称资本利润率，是企业净利润（即税后利润）与平均资本（即资本性投入及其资本溢价）的比率，用以反映企业运用资本获得收益的能力。其计算公式如下。

$$资本收益率 = \frac{净利润}{平均资本} \times 100\%$$

其中

$$平均资本 = \frac{(实收资本年初数 + 资本公积年初数) + (实收资本年末数 + 资本公积年末数)}{2}$$

注意：该公式中的资本公积仅指资本收益率中的资本（股本）溢价部分。

【例 11-17】根据表 11-1 和表 11-2 的资料，某公司资本收益率指标数据分析如表 11-19 所示。

表 11-19　资产负债表和利润表（部分）

利润表		
项目	上期金额	本期金额
净利润（万元）	136	160
资产负债表		
项目	年初余额	年末余额
股本（实收资本）（万元）	100	100
资本公积（万元）	10	10
平均资本（万元）	110	
总资产报酬率（2020 年）	160 ÷ 110 × 100% = 145.45%	

资本收益率是一个衡量获利能力和经济效益的重要指标。资本收益率越高，说明企业自有投资的经济效益越好，投资者风险越少，值得继续投资，股份有限公司则表现为股票升值。

五、上市公司盈利能力分析

（一）每股收益

每股收益也被称为每股利润，指税后利润与股本总数的比率。代表普通股股东每持有一股份额所能享有的净利润（或需承担的净亏损）。每股收益是衡量上市公司盈利能力最重要的财务指标之一，能够体现普通股的获利水平及投资风险，也是评价企业成长潜力重要的依据。

每股收益包括基本每股收益和稀释每股收益。

1. 基本每股收益

基本每股收益仅考虑当期实际发行在外的普通股股份，按照属于普通股股东的当期净利润，除以发行在外普通股的加权平均数而计算得出，其计算公式如下。

$$\text{基本每股收益} = \frac{\text{归属于普通股股东的当期净利润}}{\text{发行在外的普通股平均数}} \times 100\%$$

$$= \frac{\text{税后利润} - \text{优先股股利}}{\text{发行在外的普通股平均数}} \times 100\%$$

其中

发行在外的普通股平均数

$$= \frac{(\text{期初发行在外普通股股数} \times \text{报告期时间} + \text{期初发行在外普通股股数} \times \text{已发行时间})}{\text{报告期时间}}$$

$$- \frac{(\text{当期回购普通股股数} \times \text{已回购时间})}{\text{报告期时间}}$$

从计算公式中可以看出，基本每股收益，关键是要确定分子"归属于普通股股东的当期净利润"和分母"发行在外的普通股加权平均数"。

【例 11-18】 根据表 11-2 的资料，若某公司发行在外的普通股为 50 万股，则该公司 2020 年 12 月 31 日的普通股基本每股收益如表 11-20 所示。

表 11-20　利润表（部分）

项目	利润表	
	上期金额	本期金额
净利润	136 万元	160 万元
发行在外的普通股	50 万股	
普通股基本每股收益	160 万元 ÷ 50 万股 = 3.2 元/股	

归属于普通股股东的当期净利润，即企业当期已实现的可供普通股股东分配的净利润（或净亏损），在计算时应当考虑公司是否存在优先股。如果不存在优先股，该值就是当期净利润；如果存在优先股，因其分红的顺序排在普通股之前，且每股收益计算的是普通股每股收益，所以应从当期净利润中扣除当期已支付或宣告优先股股利。在计算"发行在外的普通股加权平均数"，报告期时间和已回购时间通常按天数计算。"报告期时间"是指企业计算收益的时间。在不影响结果合理性前提下，也可以采用简化的计算方法，如按月计算。

2. 稀释每股收益

稀释每股收益是以基本每股收益为基础，假定企业发行在外的稀释性潜在普通股，均已转换为普通股，从而在计算时，应当根据其影响对分子和分母进行调整。其计算公式如下：

$$稀释每股收益 = \frac{(净利润 + 假设转换时增加的净利润)}{(发行在外的普通股加权平均数 + 假设转换增加普通股股数加权平均数)} \times 100\%$$

潜在普通股是指持有者在报告期或以后期间享有取得普通股权利的一种金融合同。目前，我国企业发行潜在普通股主要有可转换公司债券、认股权证、股份期权等。而稀释性潜在普通股是假设当期转换为普通股会减少每股收益的潜在普通股。需要注意的是，潜在普通股是否具有稀释性的判断标准是看当期转换为普通股后，是否会减少持续经营每股收益或增加持续经营每股亏损；否则，具有反稀释性。

3. 每股收益的分析

每股收益反映了每股创造的税后利润，作为衡量上市公司盈利能力的核心指标，是分析市盈率、股利支付率等重要盈利指标的依据和基础。每股收益比率越高，表明所创造的利润越多，股东的投资效益越好。对于每股收益的分析，应注意以下两个问题。

（1）每股收益无法体现上市企业股票中所隐藏的风险情况。高风险行业往往有高收益，如风险情况发生变化，每股收益却可能保持不变或提高，并无法反映其中风险增加因素影响。

（2）每股收益多少无法决定股利分配的多少。每股收益多不意味着多分红，还应考虑股利支付率大小，而股利支付率又由企业股利分配政策决定。净利润多的年份，可能分红少；净利润少的年份，反而可能分红多。

（二）市盈率

市盈率，也称股价收益比率，是指股票价格除以每股收益的比率，即上市公司普通股股票的每股市价相当于每股收益的倍数。市盈率反映投资者对于公司所报告的每股收益所愿意支付的股票价格，可以用来估计股票的投资回报和风险。其计算公式如下。

$$市盈率 = \frac{普通股每股市价}{普通股每股收益} \times 100\%$$

【例 11-19】根据表 11-2 的资料，若某企业普通股每股市价为 56.78 元，则该公司 2020 年 12 月 31 日的普通股市盈率如表 11-21 所示。

表 11-21　利润表（部分）

项目	上期金额	本期金额
净利润	136 万元	160 万元
发行在外的普通股	50 万股	
普通股基本每股收益	160 万元÷50 万股=3.2 元/股	
普通股每股市价	56.78 元	
市盈率	17.74	

市盈率是股票投资者对股票进行技术分析的一个基本衡量标准，资本市场中的相关机构都会定期发布该指标信息，市盈率通常指的是静态市盈率，它表明每股普通股的先行市场价格和目前获利的关系，通常用来作为比较不同价格的股票是否被高估或者低估的指标。

从理论上说，在购入时，市盈率越低的股票越适合投资。市盈率越高，表明其价格与价值的背离程度就越高，其价格下跌的可能性越大，风险越大，因而不宜选为投资对象；而市盈率越低，价格下跌的可能性越小，风险越小。但是在股票市场上，投资者更偏爱那些价格波动较大的股票，他们认为值得投资的股票价格才会上升，从而市盈率升高，企业价值更大。所以说，简单地把市盈率的高低作为选择股票投资的标准，往往不适用。

（三）每股股利

每股股利是上市公司本期发放的普通股现金股利总额与期末流通的普通股股数的比率。每股股利是反映每一普通股获得股利多少的指标。其计算公式如下。

$$每股股利 = \frac{普通股股利总额}{期末普通股股数} \times 100\%$$

【例 11-20】根据表 11-2 的资料，若某企业期末发放普通股股利 50 万元，则该公司 2020 年 12 月 31 日的每股股利如表 11-22 所示。

表 11-22 利润表（部分）

项目	上期金额	本期金额
净利润	136 万元	160 万元
发行在外的普通股	50 万股	
期末普通股股数	50 万元	
每股股利	1 元/股	

每股股利体现上市公司净利润的分配情况，普通股股利是普通股股东获得投资收益的主要来源，指标值越大，表明公司股本获利能力越强。在进行每股股利指标分析时，应注意以下几点。

（1）在计算时，仅限于普通股股数及其分配的股利，不包括优先股股数及其分配的股利。

（2）当每股收益一定时，每股股利除了取决于上市公司获利能力大小以外，还受其他的因素影响，如公司的股利发放政策、投资机会、举债能力以及累计未分配利润等；因此在计算和分析该指标时，应全面分析，综合评价股票的投资价值。

（3）在利用每股收益进行投资收益预测时，应注意前后各期比较，并保证比较的口径一致。

（四）每股净资产

每股净资产，也称每股权益，是上市公司期末净资产（即股东权益）与期末普通股总股数的比率，该指标反映普通股每股股票所拥有的净资产现值或账面权益额。其计算公式如下。

$$每股净资产 = \frac{期末股东权益总额}{期末普通股发行在外股数} \times 100\%$$

【例 11-21】 根据表 11-1 的资料，若某公司发行在外的普通股为 50 万股，则该公司 2020 年 12 月 31 日的普通股基本每股收益如表 11-23 所示。

表 11-23 资产负债表（部分）

项目	年初余额	年末余额
股东权益合计	960 万元	880 万元
发行在外的普通股	50 万股	
每股净资产	880 万元 ÷ 50 万股 = 17.6（元/股）	

每股净资产值反映了每股股票代表的公司净资产价值，即企业真实财富含量的体现，通常被认为是股价下跌的底线。

公司净资产价值包括股本、资本公积金、盈余公积金和未分配利润，它标志着上市公司的经济实力，因为任何一个企业的经营都是以其净资产数量为依据的。每股净资产值越大，代表公司内部积累的财富越雄厚，创造利润的能力和在面对低迷经济时抵御外来风险的能力越强；反之，则表明公司内在价值越低，财富含量越低。在运用该指标衡量公司的盈利能力时，需要注意以下几个问题。

（1）如上市公司同时也发行优先股，在计算时，需要先从股东权益总额中减去优先股权益。

（2）在评价该项比率时，必须将每股净资产结合市价进行分析，在之后讲解市净率时，会具体分析。

（3）该比率无法体现当前公司股票的真实财富值。因会计报表在编制的时候适用的是历史计量原则，使得该比率通常体现的是公司过往的财务价值，当公司净资产的历史成本低于其现行的公允价值时，反映的股票财富含量将高于真实的财富含量。

（五）市净率

市净率指的是每股股价与每股净资产的比率，体现的是上市公司普通股每股市价与公司净资产价值之间的对比关系，其计算公式如下。

$$市净率 = \frac{普通股每股市价}{普通股每股净资产} \times 100\%$$

【例 11-22】根据表 11-1 的资料，若某企业普通股每股市价为 56.78 元，则该公司 2020 年 12 月 31 日的市净率如表 11-24 所示。

表 11-24 资产负债表（部分）

普通股每股市价	56.78 元
每股净资产	17.6 元/股
市净率	3.23%

市净率既是分析企业盈利能力的重要指标，也是股票投资分析的重要依据。每股净资产是股票的账面价值，它是采用历史成本计量的，而每股市价是这些资产的现在公允价格，它是证券市场上交易后产生的结果。若每股市价高于该股票本身价值，即市净率越高，证明投资者对公司未来发展前景看好，有发展潜力，反之则资产质量差，发展前景暗淡。

市净率能够较好地反映出"有所付出，即有回报"，它能够帮助投资者找到哪个上市公司能以较少的投入得到较高的产出，帮助其辨别投资风险。

优质股票的市价都超出每股净资产许多，通常市净率达到 3 时，可以树立较好的公司形象。如果出现股价低于每股净资产，则该企业很可能未来将会面临着破产的危险。就像售价低于成本的商品一样，属于"处理品"。当然，"处理品"也不是没有购买价值，问题在于该公司今后是否有转机，或者购入后经过资产重组能否提高获利能力。

（六）留存盈余率

留存盈余率是企业留存盈利（税后净利润减去全部股利的余额）与企业净利润的比率。其计算公式如下。

$$留存盈余率 = \frac{净利润-全部股利}{净利润} \times 100\%$$

【例 11-23】 根据表 11-2 的资料,若某企业期末发放普通股股利 50 万元,则该公司 2020 年 12 月 31 日的留存盈余率如表 11-25 所示。

表 11-25 利润表(部分)

利润表		
项目	年初余额	年末余额
净利润	136 万元	160 万元
期末发放普通股股利	50 万元	
留存盈余率	(160 − 50) ÷ 160 × 100% = 68.75%	

留存盈利是指企业的税后留利,包括法定盈余公积金、公益金和任意盈余公积金等;它不是指每年累计下来的盈利,而是指当年利润中留下的部分。全部股利则包括发放的优先股股利和普通股股利。

留存盈余率用于衡量当期净利润总额中有多大的比例留存在企业用于发展,它体现了企业的经营方针。从长远利益来看,若公司计划积累资金扩大经营规模,留存盈利比率应较大。若公司计划通过其他方式筹集资金,为了不影响投资人的当前收益,留存盈利比率应该偏小。

(七)股利支付率

股利支付率,也称股息发放率,是普通股每股股利与每股利润的比率,代表净收益中股利所占的比重。其计算公式如下。

$$股利支付率 = \frac{每股股利}{每股利润} \times 100\%$$

【例 11-24】 根据表 11-18 和表 11-20 的资料,某公司 2020 年 12 月 31 日的股利支付率如表 11-26 所示。

表 11-26 某公司股利相关资料表

每股股利	1 元/股
每股收益(利润)	3.2 元/股
股利支付率	31.25%

股利支付率体现普通股股东从每股的全部盈余中能够得到的收益部分,也反映公司的股利分配政策和股利支付能力。

就普通股投资者而言,这一指标比每股盈余更能体现当期利益,股利支付并没有一个固定的衡量标准,通常初创公司、小公司的分配比例较低。分配比例高表明公司不需更多的资金进行再投入,公用事业股的分配比例都较高。

第四节　营运能力分析

一、营运能力分析概述

（一）营运能力分析的概念

营运能力分析是通过对反映企业资产管理和运营的效率和效益的指标进行计算与分析，衡量企业在资产上管理水平的高低和运用资产创造营业收入，营运能力分析是盈利能力分析和偿债能力分析的基础与补充。企业可以通过营运能力分析挖掘企业的潜力。广义的营运能力主要是指企业所有资源要素在企业营运中共同发挥作用，这些资源包括财力资源、人力资源、物料资源、信息技术资源等，通过合理配置与相互作用来推动企业的整体运营和发展，但是在财务分析中的营运能力分析仅指对于企业运营资产的利用效率与效益的分析，一般包括流动资产和固定资产。

（二）营运能力分析的意义

1. 评价企业资产利用效率和效益

企业营运资产效率一般是指资产周转速度，包括周转率或周转期。企业营运资产效益是指营运资产利用后形成的结果，一般表示为企业产出额与资产占用额之比。企业营运能力实质就是维持最少资产占用量，花费最短时间周转，生产出最多产品，实现最大价值，通过对资产营运能力分析，可以了解并评价出企业对于资产的利用效率和营运效益，从而帮助投资者和管理层判断企业财务的安全性、资产的保值程度以及收益能力。

2. 确定合理的资产存量规模和配置

随着企业的发展，企业生产规模也会随之不断发生变化，对于资产存量需求也同样处于变化之中。确定企业在不同时点上合理资产存量，是取得收益的基础，过大资产规模和资金占用，易形成资产积压而导致营运资金不足，使企业长期经营能力出问题。营运能力分析可以帮助企业管理者了解企业经济活动中对资产的需求情况，特别要对资产泡沫或虚拟资产应着重关注，摸清存量资产结构，并及时处理问题资产，使资产的存量变动与生产规模相适应，从而为下一期生产决策提供依据。

3. 加速资金周转

通过营运能力分析中针对资产结构的分析，可以合理调整流动资金与其资产的比例关系。在资产总量不变的情况下，非流动资产和非商品资产所占的比重越大，周转值越小，资金的周转速度也就越低，那企业的营运效率也就会降低。

二、流动资产周转情况分析

反映流动资产周转情况的指标主要有存货周转率、应收账款周转率和流动资产周转率。

（一）存货周转率

存货周转率又名库存周转率，是企业一定时期营业成本（销货成本）与平均存货余额的比率，用来反映一年中库存周转的次数。用时间表示的存货周转率就是存货周转天数，其计算公式如下。

$$存货周转率 = \frac{营业成本}{存货平均余额} \times 100\%$$

$$存货周转天数 = \frac{360}{存货周转率} = \frac{存货平均余额}{营业成本} \times 360$$

其中

$$存货平均余额 = \frac{期初存货 + 期末存货}{2}$$

存货周转率是企业营运能力分析的重要指标之一，它不仅可以用来衡量企业生产经营中购入存货、投入生产与销售回收等环节的存货运营效率，还被用来评价企业的经营业绩情况。通常存货周转率越高，周转天数越少，表明企业存货资产变现能力越强，对于存货运营能力和管理效率越高。反之亦然。

【例 11-25】 根据表 11-1 和表 11-2 的资料，某公司 2020 年存货周转率指标数据分析如表 11-27 所示。

表 11-27 资产负债表和利润表（部分）

利润表		
项目	上期金额	本期金额
营业成本（万元）	2 644	2 503
资产负债表		
项目	年初余额	年末余额
存货（万元）	119	326
存货平均余额（万元）	222.5	
存货周转率（次）	2 503 ÷ 222.5 = 11.25	
存货周转天数（天）	32	

在运用该指标进行分析和评价的时候，还应注意以下两点。

（1）存货周转率指标好坏反映企业存货管理水平高低，但是其受到企业经营特点，如经营周期、经营季节性等的影响。通常房地产企业存货周转率要低于制造企业，而制造企业存货周转率又低于商品流动企业，这是因为不同企业营业周期不一样，房地产企业营业周期长于制造企业，而制造企业又长于商品流通企业。在进行比率分析时，需要注意其他因素的影响。

（2）存货周转率能够体现企业整体的存货管理和运营水平的情况，但无法体现各单独环节的存货经营效率情况。因此，企业管理者在运用该指标进行企业运营能力分析时，还需要根据具体环节来进行计算分析，其计算公式如下。

$$原材料周转率 = \frac{耗用原材料成本}{平均原材料存货} \times 100\%$$

$$在产品周转率 = \frac{完工产品制造成本}{平均产成品存货} \times 100\%$$

$$产成品周转率 = \frac{销货成本}{平均产成品存货} \times 100\%$$

(二)应收账款周转率

应收账款周转率是企业在一定时期内产品或商品赊销净收入与应收账款平均余额的比率,它是衡量企业应收账款周转速度及管理效率的指标;用时间表示的应收账款周转率就是应收账款周转天数,应收账款周转天数是从取得应收账款权利到收回款项,转变为现金的总时间。其计算公式如下。

$$应收账款周转率 = \frac{赊销收入净额}{应收账款平均余额} \times 100\%$$

$$应收账款周转天数 = \frac{360}{应收账款周转率}$$

其中

$$赊销收入净额 = 当期销售净收入 - 当期现销收入$$
$$= 营业收入 - 现销收入 - 销售退回 - 销售折让 - 销售折扣$$

$$应收账款平均余额 = \frac{期初应收账款余额 + 期末应收账款余额}{2}$$

应收账款是企业流动资产除存货外另一重要项目。一般应收账款周转率越高越好,周转天数越少,表明赊账越少,应收账款回收越迅速,企业应收账款的管理效率越高;反之越低,表明运营资金过多滞留在应收账款上,影响正常资金周转及偿债能力。但应收账款实际经营中不宜过高或过低,过高表明奉行较紧的信用政策,付款条件过于苛刻,这势必会影响到市场占有率,而过低应收账款又对销售产生影响。

【例 11-26】 根据表 11-1 和表 11-2 的资料,某公司 2020 年应收账款周转率和周转天数指标数据分析如表 11-28 所示。

表 11-28 资产负债表和利润表(部分)

利润表		
项目	上期金额	本期金额
营业收入(万元)	3 000	2 850
资产负债表		
项目	年初余额	年末余额
应收账款(万元)	418	222
应收账款平均余额(万元)	320	
应收账款周转率(次)	2 850÷320 = 8.91	
应收账款周转天数(天)	40.40	

在运用该指标进行分析和评价的时候，还应注意以下三点。

（1）在进行指标计算时，"应收账款平均余额"应是未扣除坏账准备的应收金额，而非考虑计提坏账后应收账款净额。坏账准备是"会计谨慎性"原则下计提的一种预计损失，这种预计损失是否会发生以及发生程度大小依赖于企业未来对应收账款的管理效率，具有不确定性。而计提坏账准备会使应收账款金额降低，从而提高应收账款周转率，对应收账款实际管理不善的企业反而会通过应收账款周转率指标得出企业管理极佳的错误结论。

（2）在比率分析中，"赊销收入净额"属于企业内部数据，对于一些外部利益关系人，比如投资者、债权人等无法准确获取企业的赊销数据，因而在实际运用中通常直接采用"营业收入净额"简化计算。

（3）将应收账款周转率与存货周转率结合，不但可以进行营运能力分析，还能体现企业管理营销策略和所在宏观市场前景。若应收账款周转率与存货周转率同时上升，表明企业所处的市场前景广阔；若应收账款周转率上升与存货周转率下降，表明企业因为预期市场看好而扩大生产规模或采取紧缩信用政策，或同时采用；若应收账款周转率下降与存货周转率上升，表明企业预期市场前景不甚乐观，遂放宽信用政策，扩大赊销规模。

（三）流动资产周转率

流动资产周转率指一定时期内主营业务收入净额与平均流动资产总额的比率，用时间表示的流动资产周转率就是流动资产周转天数，其计算公式如下。

$$流动资产周转率 = \frac{营业收入净额}{流动资产平均余额} \times 100\%$$

$$流动资产周转天数 = \frac{360}{流动资产周转率}$$

其中

$$流动资产平均余额 = \frac{期初流动资产 + 期末流动资产}{2}$$

流动资产周转率是评价企业资产周转速度和资产利用率重要指标。在一定时期内，该指标越高，表明流动资产周转速度越快，利用效果越好；在较快的周转速度下，周转的一次所需要的时间和天数越少，也说明流动资产在经历生产到营业各阶段所占用的时间越短。而流动资产周转率越低，代表流动资产周转速度慢，企业需要补充流动资金参加周转，这会形成资金浪费，降低企业营运能力。

【例 11-27】 根据表 11-1 和表 11-2 的资料，某公司 2020 年流动资产周转率和周转天数指标数据分析如表 11-29 所示。

通过对该指标的对比分析可知，增加营业收入或降低流动资产的资金占用是提高流动资产周转速度的两种有效途径。企业可以通过加强内部管理来提高流动资产利用率和占用率，如调动暂时闲置的货币资金用于短期的投资创造收益等；企业还可以通过采取相应措施扩大销售来增加营业收入。

表 11-29 资产负债表和利润表(部分)

利润表		
项目	上期金额	本期金额
营业收入(万元)	3 000	2 850
资产负债表		
项目	年初余额	年末余额
流动资产合计(万元)	700	610
流动资产平均余额(万元)	655	
流动资产周转率(次)	2 850÷655 = 4.35	
流动资产周转天数(天)	82.76	

(四)企业现金周转期

现金周转期是从现金投入生产开始到最终收回又转换为现金的过程中所耗费的时间,现金周转期包括存货周转期、应收账款周转期和应付账款周转期三个阶段。

如图 11-1 所示,现金的周转在企业经营活动中经历从收到原材料、支付材料款、出售产成品和收回现金四个过程。在这四个过程中:收到原材料到出售产成品过程属于存货周转期,出售产成品到收回现金过程属于应收账款周转期,收到原材料到支付材料款项属于应付账款周转期,支付材料款到收回现金属于现金转化周期。现金周转期可作为企业设置现金持有量有效依据,该模型是根据现金周转速度来确定最佳现金持有量。

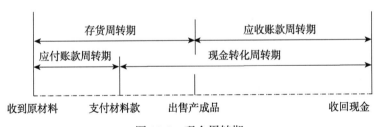

图 11-1 现金周转期

三、固定资产周转情况分析

固定资产营业运能力分析针对企业管理固定资产能力,通常包括固定资产周转率(即固定资产周转次数),而用时间表示的固定资产周转率就是固定资产周转天数(即固定资产周转期)。固定资产周转率是一定时期营业收入净额与固定资产平均净值的比率。固定资产周转率表示在一个会计年度内固定资产周转的次数,或每一元固定资产支持的营业收入。而固定资产周转天数则体现固定资产转换成现金平均需要的时间,即平均天数。其计算公式如下。

$$固定资产周转率 = \frac{营业收入净额}{固定资产平均净值} \times 100\%$$

$$固定资产周转天数 = \frac{360}{固定资产周转率}$$

其中

$$固定资产平均余额 = \frac{期初固定资产净值 + 期末固定资产净值}{2}$$

【例 11-28】 根据表 11-1 和表 11-2 的资料，某公司 2020 年固定资产周转率和周转天数指标数据分析如表 11-30 所示。

表 11-30 资产负债表和利润表（部分）

利润表		
项目	上期金额	本期金额
营业收入（万元）	3 000	2 850
资产负债表		
项目	年初余额	年末余额
固定资产（万元）	1 238	1 000
固定资产平均余额（万元）	1 119	
固定资产周转率（次）	2 850÷1 119=2.55	
固定资产周转天数（天）	141.18	

这两个指标均用来衡量企业对固定资产的利用效率，以及测定固定资产产生营业收入能力。通常固定资产周转比率越高，说明利用率越高，企业对于固定资产投资得当，管理合理；反之，如果固定资产周转比率较低，则意味着固定资产过多或者存在固定资产闲置的可能。

固定资产周转率在分析时，通常与同行业企业进行对比。若与同行业平均水平相比偏低，意味着企业对固定资产的利用率较低，生产能力过剩；反之则相反。固定资产周转率与同行业水平相比偏高时，除了较好利用固定资产外，还有可能是老化的设备即将折旧完毕造成，这种情况反而会使企业创造利润的能力下降。另外，在应用该指标时，还需考虑固定资产折旧，包括折旧方法和折旧年限，以及固定资产更新重置对于固定资产净值的影响。

四、总资产周转情况分析

为了综合分析全部资产的营运能力，运用的指标主要有总资产周转率。总资产周转率是企业一定时期营运收入净额与资产总额的比率；而用时间表示的总资产周转率就是总资产周转天数（即总资产周转期）。其计算公式如下。

$$总资产周转率 = \frac{营业收入净额}{资产平均总额} \times 100\%$$

$$总资产周转天数 = \frac{360}{总资产周转率}$$

其中

$$资产平均总额 = \frac{年初资产总额 + 年末资产总额}{2}$$

总资产周转率是衡量企业全部资产投资规模与营业销售水平之间配比情况的指标，一般总资产周转次数越多或周转天数越少，表明其周转速度越快，营运能力也就越强；若总资产周转率较低，周转天数较高，说明公司利用其全部资产进行经营的效率较差，这会直接影响到公司的获利能力。

【例 11-29】 根据表 11-1 和表 11-2 的资料，某公司 2020 年总资产周转率和周转天数指标数据分析如表 11-31 所示。

表 11-31 资产负债表和利润表（部分）

利润表		
项目	上期金额	本期金额
营业收入（万元）	3 000	2 850
资产负债表		
项目	年初余额	年末余额
资产总计（万元）	2 000	1 680
资产平均总额（万元）	1 840	
总资产周转率（次）	2 850÷1 840=1.55	
总资产周转天数（天）	232.26	

习　题

【单项选择题】

1. 下列比率指标的不同类型中，流动比率属于（　　）。
   A. 构成比率　　B. 动态比率　　C. 相关比率　　D. 效率比率
2. 下列各项中，不属于财务分析中因素分析法特征的是（　　）。
   A. 因素分解的关联性　　　　　　B. 顺序替代的连环性
   C. 分析结果的准确性　　　　　　D. 因素替代的顺序性
3. 在一定时期内，应收账款周转次数多、周转天数少不能表明（　　）。
   A. 收账速度快　　　　　　　　　B. 信用管理政策宽松
   C. 应收账款流动性强　　　　　　D. 应收账款管理效率高
4. 下列各项财务指标中，能够反映公司每股股利与每股收益之间关系的是（　　）。
   A. 市净率　　B. 股利支付率　　C. 每股市价　　D. 每股净资产
5. 某企业 2018 年的营业净利率为 19.03%，净资产收益率为 11.76%，总资产周转率为 30.89%，则该企业 2018 年的资产负债率为（　　）。
   A. 38.20%　　B. 61.93%　　C. 50.00%　　D. 69.90%
6. 甲企业 2017 年流动资产平均余额为 200 万元，流动资产周转次数为 8 次，2017 年净利润为 420 万元,则 2017 年甲企业营业净利率为( )。

A. 26.25%　　　　B. 30%　　　　C. 35%　　　　D. 28.25%

7. 某企业 2017 年年初所有者权益总额比 2016 年年初所有者权益总额增加 12%,年末所有者权益总额比 2016 年年末所有者权益总额增加 20%,2017 年没有影响所有者权益的客观因素,则该企业 2017 年的资本保值增值率比 2016 年的资本保值率提高了( )。

A. 1.67%　　　　B. 2%　　　　C. 7%　　　　D. 12%

8. 下列关于营运能力分析的指标中,说法错误的是( )。

A. 一定时期内,流动资产周转天数越少,可相对节约流动资产,增强企业盈利能力
B. 一般来讲,存货周转速度越快,存货占用水平越低,流动性越强
C. 在一定时期内,应收账款周转次数多,表明企业收账缓慢
D. 在一定时期内,应收账款周转次数多,表明应收账款流动性强

9. 某公司 2017 年年末总资产 500 万元,股东权益 350 万元,净利润 50 万元,全部利息费用 5 万元,其中资本化利息费用 2 万元,假设该企业适用的所得税税率为 25%,下列各项指标中计算正确的是( )。

A. 权益乘数为 0.7
B. 利息保障倍数为 13.93
C. 资产负债率为 40%
D. 产权比率为 2.33

10. 说明企业财务状况或经营成果变动趋势的方法是( )。

A. 趋势分析法
B. 横向比较法
C. 预算差异分析法
D. 比率分析法

【计算题】

1. 甲公司的相关资料如下,2018 年度营业收入为 18 000 万元,营业成本为 10 000 万元,净利润为 2 250 万元。甲公司 2018 年年末资产总额为 60 000 万元,所有者权益总额为 25 000 万元,全年发行在外的普通股加权平均数为 10 000 万股,年末每股市价为 2.25 元。计算中需要使用期初与期末平均数的,以期末数替代。

（1）计算甲公司 2018 年年末的权益乘数。
（2）计算甲公司的营业净利率。
（3）计算甲公司的总资产净利率。
（4）计算甲公司的总资产周转率。
（5）计算甲公司的市盈率。

2. 某企业 2016 年营业收入净额为 4 200 万元,流动资产平均余额 1 000 万元,固定资产平均余额 680 万元,全部资产由流动资产和固定资产两部分组成;2017 年营业收入净额为 4 800 万元,流动资产平均余额为 1 250 万元,固定资产平均余额为 750 万元。

（1）计算 2016 年与 2017 年的总资产周转率（次）、流动资产周转率（次）和资产结构（流动资产占总资产的百分比）。
（2）运用差额分析法计算流动资产周转率与资产结构变动对全部资产周转率的影响。

附 表

附表一 复利终值系数表

期数	1%	2%	3%	4%	5%	6%	7%	8%	9%	10%
1	1.0100	1.0200	1.0300	1.0400	1.0500	1.0600	1.0700	1.0800	1.0900	1.1000
2	1.0201	1.0404	1.0609	1.0816	1.1025	1.1236	1.1449	1.1664	1.1881	1.2100
3	1.0303	1.0612	1.0927	1.1249	1.1576	1.1910	1.2250	1.2597	1.2950	1.3310
4	1.0406	1.0824	1.1255	1.1699	1.2155	1.2625	1.3108	1.3605	1.4116	1.4641
5	1.0510	1.1041	1.1593	1.2167	1.2763	1.3382	1.4026	1.4693	1.5386	1.6105
6	1.0615	1.1262	1.1941	1.2653	1.3401	1.4185	1.5007	1.5869	1.6771	1.7716
7	1.0721	1.1487	1.2299	1.3159	1.4071	1.5036	1.6058	1.7138	1.8280	1.9487
8	1.0829	1.1717	1.2668	1.3686	1.4775	1.5938	1.7182	1.8509	1.9926	2.1436
9	1.0937	1.1951	1.3048	1.4233	1.5513	1.6895	1.8385	1.9990	2.1719	2.3579
10	1.1046	1.2190	1.3439	1.4802	1.6289	1.7908	1.9672	2.1589	2.3674	2.5937
11	1.1157	1.2434	1.3842	1.5395	1.7103	1.8983	2.1049	2.3316	2.5804	2.8531
12	1.1268	1.2682	1.4258	1.6010	1.7959	2.0122	2.2522	2.5182	2.8127	3.1384
13	1.1381	1.2936	1.4685	1.6651	1.8856	2.1329	2.4098	2.7196	3.0658	3.4523
14	1.1495	1.3195	1.5126	1.7317	1.9799	2.2609	2.5785	2.9372	3.3417	3.7975
15	1.1610	1.3459	1.5580	1.8009	2.0789	2.3966	2.7590	3.1722	3.6425	4.1772
16	1.1726	1.3728	1.6047	1.8730	2.1829	2.5404	2.9522	3.4259	3.9703	4.5950
17	1.1843	1.4002	1.6528	1.9479	2.2920	2.6928	3.1588	3.7000	4.3276	5.0545
18	1.1961	1.4282	1.7024	2.0258	2.4066	2.8543	3.3799	3.9960	4.7171	5.5599
19	1.2081	1.4568	1.7535	2.1068	2.5270	3.0256	3.6165	4.3157	5.1417	6.1159
20	1.2202	1.4859	1.8061	2.1911	2.6533	3.2071	3.8697	4.6610	5.6044	6.7275
21	1.2324	1.5157	1.8603	2.2788	2.7860	3.3996	4.1406	5.0338	6.1088	7.4002
22	1.2447	1.5460	1.9161	2.3699	2.9253	3.6035	4.4304	5.4365	6.6586	8.1403
23	1.2572	1.5769	1.9736	2.4647	3.0715	3.8197	4.7405	5.8715	7.2579	8.9543
24	1.2697	1.6084	2.0328	2.5633	3.2251	4.0489	5.0724	6.3412	7.9111	9.8497
25	1.2824	1.6406	2.0938	2.6658	3.3864	4.2919	5.4274	6.8485	8.6231	10.835
26	1.2953	1.6734	2.1566	2.7725	3.5557	4.5494	5.8074	7.3964	9.3992	11.918
27	1.3082	1.7069	2.2213	2.8834	3.7335	4.8223	6.2139	7.9881	10.245	13.110
28	1.3213	1.7410	2.2879	2.9987	3.9201	5.1117	6.6488	8.6271	11.167	14.421
29	1.3345	1.7758	2.3566	3.1187	4.1161	5.4184	7.1143	9.3173	12.172	15.863
30	1.3478	1.8114	2.4273	3.2434	4.3219	5.7435	7.6123	10.063	13.268	17.449
40	1.4889	2.2080	3.2620	4.8010	7.0400	10.286	14.975	21.725	31.409	45.259
50	1.6446	2.6916	4.3839	7.1067	11.467	18.420	29.457	46.902	74.358	117.39
60	1.8167	3.2810	5.8916	10.520	18.679	32.988	57.946	101.26	176.03	304.48

续表

期数	12%	14%	15%	16%	18%	20%	24%	28%	32%	36%
1	1.1200	1.1400	1.1500	1.1600	1.1800	1.2000	1.2400	1.2800	1.3200	1.3600
2	1.2544	1.2996	1.3225	1.3456	1.3924	1.4400	1.5376	1.6384	1.7424	1.8496
3	1.4049	1.4815	1.5209	1.5609	1.6430	1.7280	1.9066	2.0972	2.3000	2.5155
4	1.5735	1.6890	1.7490	1.8106	1.9388	2.0736	2.3642	2.6844	3.0360	3.4210
5	1.7623	1.9254	2.0114	2.1003	2.2878	2.4883	2.9316	3.4360	4.0075	4.6526
6	1.9738	2.1950	2.3131	2.4364	2.6996	2.9860	3.6352	4.3980	5.2899	6.3275
7	2.2107	2.5023	2.6600	2.8262	3.1855	3.5832	4.5077	5.6295	6.9826	8.6054
8	2.4760	2.8526	3.0590	3.2784	3.7589	4.2998	5.5895	7.2058	9.2170	11.703
9	2.7731	3.2519	3.5179	3.8030	4.4355	5.1598	6.9310	9.2234	12.167	15.917
10	3.1058	3.7072	4.0456	4.4114	5.2338	6.1917	8.5944	11.806	16.060	21.647
11	3.4785	4.2262	4.6524	5.1173	6.1759	7.4301	10.657	15.112	21.199	29.439
12	3.8960	4.8179	5.3503	5.9360	7.2876	8.9161	13.215	19.343	27.983	40.038
13	4.3635	5.4924	6.1528	6.8858	8.5994	10.699	16.386	24.759	36.937	54.451
14	4.8871	6.2613	7.0757	7.9875	10.147	12.839	20.319	31.691	48.757	74.053
15	5.4736	7.1379	8.1371	9.2655	11.974	15.407	25.196	40.565	64.359	100.71
16	6.1304	8.1372	9.3576	10.748	14.129	18.488	31.243	51.923	84.954	136.97
17	6.8660	9.2765	10.761	12.468	16.672	22.186	38.741	66.461	112.14	186.28
18	7.6900	10.575	12.376	14.463	19.673	26.623	48.039	85.071	148.02	253.34
19	8.6128	12.056	14.232	16.777	23.214	31.948	59.568	108.89	195.39	344.54
20	9.6463	13.744	16.367	19.461	27.393	38.338	73.864	139.38	257.92	468.57
21	10.804	15.668	18.822	22.575	32.324	46.005	91.592	178.41	340.45	637.26
22	12.100	17.861	21.645	26.186	38.142	55.206	113.57	228.36	449.39	866.67
23	13.552	20.362	24.892	30.376	45.008	66.247	140.83	292.30	593.20	1178.7
24	15.179	23.212	28.625	35.236	53.109	79.497	174.63	374.14	783.02	1603.0
25	17.000	26.462	32.919	40.874	62.669	95.396	216.54	478.90	1033.6	2180.1
26	19.040	30.167	37.857	47.414	73.949	114.48	268.51	613.00	1364.3	2964.9
27	21.325	34.390	43.535	55.000	87.260	137.37	332.96	784.64	1800.9	4032.3
28	23.884	39.205	50.066	63.800	102.97	164.84	412.86	1004.3	2377.2	5483.9
29	26.750	44.693	57.576	74.009	121.50	197.81	511.95	1285.6	3137.9	7458.1
30	29.960	50.950	66.212	85.850	143.37	237.38	634.82	1645.5	4142.1	10143
40	93.051	188.88	267.86	378.72	750.38	1469.8	5455.9	19427	66521	*
50	289.00	700.23	1083.7	1670.7	3927.4	9100.4	46890	*	*	*
60	897.60	2595.9	4384.0	7370.2	20555	56348	*	*	*	*

注：* > 99999

计算公式：复利终值系数 $=(1+i)^n$，$F=P(1+i)^n$

P—现值或初始值；i—报酬率或利率；n—计息期数；F—终值或本利和

附表二 复利现值系数表

期数	1%	2%	3%	4%	5%	6%	7%	8%	9%	10%
1	0.9901	0.9804	0.9709	0.9615	0.9524	0.9434	0.9346	0.9259	0.9174	0.9091
2	0.9803	0.9612	0.9426	0.9246	0.9070	0.8900	0.8734	0.8573	0.8417	0.8264
3	0.9706	0.9423	0.9151	0.8890	0.8638	0.8396	0.8163	0.7938	0.7722	0.7513
4	0.9610	0.9238	0.8885	0.8548	0.8227	0.7921	0.7629	0.7350	0.7084	0.6830
5	0.9515	0.9057	0.8626	0.8219	0.7835	0.7473	0.7130	0.6806	0.6499	0.6209
6	0.9420	0.8880	0.8375	0.7903	0.7462	0.7050	0.6663	0.6302	0.5963	0.5645
7	0.9327	0.8706	0.8131	0.7599	0.7107	0.6651	0.6227	0.5835	0.5470	0.5132
8	0.9235	0.8535	0.7894	0.7307	0.6768	0.6274	0.5820	0.5403	0.5019	0.4665
9	0.9143	0.8368	0.7664	0.7026	0.6446	0.5919	0.5439	0.5002	0.4604	0.4241
10	0.9053	0.8203	0.7441	0.6756	0.6139	0.5584	0.5083	0.4632	0.4224	0.3855
11	0.8963	0.8043	0.7224	0.6496	0.5847	0.5268	0.4751	0.4289	0.3875	0.3505
12	0.8874	0.7885	0.7014	0.6246	0.5568	0.4970	0.4440	0.3971	0.3555	0.3186
13	0.8787	0.7730	0.6810	0.6006	0.5303	0.4688	0.4150	0.3677	0.3262	0.2897
14	0.8700	0.7579	0.6611	0.5775	0.5051	0.4423	0.3878	0.3405	0.2992	0.2633
15	0.8613	0.7430	0.6419	0.5553	0.4810	0.4173	0.3624	0.3152	0.2745	0.2394
16	0.8528	0.7284	0.6232	0.5339	0.4581	0.3936	0.3387	0.2919	0.2519	0.2176
17	0.8444	0.7142	0.6050	0.5134	0.4363	0.3714	0.3166	0.2703	0.2311	0.1978
18	0.8360	0.7002	0.5874	0.4936	0.4155	0.3503	0.2959	0.2502	0.2120	0.1799
19	0.8277	0.6864	0.5703	0.4746	0.3957	0.3305	0.2765	0.2317	0.1945	0.1635
20	0.8195	0.6730	0.5537	0.4564	0.3769	0.3118	0.2584	0.2145	0.1784	0.1486
21	0.8114	0.6598	0.5375	0.4388	0.3589	0.2942	0.2415	0.1987	0.1637	0.1351
22	0.8034	0.6468	0.5219	0.4220	0.3418	0.2775	0.2257	0.1839	0.1502	0.1228
23	0.7954	0.6342	0.5067	0.4057	0.3256	0.2618	0.2109	0.1703	0.1378	0.1117
24	0.7876	0.6217	0.4919	0.3901	0.3101	0.2470	0.1971	0.1577	0.1264	0.1015
25	0.7798	0.6095	0.4776	0.3751	0.2953	0.2330	0.1842	0.1460	0.1160	0.0923
26	0.7720	0.5976	0.4637	0.3607	0.2812	0.2198	0.1722	0.1352	0.1064	0.0839
27	0.7644	0.5859	0.4502	0.3468	0.2678	0.2074	0.1609	0.1252	0.0976	0.0763
28	0.7568	0.5744	0.4371	0.3335	0.2551	0.1956	0.1504	0.1159	0.0895	0.0693
29	0.7493	0.5631	0.4243	0.3207	0.2429	0.1846	0.1406	0.1073	0.0822	0.0630
30	0.7419	0.5521	0.4120	0.3083	0.2314	0.1741	0.1314	0.0994	0.0754	0.0573
35	0.7059	0.5000	0.3554	0.2534	0.1813	0.1301	0.0937	0.0676	0.0490	0.0356
40	0.6717	0.4529	0.3066	0.2083	0.1420	0.0972	0.0668	0.0460	0.0318	0.0221
45	0.6391	0.4102	0.2644	0.1712	0.1113	0.0727	0.0476	0.0313	0.0207	0.0137
50	0.6080	0.3715	0.2281	0.1407	0.0872	0.0543	0.0339	0.0213	0.0134	0.0085
55	0.5785	0.3365	0.1968	0.1157	0.0683	0.0406	0.0242	0.0145	0.0087	0.0053

续表

期数	12%	14%	15%	16%	18%	20%	24%	28%	32%	36%
1	0.8929	0.8772	0.8696	0.8621	0.8475	0.8333	0.8065	0.7813	0.7576	0.7353
2	0.7972	0.7695	0.7561	0.7432	0.7182	0.6944	0.6504	0.6104	0.5739	0.5407
3	0.7118	0.6750	0.6575	0.6407	0.6086	0.5787	0.5245	0.4768	0.4348	0.3975
4	0.6355	0.5921	0.5718	0.5523	0.5158	0.4823	0.4230	0.3725	0.3294	0.2923
5	0.5674	0.5194	0.4972	0.4761	0.4371	0.4019	0.3411	0.2910	0.2495	0.2149
6	0.5066	0.4556	0.4323	0.4104	0.3704	0.3349	0.2751	0.2274	0.1890	0.1580
7	0.4523	0.3996	0.3759	0.3538	0.3139	0.2791	0.2218	0.1776	0.1432	0.1162
8	0.4039	0.3506	0.3269	0.3050	0.2660	0.2326	0.1789	0.1388	0.1085	0.0854
9	0.3606	0.3075	0.2843	0.2630	0.2255	0.1938	0.1443	0.1084	0.0822	0.0628
10	0.3220	0.2697	0.2472	0.2267	0.1911	0.1615	0.1164	0.0847	0.0623	0.0462
11	0.2875	0.2366	0.2149	0.1954	0.1619	0.1346	0.0938	0.0662	0.0472	0.0340
12	0.2567	0.2076	0.1869	0.1685	0.1372	0.1122	0.0757	0.0517	0.0357	0.0250
13	0.2292	0.1821	0.1625	0.1452	0.1163	0.0935	0.0610	0.0404	0.0271	0.0184
14	0.2046	0.1597	0.1413	0.1252	0.0985	0.0779	0.0492	0.0316	0.0205	0.0135
15	0.1827	0.1401	0.1229	0.1079	0.0835	0.0649	0.0397	0.0247	0.0155	0.0099
16	0.1631	0.1229	0.1069	0.0930	0.0708	0.0541	0.0320	0.0193	0.0118	0.0073
17	0.1456	0.1078	0.0929	0.0802	0.0600	0.0451	0.0258	0.0150	0.0089	0.0054
18	0.1300	0.0946	0.0808	0.0691	0.0508	0.0376	0.0208	0.0118	0.0068	0.0039
19	0.1161	0.0829	0.0703	0.0596	0.0431	0.0313	0.0168	0.0092	0.0051	0.0029
20	0.1037	0.0728	0.0611	0.0514	0.0365	0.0261	0.0135	0.0072	0.0039	0.0021
21	0.0926	0.0638	0.0531	0.0443	0.0309	0.0217	0.0109	0.0056	0.0029	0.0016
22	0.0826	0.0560	0.0462	0.0382	0.0262	0.0181	0.0088	0.0044	0.0022	0.0012
23	0.0738	0.0491	0.0402	0.0329	0.0222	0.0151	0.0071	0.0034	0.0017	0.0008
24	0.0659	0.0431	0.0349	0.0284	0.0188	0.0126	0.0057	0.0027	0.0013	0.0006
25	0.0588	0.0378	0.0304	0.0245	0.0160	0.0105	0.0046	0.0021	0.0010	0.0005
26	0.0525	0.0331	0.0264	0.0211	0.0135	0.0087	0.0037	0.0016	0.0007	0.0003
27	0.0469	0.0291	0.0230	0.0182	0.0115	0.0073	0.0030	0.0013	0.0006	0.0002
28	0.0419	0.0255	0.0200	0.0157	0.0097	0.0061	0.0024	0.0010	0.0004	0.0002
29	0.0374	0.0224	0.0174	0.0135	0.0082	0.0051	0.0020	0.0008	0.0003	0.0001
30	0.0334	0.0196	0.0151	0.0116	0.0070	0.0042	0.0016	0.0006	0.0002	0.0001
35	0.0189	0.0102	0.0075	0.0055	0.0030	0.0017	0.0005	0.0002	0.0001	*
40	0.0107	0.0053	0.0037	0.0026	0.0013	0.0007	0.0002	0.0001	*	*
45	0.0061	0.0027	0.0019	0.0013	0.0006	0.0003	0.0001	*	*	*
50	0.0035	0.0014	0.0009	0.0006	0.0003	0.0001	*	*	*	*
55	0.0020	0.0007	0.0005	0.0003	0.0001	*	*	*	*	*

注：* < 0.0001

计算公式：复利现值系数 $= (1+i)^{-n}$，$P = \dfrac{F}{(1+i)^n} = F(1+i)^{-n}$

P—现值或初始值；i—报酬率或利率；n—计息期数；F—终值或本利和

附表三　年金终值系数表

期数	1%	2%	3%	4%	5%	6%	7%	8%	9%	10%
1	1.0000	1.0000	1.0000	1.0000	1.0000	1.0000	1.0000	1.0000	1.0000	1.0000
2	2.0100	2.0200	2.0300	2.0400	2.0500	2.0600	2.0700	2.0800	2.0900	2.1000
3	3.0301	3.0604	3.0909	3.1216	3.1525	3.1836	3.2149	3.2464	3.2781	3.3100
4	4.0604	4.1216	4.1836	4.2465	4.3101	4.3746	4.4399	4.5061	4.5731	4.6410
5	5.1010	5.2040	5.3091	5.4163	5.5256	5.6371	5.7507	5.8666	5.9847	6.1051
6	6.1520	6.3081	6.4684	6.6330	6.8019	6.9753	7.1533	7.3359	7.5233	7.7156
7	7.2135	7.4343	7.6625	7.8983	8.1420	8.3938	8.6540	8.9228	9.2004	9.4872
8	8.2857	8.5830	8.8923	9.2142	9.5491	9.8975	10.260	10.637	11.029	11.436
9	9.3685	9.7546	10.159	10.583	11.027	11.491	11.978	12.488	13.021	13.580
10	10.462	10.950	11.464	12.006	12.578	13.181	13.816	14.487	15.193	15.937
11	11.567	12.169	12.808	13.486	14.207	14.972	15.784	16.646	17.560	18.531
12	12.683	13.412	14.192	15.026	15.917	16.870	17.889	18.977	20.141	21.384
13	13.809	14.680	15.618	16.627	17.713	18.882	20.141	21.495	22.953	24.523
14	14.947	15.974	17.086	18.292	19.599	21.015	22.551	24.215	26.019	27.975
15	16.097	17.293	18.599	20.024	21.579	23.276	25.129	27.152	29.361	31.773
16	17.258	18.639	20.157	21.825	23.658	25.673	27.888	30.324	33.003	35.950
17	18.430	20.012	21.762	23.698	25.840	28.213	30.840	33.750	36.974	40.545
18	19.615	21.412	23.414	25.645	28.132	30.906	33.999	37.450	41.301	45.599
19	20.811	22.841	25.117	27.671	30.539	33.760	37.379	41.446	46.019	51.159
20	22.019	24.297	26.870	29.778	33.066	36.786	40.996	45.762	51.160	57.275
21	23.239	25.783	28.677	31.969	35.719	39.993	44.865	50.423	56.765	64.003
22	24.472	27.299	30.537	34.248	38.505	43.392	49.006	55.457	62.873	71.403
23	25.716	28.845	32.453	36.618	41.431	46.996	53.436	60.893	69.532	79.543
24	26.974	30.422	34.427	39.083	44.502	50.816	58.177	66.765	76.790	88.497
25	28.243	32.030	36.459	41.646	47.727	54.865	63.249	73.106	84.701	98.347
26	29.526	33.671	38.553	44.312	51.114	59.156	68.677	79.954	93.324	109.18
27	30.821	35.344	40.710	47.084	54.669	63.706	74.484	87.351	102.72	121.10
28	32.129	37.051	42.931	49.968	58.403	68.528	80.698	95.339	112.97	134.21
29	33.450	38.792	45.219	52.966	62.323	73.640	87.347	103.97	124.14	148.63
30	34.785	40.568	47.575	56.085	66.439	79.058	94.461	113.28	136.31	164.49
40	48.886	60.402	75.401	95.026	120.80	154.76	199.64	259.06	337.88	442.59
50	64.463	84.579	112.80	152.67	209.35	290.34	406.53	573.77	815.08	1163.9
60	81.670	114.05	163.05	237.99	353.58	533.13	813.52	1253.2	1944.8	3034.8

续表

期数	12%	14%	15%	16%	18%	20%	24%	28%	32%	36%
1	1.0000	1.0000	1.0000	1.0000	1.0000	1.0000	1.0000	1.0000	1.0000	1.0000
2	2.1200	2.1400	2.1500	2.1600	2.1800	2.2000	2.2400	2.2800	2.3200	2.3600
3	3.3744	3.4396	3.4725	3.5056	3.5724	3.6400	3.7776	3.9184	4.0624	4.2096
4	4.7793	4.9211	4.9934	5.0665	5.2154	5.3680	5.6842	6.0156	6.3624	6.7251
5	6.3528	6.6101	6.7424	6.8771	7.1542	7.4416	8.0484	8.6999	9.3983	10.146
6	8.1152	8.5355	8.7537	8.9775	9.4420	9.9299	10.980	12.136	13.406	14.799
7	10.089	10.731	11.067	11.414	12.142	12.916	14.615	16.534	18.696	21.126
8	12.300	13.233	13.727	14.240	15.327	16.499	19.123	22.163	25.678	29.732
9	14.776	16.085	16.786	17.519	19.086	20.799	24.713	29.369	34.895	41.435
10	17.549	19.337	20.304	21.322	23.521	25.959	31.643	38.593	47.062	57.352
11	20.655	23.045	24.349	25.733	28.755	32.150	40.238	50.399	63.122	78.998
12	24.133	27.271	29.002	30.850	34.931	39.581	50.895	65.510	84.320	108.44
13	28.029	32.089	34.352	36.786	42.219	48.497	64.110	84.853	112.30	148.48
14	32.393	37.581	40.505	43.672	50.818	59.196	80.496	109.61	149.24	202.93
15	37.280	43.842	47.580	51.660	60.965	72.035	100.82	141.30	198.00	276.98
16	42.753	50.980	55.718	60.925	72.939	87.442	126.01	181.87	262.36	377.69
17	48.884	59.118	65.075	71.673	87.068	105.93	157.25	233.79	347.31	514.66
18	55.750	68.394	75.836	84.141	103.74	128.12	195.99	300.25	459.45	700.94
19	63.440	78.969	88.212	98.603	123.41	154.74	244.03	385.32	607.47	954.28
20	72.052	91.025	102.44	115.38	146.63	186.69	303.60	494.21	802.86	1298.8
21	81.699	104.77	118.81	134.84	174.02	225.03	377.46	633.59	1060.8	1767.4
22	92.503	120.44	137.63	157.42	206.34	271.03	469.06	812.00	1401.2	2404.7
23	104.60	138.30	159.28	183.60	244.49	326.24	582.63	1040.4	1850.6	3271.3
24	118.16	158.66	184.17	213.98	289.49	392.48	723.46	1332.7	2443.8	4450.0
25	133.33	181.87	212.79	249.21	342.60	471.98	898.09	1706.8	3226.8	6053.0
26	150.33	208.33	245.71	290.09	405.27	567.38	1114.6	2185.7	4260.4	8233.1
27	169.37	238.50	283.57	337.50	479.22	681.85	1383.1	2798.7	5624.8	11198
28	190.70	272.89	327.10	392.50	566.48	819.22	1716.1	3583.3	7425.7	15230
29	214.58	312.09	377.17	456.30	669.45	984.07	2129.0	4587.7	9802.9	20714
30	241.33	356.79	434.75	530.31	790.95	1181.9	2640.9	5873.2	12941	28172
40	767.09	1342.0	1779.1	2360.8	4163.2	7343.9	22729	69377	207874	609890
50	2400.0	4994.5	7217.7	10436	21813	45497	195373	819103	*	*
60	7471.6	18535	29220	46058	114190	281733	*	*	*	*

注：* > 999999.99

计算公式：年金终值系数 $=\dfrac{(1+i)^n-1}{i}$，$F=A\dfrac{(1+i)^n-1}{i}$

A—每期等额支付（或收入）的金额；i—报酬率或利率；n—计息期数；F—年金终值或本利和

附表四　年金现值系数表

期数	1%	2%	3%	4%	5%	6%	7%	8%	9%	10%
1	0.9901	0.9804	0.9709	0.9615	0.9524	0.9434	0.9346	0.9259	0.9174	0.9091
2	1.9704	1.9416	1.9135	1.8861	1.8594	1.8334	1.8080	1.7833	1.7591	1.7355
3	2.9410	2.8839	2.8286	2.7751	2.7232	2.6730	2.6243	2.5771	2.5313	2.4869
4	3.9020	3.8077	3.7171	3.6299	3.5460	3.4651	3.3872	3.3121	3.2397	3.1699
5	4.8534	4.7135	4.5797	4.4518	4.3295	4.2124	4.1002	3.9927	3.8897	3.7908
6	5.7955	5.6014	5.4172	5.2421	5.0757	4.9173	4.7665	4.6229	4.4859	4.3553
7	6.7282	6.4720	6.2303	6.0021	5.7864	5.5824	5.3893	5.2064	5.0330	4.8684
8	7.6517	7.3255	7.0197	6.7327	6.4632	6.2098	5.9713	5.7466	5.5348	5.3349
9	8.5660	8.1622	7.7861	7.4353	7.1078	6.8017	6.5152	6.2469	5.9952	5.7590
10	9.4713	8.9826	8.5302	8.1109	7.7217	7.3601	7.0236	6.7101	6.4177	6.1446
11	10.3676	9.7868	9.2526	8.7605	8.3064	7.8869	7.4987	7.1390	6.8052	6.4951
12	11.2551	10.5753	9.9540	9.3851	8.8633	8.3838	7.9427	7.5361	7.1607	6.8137
13	12.1337	11.3484	10.6350	9.9856	9.3936	8.8527	8.3577	7.9038	7.4869	7.1034
14	13.0037	12.1062	11.2961	10.5631	9.8986	9.2950	8.7455	8.2442	7.7862	7.3667
15	13.8651	12.8493	11.9379	11.1184	10.3797	9.7122	9.1079	8.5595	8.0607	7.6061
16	14.7179	13.5777	12.5611	11.6523	10.8378	10.1059	9.4466	8.8514	8.3126	7.8237
17	15.5623	14.2919	13.1661	12.1657	11.2741	10.4773	9.7632	9.1216	8.5436	8.0216
18	16.3983	14.9920	13.7535	12.6593	11.6896	10.8276	10.0591	9.3719	8.7556	8.2014
19	17.2260	15.6785	14.3238	13.1339	12.0853	11.1581	10.3356	9.6036	8.9501	8.3649
20	18.0456	16.3514	14.8775	13.5903	12.4622	11.4699	10.5940	9.8181	9.1285	8.5136
21	18.8570	17.0112	15.4150	14.0292	12.8212	11.7641	10.8355	10.0168	9.2922	8.6487
22	19.6604	17.6580	15.9369	14.4511	13.1630	12.0416	11.0612	10.2007	9.4424	8.7715
23	20.4558	18.2922	16.4436	14.8568	13.4886	12.3034	11.2722	10.3711	9.5802	8.8832
24	21.2434	18.9139	16.9355	15.2470	13.7986	12.5504	11.4693	10.5288	9.7066	8.9847
25	22.0232	19.5235	17.4131	15.6221	14.0939	12.7834	11.6536	10.6748	9.8226	9.0770
26	22.7952	20.1210	17.8768	15.9828	14.3752	13.0032	11.8258	10.8100	9.9290	9.1609
27	23.5596	20.7069	18.3270	16.3296	14.6430	13.2105	11.9867	10.9352	10.0266	9.2372
28	24.3164	21.2813	18.7641	16.6631	14.8981	13.4062	12.1371	11.0511	10.1161	9.3066
29	25.0658	21.8444	19.1885	16.9837	15.1411	13.5907	12.2777	11.1584	10.1983	9.3696
30	25.8077	22.3965	19.6004	17.2920	15.3725	13.7648	12.4090	11.2578	10.2737	9.4269
35	29.4086	24.9986	21.4872	18.6646	16.3742	14.4982	12.9477	11.6546	10.5668	9.6442
40	32.8347	27.3555	23.1148	19.7928	17.1591	15.0463	13.3317	11.9246	10.7574	9.7791
45	36.0945	29.4902	24.5187	20.7200	17.7741	15.4558	13.6055	12.1084	10.8812	9.8628
50	39.1961	31.4236	25.7298	21.4822	18.2559	15.7619	13.8007	12.2335	10.9617	9.9148
55	42.1472	33.1748	26.7744	22.1086	18.6335	15.9905	13.9399	12.3186	11.0140	9.9471

续表

期数	12%	14%	15%	16%	18%	20%	24%	28%	32%	36%
1	0.8929	0.8772	0.8696	0.8621	0.8475	0.8333	0.8065	0.7813	0.7576	0.7353
2	1.6901	1.6467	1.6257	1.6052	1.5656	1.5278	1.4568	1.3916	1.3315	1.2760
3	2.4018	2.3216	2.2832	2.2459	2.1743	2.1065	1.9813	1.8684	1.7663	1.6735
4	3.0373	2.9137	2.8550	2.7982	2.6901	2.5887	2.4043	2.2410	2.0957	1.9658
5	3.6048	3.4331	3.3522	3.2743	3.1272	2.9906	2.7454	2.5320	2.3452	2.1807
6	4.1114	3.8887	3.7845	3.6847	3.4976	3.3255	3.0205	2.7594	2.5342	2.3388
7	4.5638	4.2883	4.1604	4.0386	3.8115	3.6046	3.2423	2.9370	2.6775	2.4550
8	4.9676	4.6389	4.4873	4.3436	4.0776	3.8372	3.4212	3.0758	2.7860	2.5404
9	5.3282	4.9464	4.7716	4.6065	4.3030	4.0310	3.5655	3.1842	2.8681	2.6033
10	5.6502	5.2161	5.0188	4.8332	4.4941	4.1925	3.6819	3.2689	2.9304	2.6495
11	5.9377	5.4527	5.2337	5.0286	4.6560	4.3271	3.7757	3.3351	2.9776	2.6834
12	6.1944	5.6603	5.4206	5.1971	4.7932	4.4392	3.8514	3.3868	3.0133	2.7084
13	6.4235	5.8424	5.5831	5.3423	4.9095	4.5327	3.9124	3.4272	3.0404	2.7268
14	6.6282	6.0021	5.7245	5.4675	5.0081	4.6106	3.9616	3.4587	3.0609	2.7403
15	6.8109	6.1422	5.8474	5.5755	5.0916	4.6755	4.0013	3.4834	3.0764	2.7502
16	6.9740	6.2651	5.9542	5.6685	5.1624	4.7296	4.0333	3.5026	3.0882	2.7575
17	7.1196	6.3729	6.0472	5.7487	5.2223	4.7746	4.0591	3.5177	3.0971	2.7629
18	7.2497	6.4674	6.1280	5.8178	5.2732	4.8122	4.0799	3.5294	3.1039	2.7668
19	7.3658	6.5504	6.1982	5.8775	5.3162	4.8435	4.0967	3.5386	3.1090	2.7697
20	7.4694	6.6231	6.2593	5.9288	5.3527	4.8696	4.1103	3.5458	3.1129	2.7718
21	7.5620	6.6870	6.3125	5.9731	5.3837	4.8913	4.1212	3.5514	3.1158	2.7734
22	7.6446	6.7429	6.3587	6.0113	5.4099	4.9094	4.1300	3.5558	3.1180	2.7746
23	7.7184	6.7921	6.3988	6.0442	5.4321	4.9245	4.1371	3.5592	3.1197	2.7754
24	7.7843	6.8351	6.4338	6.0726	5.4509	4.9371	4.1428	3.5619	3.1210	2.7760
25	7.8431	6.8729	6.4641	6.0971	5.4669	4.9476	4.1474	3.5640	3.1220	2.7765
26	7.8957	6.9061	6.4906	6.1182	5.4804	4.9563	4.1511	3.5656	3.1227	2.7768
27	7.9426	6.9352	6.5135	6.1364	5.4919	4.9636	4.1542	3.5669	3.1233	2.7771
28	7.9844	6.9607	6.5335	6.1520	5.5016	4.9697	4.1566	3.5679	3.1237	2.7773
29	8.0218	6.9830	6.5509	6.1656	5.5098	4.9747	4.1585	3.5687	3.1240	2.7774
30	8.0552	7.0027	6.5660	6.1772	5.5168	4.9789	4.1601	3.5693	3.1242	2.7775
35	8.1755	7.0700	6.6166	6.2153	5.5386	4.9915	4.1644	3.5708	3.1248	2.7777
40	8.2438	7.1050	6.6418	6.2335	5.5482	4.9966	4.1659	3.5712	3.1250	2.7778
45	8.2825	7.1232	6.6543	6.2421	5.5523	4.9986	4.1664	3.5714	3.1250	2.7778
50	8.3045	7.1327	6.6605	6.2463	5.5541	4.9995	4.1666	3.5714	3.1250	2.7778
55	8.3170	7.1376	6.6636	6.2482	5.5549	4.9998	4.1666	3.5714	3.1250	2.7778

计算公式：年金现值系数 $= \dfrac{1-(1+i)^{-n}}{i}$，$P = A\dfrac{1-(1+i)^{-n}}{i}$

A—每期等额支付（或收入）的金额；i—报酬率或利率；n—计息期数；P—年金现值或本利和

教师服务

感谢您选用清华大学出版社的教材！为了更好地服务教学，我们为授课教师提供本书的教学辅助资源，以及本学科重点教材信息。请您扫码获取。

▶▶ 教辅获取

本书教辅资源，授课教师扫码获取

▶▶ 样书赠送

财务管理类重点教材，教师扫码获取样书

 清华大学出版社

E-mail: tupfuwu@163.com
电话: 010-83470332 / 83470142
地址: 北京市海淀区双清路学研大厦 B 座 509

网址: http://www.tup.com.cn/
传真: 8610-83470107
邮编: 100084